U0891827

艺术体操教练员岗位培训教材

国家体育总局科教司　审定

人民体育出版社

图书在版编目（CIP）数据

艺术体操教练员岗位培训教材 / 国家体育总局科教司审定 . -- 北京 : 人民体育出版社 , 2019

ISBN 978-7-5009-5725-6

Ⅰ . ①艺… Ⅱ . ①国… Ⅲ . ①艺术体操—教练员—岗位培训—教材 Ⅳ . ① G834.025

中国版本图书馆 CIP 数据核字 (2019) 第 280048 号

*

人 民 体 育 出 版 社 出 版 发 行
北 京 盛 通 印 刷 有 限 公 司 印 刷
新 华 书 店 经 销

*

787 × 1092　16 开本　26.75 印张　566 千字
2019 年 12 月第 1 版　2019 年 12 月第 1 次印刷

*

ISBN 978-7-5009-5725-6
定价：100.00 元

社址：北京市东城区体育馆路 8 号（天坛公园东门）
电话：67151482（发行部）　　邮编：100061
传真：67151483　　邮购：67118491
网址：www.sportspublish.cn
（购买本社图书，如遇有缺损页可与邮购部联系）

编审委员会

主　任： 陆善真

副主任： 谢　颖　张　莹

编写委员会

主　编： 黄俊亚

副主编： 樊　铭　高　扬　周小琴

委　员： (以姓氏笔画为序)

王正珍　尹训燕　白　梅　朱　丹　刘亚娟　闫　晓

严韵文　李春雷　张力为　张　凯　张　洋　张梦瑶

金春花　郑茜月　俞　陶　洪小平　钱菁华

前　言

PREFACE

《艺术体操教练员岗位培训教材》是在国家体育总局科教司和体操运动管理中心的组织、领导下，为促进我国艺术体操运动水平进一步提高，加快科学化训练进程，培养高素质、高知识水平、高能力的艺术体操教练员而编写。

本教材针对中、高级教练员培训的需求，围绕项目的核心知识和项目技术展开，图文并茂，突出项目的特点。主要内容包括基础篇、技术篇和保障篇三个部分。教材中的技术动作图片由我国优秀运动员栗慧琳、王子露、张豆豆、徐晓岚示范拍摄，视频由我国优秀运动员赵雅婷、刘佳慧、尚蓉、康琦、王迤逦、张豆豆、王子露示范拍摄，技术章节中增加了符合发展趋势，具有创新性的拓展动作视频（通过扫描二维码获取），教材力求兼具系统性、科学性、先进性和可操作性。

本教材由我国艺术体操和相关学科领域专家通力合作编写而成，在总结我国教练员培训需求和充分分析国际艺术体操训练与项目发展趋势的基础上，融入了现代运动训练的新理念与新方法，并与国内外艺术体操训练及教学研究新成果相结合。

本教材由北京体育大学黄俊亚教授担任主编并负责统稿、修改和定稿，樊铭、高扬、周小琴担任副主编。参加编写的成员及分工如下：第一章，黄俊亚；第二章，周小琴、樊铭；第三章，黄俊亚、严韵文；第四章，樊铭；第五章，张凯、白梅；第六章，高扬、张洋、刘亚娟；第七章第一、四、五节，闫晓、金春花，第二节，俞陶、郑茜月，第三节，朱丹；第八章，尹训燕、俞陶；第九章，洪小平、黄俊亚；第十章，张梦瑶；第十一章，黄俊亚；第十二章，张力为；第十三章，李春雷；第十四章，王正珍；第十五章，钱菁华。

使用本教材需根据教练员的水平和具体情况进行调整，授课教师也需依据自己的知识和经验充实教学内容。

在编写过程中得到国家体育总局科教司、体操运动管理中心、人民体育出版社的支持、指导与帮助，在此一并表示衷心的感谢。

本教材如有不妥之处，敬请同仁指正。

编写组

2018 年

目 录

CONTENTS

技术篇

保障篇

基础篇

第一章

艺术体操发展概述

北京体育大学（黄俊亚）

18世纪至19世纪中期，艺术体操正处于萌芽阶段。经过社会变迁，教育进程和竞赛活动不断演进，20世纪上半叶，艺术体操运动逐渐形成，个人全能（1984年）和集体全能（1996年）相继成为奥运会的正式竞赛项目，至此艺术体操进入稳步发展阶段。随着评分规则的不断完善，奥运会、世界锦标赛、世界杯系列赛、欧洲锦标赛、亚运会、亚锦赛等赛事的举办，以及艺术体操现代化进程的不断加快，艺术体操已成为一项备受世界瞩目的运动项目。

本章将对艺术体操的演进过程及发展趋势进行阐述，把握艺术体操项目的本质特征和规律，并介绍世界艺术体操竞技实力格局及世界强队的成功经验，以思考如何将我国艺术体操推向世界先进水平。

第一节 艺术体操运动的起源与演进

艺术体操历经漫长的社会发展历程，将体育与艺术两个领域的精华融于一体。随着欧洲人文主义思潮的兴起，自然主义和科学理性思想的延伸，身心合一的韵律文化逐渐渗透各个领域。在这种社会基础下，艺术体操在欧洲应运而生。按照时间划分，艺术体操的演进可以分为三个阶段。

第一阶段：18世纪至19世纪中期。在此阶段，法国著名教育学家让·雅克·卢梭（J. J. Rousseau，1712—1778年）、瑞士教育学家裴斯泰洛奇（J. H. Pestalozzi，1746—1827年）、“体操运动之父”古茨·穆茨（Guth Muths，1759—1839年）以及被誉为德国“体育之父”的阿·施皮斯（A. Spiess，1810—1858年）等近代教育家、思想家促进了艺术体操的萌芽。19世纪中期，现代艺术体操的某些特征和因素已从不同的身体活动体系中体现出来，但在内容和形式方面还没有被统一认识和公认，而是处于相互影响和交融的阶段。

第二阶段：19世纪末至20世纪中期。①艺术体操形成的初级阶段——19世纪末到20世纪初。由于受当时的教育改革、青年和妇女运动的发展，以及普遍的文化个性的影响，一些生理学家、教育家、音乐家、舞蹈家及体操家对体操进行了改革，如法国著名生理学家、教育家乔治·德迈尼（G. Demeney，1850—1917 年）依据生理学和解剖学知识，研究体操中形体、姿态的培养方法，强调女子体操应发展正确的身体姿态、柔软性、运动技巧和动作的艺术性；瑞士作曲家、教育家埃米尔·雅克·达尔克罗兹（Emile Jaques · Dalcroze，1865—1950 年）创立了节奏教育体系，即用形体动作来体现音乐节奏；德国现代体操家博德（R. Bode，1881—1970 年）强调人体可以找到按自然活动的节奏运动，为女子体操创造了有价值的身体波浪动作，并通过这些节奏练习发展自然的全身运动；梅顿强调自然的全身运动，认为运用轻器械能减轻紧张情绪，使动作更加放松自然，对球操、圈操、火棒操的发展立下功勋；美国的斯特宾斯（G. Stebbins）开创了“美的体操”；舞蹈家伊莎多拉·邓肯（I. Duncan，1877—1927 年）倡导舞蹈与音乐融合，回归自然，以自然的舞蹈动作和自由的表现形式，开创了新的舞蹈风格；德国舞蹈家拉班（R. V. Laban，1879—1958 年）开创了名为拉班的舞蹈体系，在理解动作韵律方面强调动作的自然性。这些改革为女子体操发展指出了新的方向，为现代艺术体操的形成做出了贡献。②艺术体操的形成——20 世纪上半叶。20 世纪上半叶，艺术体操由欧洲传入美洲和大洋洲。同一时期，苏联和东欧诸国对于展现优美的新兴项目——艺术体操尤为喜爱，并使之得到广泛开展。1935 年，苏联的列宁格勒和莫斯科体育学院开设了艺术体操课程，1947—1949 年连续举行了全苏艺术体操观摩表演赛，并于 1949 年举行了第 1 届全苏个人、团体冠军赛。1950 年苏联制定了第一份艺术体操运动员等级大纲，每年举行全苏艺术体操锦标赛，并产生了较为系统的理论和比赛规则。同时，还将艺术体操列入大、中、小学的体育教学大纲中，明文规定把艺术体操练习作为女子体育教育的手段之一。但在这一时期，艺术体操是以身体动作为主要练习形式，虽然对圈、球、棒等部分器械有一些使用，但内容相对单一。从 20 世纪 20 年代至 50 年代初，艺术体操逐步发展并进入竞技状态，但此时还未形成独立的运动项目。在 1928 年、1936 年、1948 年、1952 年和 1956 年举办的 5 届奥运会，以及 1954 年罗马举行的世界体操锦标赛上规定，女子竞技体操比赛中，每支队伍必须参加由 6 或 8 人组成的持轻器械的团体韵律体操比赛，这就是竞技艺术体操的雏形。国际体联根据体操技术发展的需要，于 1956 年决定，在国际体操竞赛中取消女子团体韵律体操的比赛，从此艺术体操开始逐渐成为独立的竞赛项目。

第三阶段：20 世纪 60 年代至今。在此阶段，艺术体操得到飞速发展。1962 年 6 月，国际体联第 41 次代表会议将艺术体操列为女子独立的运动项目，并于 1963 年在匈牙利的布达佩斯举行第 1 届世界艺术体操锦标赛，当时给这一新的运动项目命名为“现代体操”（Modern Gymnastics），决定每两年举行一次世界锦标赛。1967 年底，国际体联增设了现代韵律体操委员会，在 1972 年将现代体操更名为“现代韵律体操”（Modern Rhythmic Gymnastics），1975 年又更名为“竞技韵律体操”（Rhythmic Sportive Gymnastics），1998 年国际体联将其再次更名为“韵律体操”（Rhythmic Gymnastics），一直延用至今。

从1963年开始，第1届世界锦标赛设项仅有个人徒手和圈两个比赛项目，随后逐年丰富器械项目，至1973年最后一项器械——棒的进入，5种器械被国际体联定为固定的艺术体操竞赛项目，并从1971年开始取消徒手动作比赛。自1981年后，国际体联为使5种器械均衡发展，对个人比赛的器械按照一定的规律安排，以绳、圈、球、棒、带的顺序每两年轮空一次，但是从2003年起，为了提高艺术体操的观赏性，5种器械的比赛轮换由国际体联艺术体操技术委员会在前一个奥运周期确定，并提前宣布下一周期的竞赛项目。集体项目最早于1967年列入第3届世界锦标赛，集体队伍由6人组成，直到1995年艺术体操为进入奥运会而减少参赛编制，参赛人数减为5人。集体项目的最初阶段是使用同一种器械，从1971年起开始使用两种器械，并从1987年开始每支集体队伍必须完成两套动作，一套是同种器械，另一套是两种器械。

1980年，艺术体操被列为奥运会正式竞赛项目，在1984年第23届奥运会上开始了个人全能比赛，并于1996年亚特兰大奥运会开始集体项目全能比赛。目前，艺术体操项目在奥运会中设有两枚金牌，即个人全能和集体全能。除奥运会和世界锦标赛外，从1978年起国际体联还相继组织了欧洲锦标赛、四大洲锦标赛（2001年第13届四大洲锦标赛后，该赛事取消）、世界杯系列赛、亚运会、亚锦赛等赛事。至此，艺术体操世界级赛事稳步发展。

第二节　现代艺术体操世界竞技实力格局

现代艺术体操运动已在世界范围内广泛开展，尤其受到欧洲、亚洲、美洲等区域国家的青睐。截至2016年初，国际体操联合会142个成员国中，已有122个国家以多种形式参与到艺术体操运动中。作为一项奥运会竞赛项目，近年来世界艺术体操各参赛国竞技实力不断发展，呈现出竞技实力格局的非衡动态变化，其中东欧、南欧、东亚、西亚四个区域占据了世界艺术体操三分之二以上的竞技空间，但大多数国家单项间发展不平衡，整体竞技实力以俄罗斯稳居榜首。

一、从国际大赛简析洲际区域及国家竞技实力格局

从洲际区域竞技实力格局来看，世界艺术体操优势区域主要集中在东欧、中欧、南欧、东亚、中亚、西亚、北美七个区域，艺术体操个人与集体项目区域参赛国数量最多的为南欧与东欧，但参赛率位于前两位的区域分别为东亚与东欧，呈现出项目间、周期间及区域间不均衡分布的态势。总之，目前艺术体操个人项目绝对优势区域为东欧，集体项目为东欧与南欧，西亚在争夺个人全能奖牌上，有望成为东欧强有力的对

手，东欧、南欧、东亚将为争夺集体全能奖牌展开激烈角逐，世界优势区域整体分布亦会更加广泛。表 1-2-1 为 2009—2017 年世界艺术体操优势区域统计表。

表 1-2-1　2009—2017 年世界艺术体操优势区域参赛国数量及参赛率（n=7）

区域		参赛国数量（个）		区域总数（个）	参赛率（%）	
		个人	集体		个人	集体
欧洲	东欧	3	3	7	42.9	42.9
	中欧	1	2	8	12.5	25.0
	南欧	4	3	16	25.0	18.8
亚洲	东亚	3	2	5	60.0	40.0
	中亚	1	0	5	20.0	0.0
	西亚	3	2	20	15.0	10.0
北美洲	北美	1	0	4	25.0	0.0
总和		16	12	65	24.6（平均）	18.5（平均）

注：世界艺术体操优势区域指 2009—2017 年间举办的奥运会及世锦赛中，个人和集体项目全能前 8 名国家所在区域。

从国家竞技实力格局来看，自 20 世纪 80 年代始，世界艺术体操的竞技实力空间一直被保加利亚和苏联占据，苏联解体后，俄罗斯、白俄罗斯、阿塞拜疆、乌克兰和保加利亚的竞技实力得到迅速发展，至今均处于领先地位。此外，西班牙、意大利、德国、以色列、中国和日本等国家也有强劲的发展势头。历届奥运会和艺术体操锦标赛前三名国家名次排列如表 1-2-2、表 1-2-3 所示。

表 1-2-2　历届奥运会艺术体操全能前三名运动员及国家名次列表

年份（年）	届次（届）	举办地	个人项目			集体项目			备注
			第一名	第二名	第三名	第一名	第二名	第三名	
1984	23	洛杉矶（美国）	洛里·范格（加拿大）	季娜·斯代古列斯库（罗马尼亚）	列吉娜·维列尔（德国）	—	—	—	
1988	24	汉城（韩国）	马里娜·洛巴奇（苏联）	安德里那·杜纳夫斯卡（保加利亚）	阿列克山德那·季莫申科（苏联）	—	—	—	
1992	25	巴塞罗那（西班牙）	阿列克山德那·季莫申科（苏联）	卡罗里娜·布里卡里·格拉茨亚（西班牙）	阿克山娜·斯卡季娜（独联体）	—	—	—	

续表

年份（年）	届次（届）	举办地	个人项目			集体项目			备注
			第一名	第二名	第三名	第一名	第二名	第三名	
1996	26	亚特兰大（美国）	叶卡捷琳娜·谢列布里斯卡娅（乌克兰）	亚娜·巴特尔什娜（俄罗斯）	叶莲娜·维特里什克（乌克兰）	西班牙	保加利亚	俄罗斯	
2000	27	悉尼（澳大利亚）	尤里亚·巴尔苏科娃（俄罗斯）	尤里亚·拉斯吉娜（俄罗斯）	安娜·别索诺娃（乌克兰）	俄罗斯	白俄罗斯	希腊	
2004	28	雅典（希腊）	安娜·卡巴耶娃（俄罗斯）	伊琳娜·恰什娜（俄罗斯）	安娜·别索诺娃（乌克兰）	俄罗斯	意大利	保加利亚	
2008	29	北京（中国）	叶夫根尼娅·卡纳耶娃（俄罗斯）	伊娜·茹科娃（白俄罗斯）	安娜·别索诺娃（乌克兰）	俄罗斯	中国	白俄罗斯	
2012	30	伦敦（英国）	叶夫根尼娅·卡纳耶娃（俄罗斯）	达里娅·德米特里耶娃（俄罗斯）	柳伯芙·切尔卡什娜（白俄罗斯）	俄罗斯	白俄罗斯	意大利	
2016	31	里约（巴西）	马蒙·玛格利塔（俄罗斯）	雅娜·库德里亚切娃（俄罗斯）	安娜·里扎迪洛娃（乌克兰）	俄罗斯	西班牙	保加利亚	

注：独联体为独立国家联合体。

表 1-2-3　历届世界艺术体操锦标赛全能前三名运动员和国家名次列表

年份（年）	届次（届）	举办地	个人项目			集体项目			备注
			第一名	第二名	第三名	第一名	第二名	第三名	
1963	1	布达佩斯（匈牙利）	柳德米拉·莎维科娃（苏联）	塔季扬娜·克拉夫琴科（苏联）	尤里亚·特拉什里耶娃（保加利亚）	—	—	—	
1965	2	布拉格（捷克斯洛伐克）	哈娜·米海科娃（捷克斯洛伐克）	塔季扬娜·克拉夫琴科（苏联）	哈娜·马塔哈瓦-博古索夫斯卡（捷克斯洛伐克）	—	—	—	

续表

年份（年）	届次（届）	举办地	个人项目			集体项目			备注
			第一名	第二名	第三名	第一名	第二名	第三名	
1967	3	哥本哈根（丹麦）	叶莲娜·卡尔普希娜（苏联）	乌塔·列马（东德）	柳博芙·谢列塔（苏联）	苏联	捷克斯洛伐克	保加利亚	
1969	4	凡尔纳（保加利亚）	马里娅·季科娃（保加利亚）	涅什卡·罗别娃（保加利亚） 柳博芙·谢列塔（苏联） 加利马·舒古洛娃（苏联）		保加利亚	苏联	捷克斯洛伐克	个人项目3个并列第2
1971	5	哈瓦那（古巴）	马里娅·季科娃（保加利亚）	叶莲娜·卡尔普希娜（苏联）	阿尔菲娅·纳兹木季诺娃（苏联）	保加利亚	苏联	意大利	
1973	6	鹿特丹（荷兰）	马里娅·季科娃（保加利亚）	加利马·舒古洛娃（苏联）	纳塔利娅·克拉什尼尼柯娃（苏联）	苏联	捷克斯洛伐克	东德	
1975	7	马德里（西班牙）	卡门·里舍尔（西德）	克里斯季娜·罗泽别尔格（西德）	马丽娅·赫苏斯·啊咧格列（西班牙）	意大利	日本	西班牙	
1977	8	巴塞尔（瑞士）	伊琳娜·杰柳金娜（苏联）	加里玛·舒古洛娃（苏联）	克里斯季娜·古尤乌洛娃（保加利亚）	—	—	—	
1979	9	伦敦（英国）	伊琳娜·杰柳金娜（苏联）	叶莲娜·托马斯（苏联）	伊琳娜·卡巴什维利（苏联）	—	—	—	
1981	10	慕尼黑（德国）	阿涅利娅·拉列科娃（保加利亚）	莉莉娅·依格娜多娃（保加利亚）	伊里阿纳·拉耶娃（保加利亚）	保加利亚	苏联	捷克斯洛伐克	
1983	11	斯特拉斯堡（法国）	季利阿纳·格奥尔吉耶娃（保加利亚）	加采纳·别洛格拉佐娃（苏联） 莉莉娅·依格娜多娃（保加利亚） 阿涅利娅·拉列科娃（保加利亚）		保加利亚	苏联	朝鲜	个人项目3个并列第2

续表

年份（年）	届次（届）	举办地	个人项目			集体项目			备注
			第一名	第二名	第三名	第一名	第二名	第三名	
1985	12	巴利亚多利德（西班牙）	季利阿纳·格奥尔吉耶娃（保加利亚）	莉莉娅·依格娜多娃（保加利亚）	比娅卡·巴诺娃（保加利亚）	保加利亚	苏联	朝鲜	
1987	13	瓦尔纳（保加利亚）	未设全能	未设全能	未设全能	—	—	—	
1989	14	萨拉热窝（南斯拉夫）	阿列克桑德拉·季莫什科（苏联）	比娅卡·巴托娃（保加利亚）	安德里纳·杜纳芙斯卡（保加利亚）阿克萨娜·科斯基娜（苏联）	保加利亚	苏联	西班牙	
1991	15	雅典（希腊）	阿克萨娜·科斯基娜（俄罗斯）	阿列克桑德拉·季莫什科（苏联）	米拉·马里洛娃（保加利亚）	西班牙	苏联	朝鲜	
1992	16	布鲁塞尔（比利时）	阿克萨娜·科斯基娜（俄罗斯）	马里娅·别特诺娃（保加利亚）	拉里萨·鲁加年科（白俄罗斯）	俄罗斯	西班牙	朝鲜	
1993	17	阿里坎特（西班牙）	玛利亚·别特诺娃（保加利亚）	叶卡捷琳娜·谢列布里斯卡娅（乌克兰）	阿米纳·扎里波娃（白俄罗斯）	保加利亚	乌克兰	俄罗斯	
1994	18	巴黎（法国）	玛利亚·别特诺娃（保加利亚）	拉丽莎·鲁加年科（白俄罗斯）	阿米纳·扎里波娃（白俄罗斯）	俄罗斯	西班牙	保加利亚	
1995	19	维也纳（奥地利）	玛利亚·别特诺娃（保加利亚）	叶卡捷琳娜·谢列布里斯卡娅（乌克兰）	拉丽莎·鲁加年科（白俄罗斯）亚娜·巴特尔什娜（俄罗斯）	保加利亚	西班牙	白俄罗斯	
1996	20	布达佩斯（匈牙利）	—	—	—	保加利亚	俄罗斯	乌克兰	
1997	21	柏林（德国）	耶里纳·维特里琴科（乌克兰）	纳塔利亚·利普科夫斯卡娅（俄罗斯）	亚娜·巴特尔什娜（俄罗斯）	白俄罗斯	西班牙	俄罗斯	

续表

年份（年）	届次（届）	举办地	个人项目			集体项目			备注
			第一名	第二名	第三名	第一名	第二名	第三名	
1998	22	塞维利亚（西班牙）	—	—	—	白俄罗斯	西班牙	俄罗斯	
1999	23	大阪（日本）	阿琳娜·卡巴耶娃（俄罗斯）	尤里亚·拉斯基娜（白俄罗斯）	尤里亚·巴尔苏科娃（俄罗斯）	俄罗斯	希腊	白俄罗斯	
2001	24	马德里（西班牙）	塔马娜·叶罗菲耶娃（乌克兰）	西莫纳·别切娃（保加利亚）	安娜·贝索诺娃（乌克兰）	乌克兰	白俄罗斯	保加利亚	
2002	25	新奥尔兰（美国）	—	—	—	俄罗斯	白俄罗斯	希腊	
2003	26	布达佩斯（匈牙利）	阿琳娜·卡巴耶娃（俄罗斯）	安娜·贝索诺娃（乌克兰）	伊琳娜·恰什娜（俄罗斯）	俄罗斯	保加利亚	白俄罗斯	
2005	27	巴　库（阿塞拜疆）	奥利卡·卡布拉诺娃（俄罗斯）	安娜·贝索诺娃（乌克兰）	伊琳娜·恰什娜（俄罗斯）	俄罗斯	意大利	白俄罗斯	
2007	28	帕特雷（希腊）	安娜·贝索诺娃（乌克兰）	维拉·谢西娜（俄罗斯）	奥利卡·卡布拉诺娃（俄罗斯）	俄罗斯	意大利	白俄罗斯	
2009	29	三　重（日本）	叶夫根尼娅·卡纳耶娃（俄罗斯）	达里娅·孔达耶娃（俄罗斯）	安娜·贝索诺娃（乌克兰）	意大利	白俄罗斯	俄罗斯	
2010	30	莫斯科（俄罗斯）	叶夫根尼娅·卡纳耶娃（俄罗斯）	达里娅·孔达耶娃（俄罗斯）	梅里迪娜·斯坦尼塔（白俄罗斯）	意大利	白俄罗斯	俄罗斯	
2011	31	蒙彼利埃（法国）	叶夫根尼娅·卡纳耶娃（俄罗斯）	达里娅·孔达耶娃（俄罗斯）	阿里亚·卡纳耶娃（阿塞拜疆）	意大利	俄罗斯	白俄罗斯	
2013	32	基辅（乌克兰）	雅娜·库德里亚切娃（俄罗斯）	安娜·里扎迪洛娃（乌克兰）	梅里迪娜·斯坦尼塔（白俄罗斯）	白俄罗斯	意大利	俄罗斯	
2014	33	伊兹密尔（土耳其）	雅娜·库德里亚切娃（俄罗斯）	安娜·里扎迪洛娃（乌克兰）	梅里迪娜·斯坦尼塔（白俄罗斯）	保加利亚	意大利	白俄罗斯	

续表

年份（年）	届次（届）	举办地	个人项目			集体项目			备注
			第一名	第二名	第三名	第一名	第二名	第三名	
2015	34	斯图加特（德国）	雅娜·库德里亚切娃（俄罗斯）	马蒙·玛格利塔（俄罗斯）	安娜·里扎迪洛娃（乌克兰）	俄罗斯	保加利亚	西班牙	
2017	35	佩萨罗（意大利）	迪娜·阿维娜（俄罗斯）	艾薇娜·阿维娜（俄罗斯）		俄罗斯	保加利亚	日本	
2018	36	索菲亚（保加利亚）	迪娜·阿维娜（俄罗斯）	利诺伊·阿什拉姆（以色列）	亚力山德拉·苏达托娃（俄罗斯）	俄罗斯	意大利	保加利亚	

历届奥运会和世界锦标赛成绩结果显示：欧洲一直保持世界竞技艺术体操的优势地位，世界艺术体操强势国家多数集中于东欧地区。

二、欧洲国家艺术体操长盛不衰的原因

（1）在欧州，艺术体操运动开始早，普及面广，参与人口众多，在社会文化的影响下，艺术体操运动先后在欧洲多个国家得到了发展与推广。

（2）深刻理解艺术体操项目本质特征、规律及项目发展趋势，引领着艺术体操的发展，并在国际体联艺术体操项目委员会具有重要的话语权。

（3）在一定意义上，多数欧洲国家人群的民族特征、身体遗传基因适应该项目，且受传统文化特点等影响，对艺术体操运动根植的文化内涵具有较为深刻的理解。

（4）艺术体操运动社会化管理体制及训练体制、竞赛制度有助于人才的发掘与培养。项目社会化程度高，人才培养体系较为完善，项目布局较为合理，人才梯队建设较为完备。重视对明星运动员的管理和大力度的宣传，提高艺术体操运动的认知度，全面带动了项目的发展与提高。

（5）教练员职业水准普遍较强，科学化训练管理水平较高，训练理念先进。重视基础训练，形成训练过程科学、全面、准确和个性化的特点，从而长盛不衰。

（6）欧洲各类型赛事活动频繁，地区性高水平队伍多，运动员参与各类活动机会多，语言沟通相对便利，能够在高平台、高水平运动员间充分交流并得以提高，促进其快速发展。

（7）立足科学训练，高度重视早期专项化选材与训练，重视技术、艺术、心理、体能等基础训练及其相互结合的训练，并结合高科技手段为训练提供综合保障。

三、艺术体操运动发展应具备的条件

（一）组织机构与经费保障

艺术体操运动发展应具备有利于促进其发展与提高的对应性社会保障体系，包括国家和地区艺术体操运动层次性管理体制、训练竞赛制度、后备队伍和教练员队伍培养系统、俱乐部组织制度保障，并形成竞争态势。

同时，应具备相对完备的财源经费保障。多渠道募集人才培养经费，国家投入和社会投入相结合，共同参与艺术体操项目人才培养工作。联合社会力量兴办体育运动学校或俱乐部，资金与技术优势相结合，不断培养和输送高素质的艺术体操人才。

（二）教练员准入与社会保障机制

教练员应具有高层次文化、科技、教育相关知识和职业道德素养；具有坚毅、挚爱和敬业的精神；能够把控艺术体操运动发展的前沿趋势并具有渊博的艺术体操智慧；具有科学训练与符合实际的管理技能和控制能力。与此同时，每一支队伍应建立教练员团队体制，任用有丰富经验的高水平教练员为项目带头人和骨干教练员，带领团队进行目标管理，营造齐心协力、各司其职、优势互补的氛围，促进团队整体水平的提高；有计划、有目标的每年组织不同级别和层次的培训活动，聘请相关领域高水平专家授课，提供高级别大赛的参赛和观摩机会，更新教练员知识结构；与时俱进，完善教练员奖励机制等。

（三）“科研、训练、竞赛”一体化发展

应具备实战训练与大型竞赛保障。有丰富的大赛经验和稳定的大赛心理素质及适应高强度训练和比赛的生理机能和体能素质基础。活动培训形式和竞赛形式多元化，在完成常规国内外竞赛的同时，组织不同等级水平、不同行业类型的艺术体操竞赛活动，承办国际重大赛事活动，全面促进艺术体操项目蓬勃发展。

针对艺术体操项目特点和需求，选择符合艺术体操运动的形态、机能、技术、艺术、心理、智能特征要求，有发展潜力的运动员，并在培养过程中提供舞蹈训练、体能训练、心理训练的专家和相关设备；提供科学的运动监控、营养供给、运动损伤的预防与康复的方法手段和条件；提供满足规则要求的场地、器械、服装、化妆用品、辅助器材等物资保障；提供竞赛、文化课学习、业务学习、交流、参观的经费支持和相关的政策支持，形成全面、完整的保障体系，培养出人格健全、技术水平高、身体健康并能在竞赛中获取优异成绩的运动员。

（四）合理配置和挖掘艺术体操资源

有效利用及整合学校、俱乐部和国际艺术体操活动组织的有形和无形资源，提高我国艺术体操整体发展水平；大力发展俱乐部式运营管理模式，建立并完善俱乐部运行体制；利用媒体加大宣传力度，充分发挥艺术体操明星效应，赢得大众对艺术体操的关注度，从而起到推广和普及的作用。以艺术体操的表演、竞赛为亮点，突出艺术体操项目的美和社会化功能。在发展竞赛表演产业的基础上，积极寻找、摸索两者最佳的结合点，开发和研制适合竞技与普及的艺术体操服饰品牌、音乐制作品牌等，促进艺术体操项目社会化和竞技化全面发展。

第三节 艺术体操运动的发展趋势

一、训练整体化与精准化

随着现代相关学科的发展和艺术体操运动科学化程度不断提升，人们对艺术体操运动的认识更加全面和深入，因此，训练过程的宏观整体化和微观精准化程度也会进一步提高。

艺术体操训练的宏观整体化主要体现在训练过程系统化、整体化控制，并提供完善的综合保障。依据艺术体操项目特征，训练中应使运动员全面、准确地掌握身体和器械的各类技术；具备柔韧、速度、力量、耐力、协调等完整的综合运动能力；具有艺术感知与表现能力；具备强大的心理承受和控制能力等。不断深入探究艺术体操的项目实质，对训练实施设计、控制和评定，促进训练、技术不断完善。

精准化主要通过明确训练规划，充分体现个体差异；科学、系统、全面地安排训练和保障内容；运用先进和丰富的方法，使训练具备高效性，达到训练过程稳定、技术规范、动作完成准确和优美的效果，在竞赛中表现出强大的实力并减少技术和姿态错误扣分，从而实现艺术体操技术发展所追求的高价值和高精准的目标。

二、难度价值最大化

国际艺术体操评分规则中难度价值不封顶条款的推出，促使难度得分占优者成绩排名居前，成为获胜的基础保障。因此，推动运动员在编排和完成呈现方面，以如何最大化获得高价值的难度得分成为世界优秀运动员取胜的主要途径之一。

在成套动作有限的时间内，个人运动员必须完成身体难度（BD）、舞步组合（S）、器械难度（AD）、结合旋转的动力性动作（R）四类难度；集体运动员必须完成身体难度（BD）、交换难度（ED）、舞步组合（S）、结合旋转的动力性动作（R）、协作（C）五类难度动作和相关数量要求。为追求难度得分价值最大化，在激烈的竞争中，运动员必将依据自身水平，运用技术复杂、分值高的动作；在类型上使用能够叠加的难度动作，如完成身体难度的同时增加器械难度运用标准，使该动作既能够获得身体难度分值，又能够获得器械难度分值，同时还可减少动作用时，将节省的时间用于完成更多有价值的难度动作，获取更多的难度得分。此外，运动员必须加快动作完成速度，从而增加动作容量，为编排难度动作提供更为充足的空间。

三、动作编排与呈现高度艺术化

艺术体操是具有高欣赏价值的运动，能够综合展示时间、空间和色彩诸多因素，呈现出高度的艺术性。

从编排的角度看，强调艺术体操的动作编排应具有鲜明的主题，依据主题设计动作的构图与发展变化，结合人体和器械在场地空间移动的位置变化形成不同的、转瞬即逝的画面组合，达到动作和姿态动与静的统一，时间与空间的统一；通过动作的高度演绎与音乐赋予的情绪变化，形成丰富的形式表象，突出艺术体操流动性、观赏性和优美性，形成其独特的艺术风格和画面感。

从完成的角度看，高质量、高标准、高规格地完成动作一直是评分规则所倡导的，也是艺术体操运动美及艺术性的展现。运动员将精心设计和编排的成套动作通过熟练、流畅和激情的呈现，使教练员、观众和裁判员“感悟”到其动作的“美”和艺术感染力。这个“美”往往是决定其运动成绩的重要因素之一。

四、创新设计与形式多元化

新颖、独特、个性是艺术体操成套动作创作的灵魂和发展的不竭动力。新技术、新连接、新风格是艺术体操创新的核心。规则中“新”和“独特”的得分因素使成套动作的艺术表现形式更丰富，动作设计更完美，促使成套动作的艺术性达到更高的境界。纵观世界艺术体操大赛，高水平的成套动作越来越体现出“新”的特性，吸引着裁判和观众的眼球。艺术体操身体动作和器械动作的创新、艺术表现形式的创新及编排理念的创新，不但极大地丰富了艺术体操身体动作、器械动作的数量和种类，丰富了艺术表现风格，也大幅度地提升了现代艺术体操发展的整体水准，引领并推动艺术体操向着更高层次不断地探索，实现突破。

多元化在艺术体操运动中主要体现在成套动作主题风格、动作表现形式、运动员技术特点的多样性和追求个性化，为艺术体操运动带来活力和广阔的发展空间。

五、身体与器械动作高度一体化

运用轻器械完成动作是艺术体操项目的主要特征。身体动作与器械完美结合，是获得高艺术性和高难度价值的基础。艺术体操器械被视为运动员身体的一部分，器械动作是肢体动作的延伸。评分规则鼓励运动员充分运用器械，不能只将它作为一种装饰，而是要体现器械特性及器械与身体动作联系的合理性和一致性，使身体与器械融为一体。规则对器械运用的导向，有力地推动着器械技术的发展、促进身体动作与器械动作的紧密结合。国际艺术体操舞台的竞争日趋激烈，获胜难度不断加大，因此，只有那些能够完美控制身体和器械，使二者高度统一的运动员才能登上领奖台。

六、集体项目充分体现协同化

艺术体操集体项目由 5 名运动员协同完成动作，突出运动员之间相互协作的关系。国际艺术体操评分规则规定，“集体动作的典型特点是，集体中每名运动员以合作的精神团结一致地完成动作”，协作精神清晰地贯穿成套动作的始终。在成套动作中主题的呈现、动作的结构、动作变化形式、完成状态等均体现了运动员之间的协同精神，彰显集体项目的特殊魅力。同时，在难度类型方面与个人项目亦有显著的区别，即必须完成有数量要求的交换难度和协作动作，而该两类难度对成套动作难度价值的影响系数非常高，目前，优秀队伍所获得的交换难度和协作动作两类难度动作分值可占五类难度动作分值的 70%以上。因此，为取得优异成绩，必须重视集体协同状态，从而达到最佳的艺术效果和高价值得分。

参考文献

[1] 国家体育总局体操运动管理中心 . 2017—2020 年国际艺术体操评分规则 [S]. 2017.
[2] 樊铭 . 艺术体操运动教程 [M]. 北京：北京体育大学出版社，2014.
[3] 徐丽萨，黄俊亚，殷鹏飞 . 世界艺术体操竞技实力格局的非衡态势与我国竞技形势分析 [J]. 北京体育大学学报，2018，41 (4)：98-105.
[4] 尚迎秋 . 我国艺术体操科学训练新思路 [J]. 北京体育大学学报，2003 (5)：677-679.
[5] 洪小平 . 艺术体操实践与规则互动机制探析 [J]. 成都体育学院学报，2003 (5)：43-47.

第二章

艺术体操运动员选材

成都体育学院（周小琴）；北京体育大学（樊铭）

艺术体操是以竞技与艺术相结合为主要特征的运动项目，其特征彰显了运动员选材的重要性。一名运动员从选材到成才一般需要经过系统科学的训练才能实现。科学选材是通过科学测试将那些先天条件优越、适合艺术体操项目的人才从小就选拔出来进行有目的的培养，从而提高成材率，达到事半功倍的效果。

本章将从艺术体操运动员选材指标的制定、选材方法、选材阶段划分与步骤及选材中应注意的问题四个方面进行阐述，帮助教练员们更加准确地选材。

第一节　艺术体操运动员选材指标的制定

科学选材是根据艺术体操项目特点的要求，运用现代化的手段和方法，借助生理学、医学、心理学等科学的方法，比较准确地选拔出先天和后天条件较优秀的艺术体操人才。只有各个方面条件都具备的运动员才有可能登上艺术体操运动的顶峰。随着这项运动的发展，对选材的要求会越来越高，但选材标准并非是绝对的，我们应该灵活辩证地看待选材。

一、年龄指标

近年的研究成果表明，艺术体操运动员的初训年龄集中在5~7岁，6岁参加初训的人数最多。经过8~12年的系统专项训练后，我国运动员在16~19岁成才，参加国际性比赛，而国外运动员的成材年龄稍早于我国运动员1~2年。因此，艺术体操运动员的选材在5~7岁为宜，根据我国实际情况，选拔年龄可扩大为5~8岁。从5~8岁开始进行广泛的业余训练和群众性选拔，到9~10岁时，女孩子的骨骼和肌肉类型、体形及神经类型等方面的趋势较为明显，所以，在9~10岁进行专门性的选拔更为适宜。

二、形态指标

艺术体操成套动作完成的准确性、规范性、优美性及艺术性，都是通过运动员的身体形态直接展现出来的，因此，艺术体操运动员形态特征与身体指数对技能水平有着极其重要的影响。身体形态是艺术体操运动员在接受运动训练前的一个重要参考基础，身体形态特征是预测艺术体操运动员运动潜力的重要因素之一，在艺术体操训练领域中的作用不可低估，尤其是在艺术体操运动员的初级和中级选材过程中，运动员身体形态特征具有十分重要的地位。

（一）外貌

脸型以瓜子脸或鹅蛋脸为宜，五官端正、面目清秀、气质高雅、皮肤白净。

（二）身体形态结构

身高较高、体重较轻、头部略小、颈部略长、四肢长而直、重心高，手腕、膝、踝关节纤细，跟腱细长，小腿围和大腿围小、两腿直，不能为 X 型或 O 型腿。手脚稍大且脚背弯弓大，肩稍宽、骨盆较窄，臀肌上收、臀下线较高，肌肉呈条形。

（三）身材比例

体型匀称，颈部略长，上下肢较长，躯干较短。当两臂侧举时其长度应等于或大于身高；当坐地两腿向前伸直时，其坐高应小于腿长；当直立两臂下垂时，腕线接近或超过臀下线。

（四）身高体重

应选择在同年龄组中身高属中等或中等偏上、体重偏轻的少年儿童。通常利用体重身高指数来控制体重的增长。指数计算公式如下：体重身高指数＝体重（千克）－［身高（厘米）－100］。艺术体操运动员的体重身高指数一般在－14 以下。同时通过了解其父母身高和测骨龄来预测身高。

研究表明，艺术体操运动员具有身材较高、身体围度较小、下肢长、跟腱长及小腿长的发展趋势。随着艺术体操项目的不断发展，运动员身高也有不断增高的趋势，俄罗斯、乌克兰等国家集体项目运动员身高都在 173～175 厘米左右，优秀个人项目运动员身高大部分在 170 厘米以上，因此，我国运动员在选材过程中，应注重对身高这一指标的测试。

三、身体素质指标

国际艺术体操技术的不断发展，要求运动员具有良好的柔韧性、弹跳力、速度和爆发力，高度的灵巧性、协调性和平衡能力，且运动技能形成快，技能巩固性高，具有创新能力，动作质量高，素质增长快，受伤率低的运动员更具有发展潜力。具体各项选材素质指标从以下四方面介绍。

（一）柔韧

①肩部，握棍转肩（测量两手拇指间距离）；②胸部，含胸挺胸；③腰部，下桥（测量中指尖与脚跟距离）；④髋部，纵向、横向劈腿（测量大腿根至地面距离），扶把前侧后搬腿。

（二）速度

30 米和 100 米的计时短跑，30 秒或 60 秒单、双摇跳绳。

（三）力量

艺术体操项目对运动员耐力力量、速度力量等要求都很高，通常测定方法有以下几种：

纵跳摸高（38~40 厘米）、立定跳远（176~180 厘米）、收腹举腿（20 次，17~18 秒）、立蹲撑（10 次，18 秒以下）、上步蹬地跳、踢腿等。

（四）灵巧和协调性

每人表演一段舞蹈或组合，观察动作的协调性与灵活性。

四、心理品质指标

艺术体操属于技能类表现难美性项目，比赛成绩由裁判员根据运动员临场发挥的技术水平进行打分，在与众多对手得分相比较后判断名次而决定的，要求运动员能够将自身所具备的技术水平在比赛中充分发挥出来，这有赖于运动员所具备的良好的心理品质，可以说心理品质是艺术体操运动员比赛取胜的关键因素之一，选材时应注重对心理品质的测试。研究表明，根据艺术体操项目特点，艺术体操运动员以活泼型和神经类型为宜，以喜爱艺术体操、个性鲜明、倔强、胆大、不服输、刻苦、具有应变能力和强烈表现欲，且智力发育良好、思维敏捷、富于想象力的对象为宜。

五、表现力指标

艺术体操项目要求运动员具有较强的动作节奏感、音乐节奏感和表演能力，因此，在选材时可以通过让被选拔对象任意唱一首歌、表演一段舞蹈或器械动作，或根据所给出的一段音乐进行即兴表演，观察其动作节奏感、音乐节奏感、器械感、即兴表演能力和表现力，从中选拔出表现突出的对象。

第二节　艺术体操运动员的选材方法

运动员的选材方法很多，根据艺术体操项目特点选择适宜的方法进行科学选材至关重要。选材工作是一项长期、系统、细致的工作，要有理想的身材形态，良好的身体素质、技术水平、心理素质，艺术体操运动员选材常采用以下方法进行。

一、年龄选材法

年龄选材法是通过对人体生长发育的年龄特征、少儿发育程度、青春期发育特点的鉴别，以及艺术体操项目适宜的年龄特征进行选材的方法。年龄选材法是了解人体生长发育和运动素质发展的年龄特征及对少儿发育程度进行鉴别的方法。其发育程度的鉴别常利用实际年龄与生物年龄的关系，根据青春发育高潮期起始时间和持续时间的长短来判断。常用骨龄法、齿龄法，以及“第二性征”法来鉴别发育程度。在艺术体操运动员的选材中，适宜挑选实际年龄与生物年龄一致，或实际年龄稍大于生理年龄的对象。

二、遗传选材法

遗传选材法是根据多基因遗传的连续性原理提出来的，通过对被选者家族情况的调查，对影响运动员运动能力的某个或某些因素（性状）的遗传规律、遗传方式和遗传情况进行了解，从而对运动员的现状和未来趋势进行测评以决定取舍的方法。由于运动员选材主要是选天才，而天才即指父母遗传给子女的先天条件，因而，遗传因素自然就成为选材必须考虑的主要因素，如身高、臂长、腿长等遗传度较高，通过训练产生变化的可能性较小的因素。在艺术体操运动员选材方法中，遗传选材法是运用极为普遍的方法之一。

三、形态选材法

身体形态是运动员选材的重要参考指标，不同的运动项目对身体形态的要求也有所不同。艺术体操是表现难美性的项目，优美的身体形态能够为运动员带来良好的外部形象分，提高成套动作的艺术性。艺术体操运动员身体形态选材主要从外貌、身体形态结构、身材比例、身高体重四个方面进行，其中形态结构是通过长度、宽度、围度和充实度等指标进行测试的。

四、机能选材法

机能选材法是指通过对运动员生理机能的测评，选拔优秀运动员苗子的方法。生理机能测评的指标有很多，根据不同的运动专项要有针对性地选择相关指标。艺术体操项目是一项有氧与无氧供能相结合，以无氧供能为主的运动项目，对运动员心血管、呼吸系统等机能有着严格的要求。常用的测评指标有心血管系统和呼吸系统机能测评。

（一）心血管系统机能测评法

60 米跑心功指数法、30 秒三次蹲起机能试验法、哈佛台阶试验法、联合机能试验法等。

（二）呼吸系统机能测评法

肺活量测定法、五次肺活量测定法、最大摄氧量测定法、氧债测定法等。

五、技能选材法

技能选材法是通过运用科学诊断和经验判断，对被选拔对象的技术能力进行分析和评价，从而选拔优秀运动员苗子的方法。运动技能选材法通常在中级选材过程中运用。艺术体操运动员技能测评主要包括以下四个方面。

（1）身体技术：准确规范且全面的基本动作；类型多样且质量高的跳、转、平身体难度动作。

（2）器械技术：规范熟练全面的基本技术；熟练多样且复杂的多因素技术。

（3）表演能力：具有强烈的艺术表现力和感染力。

（4）创新能力：至少能完成一个具有独创性的身体难度动作或多因素器械技术。

六、身体素质选材法

身体素质是艺术体操运动员竞技能力的重要组成部分，是运动员身体能力水平高低的外在标志，身体素质直接影响艺术体操技术的掌握程度和运用效果。身体素质选材法是对运动员各项身体素质指标进行测评，通过对运动员身体素质的测评，决定运动员取舍的选材方法。根据艺术体操项目特征，身体素质包括一般身体素质和专项身体素质两类，其中一般身体素质是运动员完成一般身体活动所需的力量、速度、耐力等素质，而专项身体素质主要有柔韧、协调、速度、耐力、灵敏和爆发力。

七、心理选材法

心理选材法指运用现代心理学的理论，从心理素质方面选拔优秀运动员后备人才的方法。神经类型、反应速度及个性特点等后天不易改变的素质一直是各运动项目心理选材的重点。优秀的艺术体操运动员大多有明显的个性，且富有创新精神和应变能力，并能在复杂的环境中保持稳定的情绪和最佳的心理状态。掌握动作比较快，做动作时器械感、音乐感、时间空间感、肌肉用力的强度感特别精准。艺术体操运动员心理能力主要包括注意力的集中和持久性、运动记忆的准确与牢固性、运动知觉的广度与深度、运动反应的速度与稳定性、运动表象的完整与清晰性、运动感觉的敏锐与稳定性、运动思维的迅速与实效性等。

第三节 艺术体操运动员选材的阶段划分与步骤

一、选材的阶段划分

根据训练学选材划分及艺术体操项目特点，可将艺术体操选材分为初级选材、中级选材和高级选材三个阶段。

（一）初级选材

初级选材一般以幼儿园大班、学前班儿童（6 岁左右）、少年宫舞蹈班、艺术班及小学 1~2 年级（6~7 岁）的女孩为主要对象，通过对她们进行目测和简单测试，初步筛选出适合参加艺术体操训练的对象。这一阶段的选材目的是尽可能多地发现那些适合从事艺术体操训练的儿童，因此，在幼儿园和小学低年级中开展和普及群众性的艺术体操活动是选材来源的重要保证。初级选材是整个运动训练系统工程中的基础，它的成功与否将对整个训练工程产生重大影响。实践证明，为了更好地发现人才，初选时应采用选拔与推荐相结合的方法。

（二）中级选材

中级选材一般是从有一定训练基础的艺术体操运动员中选拔出能够进一步在专业上有提高并能够达到较高水平的运动员。这个阶段经过2~3年专业（或半专业）训练，再次对她们进行筛选，包括对外貌、身材、身体素质、掌握技术动作的速度、表现力、接受能力和意志品质等各方面进行综合分析，选拔出具备成为优秀运动员的条件、更有培养前途的少年运动员进行高层次的专项训练。根据训练实践需要，在经过1~2年训练后还可以进行一次中级选材的复选。

（三）高级选材

该阶段选材的目的是根据优秀运动员的模式标准，对13~15岁经过专项系统训练的运动员进行筛选，对技术水平、动作质量和表演能力等方面进步甚慢，完成不了该年龄段的大纲动作，很难承受大运动量的训练，心理素质差，主动性差，不适宜继续作为艺术体操高级运动员培养对象的成员采用自然淘汰的方式，最终留下外貌佳、身材好、运动成绩优、技术水平高、心理状态稳定和表现力出色的运动员，继续进行高水平的系统训练，代表省市和国家参加国内外大赛。此阶段的选材是优中选优，故也称为“专项精选阶段”。

二、选材步骤

艺术体操运动员的选材工作一般分成四个步骤，即家系调查、生长发育状况调查、专项选材指标测试和综合评价与分析。

（一）家系调查

目前，利用遗传因素进行科学选材越来越受到广泛的重视。人类遗传的基本规律表明，反映人体运动方面的各种性状的优势，在一定范围内受到遗传因素的制约，而那些优秀的运动员后代中，只要不是极端的个体，其子代中有50%以上的人在运动能力方面会有突出的表现。因此，通过对运动员家庭成员（父母、兄弟姐妹）和父系、母系上下几代成员进行遗传与家族谱系调查，运用遗传学的观点、方法来分析和判断被选对象的某些遗传性状（形态、机能、运动素质、代谢特征、心理品质等）和发展潜力，以提高预测判断的准确性。

家系调查主要包括以下内容。

1. 形态特征

如身高、臂长、体重、体型等。

2. 身体健康水平

是否患有慢性疾病，特别是有无遗传性较高的疾病。

3. 运动能力

包括劳动能力与兴趣爱好，特别是对体育运动的兴趣，尤其要注意体育世家和运动员的后代。

4. 相似度

对与被试对象相像者的情况要着重了解，注意他们之间可能有更多相似的遗传联系。

（二）健康检查

健康检查是对被选者生长发育情况进行全面细致的检查，一般包括对肌肉、骨骼、心血管系统、呼吸系统、肝功能、血液、尿液及个人病史 8 个方面的调查，其结果基本能够较全面地反映被选者的健康情况，可作为入选依据。

多年来，在艺术体操运动员选材过程中出现过有先天性脊柱侧弯、先天性股骨头发育不良、先天性心脏病或呼吸系统等疾病的运动员，经过长时间的训练后，运动员的先天性疾病才被发现，无法继续训练，不得不过早退役，这不仅对运动员的身体健康造成一定的影响，也极大地浪费了人力、财力和物力。因此，在艺术体操选材过程中，一定要重视被选择者的健康检查，以免上述现象再次出现。

（三）选材指标测试

根据艺术体操运动的竞技性、艺术性和优美性的特点，儿童少年运动员的选材应考虑从身体形态、生理机能、运动素质、心理素质和智力因素五个方面确定。通过对被选者各项指标进行测试，获取有关运动能力显示状态的各种信息。测试具体内容应根据初级、中级和高级选材不同层次而有所区别和侧重，越是高层次选材，测试内容和指标越要突出专项特点。在专项选材指标测试中，测试数据的准确性尤为重要。

此外，还应结合被选对象是否真正喜爱艺术体操运动，以及其协调能力与应变能力、接受力与创新能力、意志品质与训练作风等方面的评定进行综合选材。

（四）试训观察与选育相结合

目前，鉴于选材指标的研究水平，其科学性是相对的。艺术体操运动员选材的初选年龄为5~7岁，被选者正处于生长发育期，其身体形态、机能水平、运动素质等方面的发展具有极大的可塑性和变异性，选材是否准确、是否有发展前途，需要通过一定时间的训练才能逐步表现出来。实践证明，对儿童少年运动员增长趋势的评价，要从起点、增长速度和持续时间三个方面进行综合考虑。起点高、进步迅速而持续时间又长的人，是具有运动天赋的人；起点居中，进步速度快而持续时间长是成材率较高的一类人；起点居中，进步速度中等、持续时间也较长的一类人是艺术体操运动的基础队伍；而起点虽高，但进步不快且持续时间又短的人很难成材。因此，将选材与育才有机结合起来，不断完善选材指标、评定标准和方法，才能提高艺术体操选材的成材率。

第四节　艺术体操运动员选材中应注意的问题

一、注重“遗传度高”“可塑性小”的指标

在选材过程中，年龄越小、层次越低，就越要注意遗传度大、可塑性小的性状因素，因为这些优势性状在其发展的“敏感期”内会得到训练环境的诱发和促进，为其运动成绩的提高和达到预定目标打下坚实的基础，是育才工作的高起点。但随着年龄和训练时间的增长，对层次较高、训练年限较长的被选者，应逐步向遗传度小、后天影响大的选材指标转移。这样，才符合人体发育的规律，符合运动训练的规律。

二、发展的眼光看待选材

在早期选材中，不仅要看选材对象现有的条件和水平，更重要的是看到其内驱力、接受能力、年龄等潜在因素，用长远的目光预测她们发展的前景，以做出最佳的选择。谨防因急功近利的近期行为，浪费和错失了具有发展潜力的好苗子。

三、辩证的眼光看待选材

现有的专项群体选材模式往往是一种理论上的理想模式，真正全面且能够达到这样一种模式的运动员几乎是没有的，因而，在选材工作实践中，要考虑被选拔对象的个体特点，选拔具有显著特点的对象，从各个指标之间的互补和迁移关系上去全面、

整体地预测和评价其成材的可能性。只要对专项起主导因素的指标处于较理想的水平，其他一些次要指标稍差，也可以考虑选材。重要的是要辩证地处理选材中“全面性”与“个性差异”的关系。

四、科学的眼光看待选材

在早期选材中，要坚持实事求是、相信科学、尊重客观事实的原则，不凭印象、不看表面，不凭经验、不讲人情，不弄虚作假。科学选材是选材工作的核心。

五、重视文化课学习

在青少年的层层选拔过程中，不可放弃文化课的学习，要帮助青少年运动员处理好学习与训练的关系。我国运动员整体素质偏低，比赛意识、理解能力、接受能力差，这与青少年时期忽视文化学习有较大的关系，因此，保证文化课学习，积极开发智力因素是青少年运动员选材与训练不可缺少的内容。

参考文献

[1] 郭秀文．我国优秀艺术体操运动员科学选材与应用系统的开发研究 [D]．北京：北京体育大学，2005.
[2] 郭秀文，夏燕飞．艺术体操运动员的身体形态特征 [J]．山东体育学院学报，2006 (2)：52-55.
[3] 闫晓．中国艺术体操运动员旋转类身体难度动作发展现状研究 [J]．西安体育学院学报，2014，31 (6)：751-758.

第三章 艺术体操训练原则

北京体育大学（黄俊亚）；浙江省体育局（严韵文）

“原则”是事物内在规律的反映。艺术体操训练原则是依据训练的目的、项目特征、训练过程的客观规律、运动员身心发展的规律制定的，是对训练实践经验的总结，对艺术体操的训练活动具有普遍的指导意义。本章通过对艺术体操训练中应遵循的主要原则，即系统训练原则、全面发展原则、区别对待原则、适宜负荷原则、专项身体训练的“超前原则”、竞技机能水平的“储备原则”的介绍，进一步提高教练员对训练科学性的认识。

第一节 系统训练原则

系统训练原则是指在整个训练过程中，应持续地、循序渐进地对运动员实施训练控制，进而获得最大的训练累积效益，使运动员在多年的训练过程中稳步提高训练水平，该原则应贯穿在运动员的整个运动生涯中。系统训练原则是依据项目的内部结构性、运动技能的形成规律及运动员的身心发展规律而制定的。

艺术体操运动技能形成包括泛化、分化、巩固和自动化四个阶段，每一阶段的长短又受到运动员的训练水平、训练阶段等多种因素的影响。当运动员经过一次或一个阶段的训练之后，身体素质和技术水平便会有所提高，如果这种提高没有得到及时的巩固和及时转化为自动化动作，那么由训练所产生的效益便会逐渐消失，其中重点强化的技术和身体素质的训练效益消失得最快。因此，有必要组织多年系统性的持续训练。

贯彻系统训练原则应注意以下几点。

一、注重运动员运动生涯规划

将运动员的运动经历与未来的职业发展相结合，帮助运动员规划整个运动生涯，有助于提高运动员训练的积极性，保证有效、持续地训练。从运动员开始从事艺术体操专项训练起，教练员就应与运动员一起制订一份符合艺术体操训练规律和运动员生长发育特点的长期规划。

二、制订并实施科学的训练计划

教练员应对运动员的多年训练、年度训练、周训练和课训练制订可操作性的科学训练计划。在制订具体训练计划时，要求根据运动员的具体情况，实施或调整本次课或阶段的训练内容和训练负荷，应根据阶段训练的任务和目的，如参赛并取得优异成绩、巩固基本技术、提高基础体能等，选择相应的训练内容和练习形式。保证阶段性训练的科学性和运动员对训练内容的适应性，为长期不间断的训练打好基础。

三、重视训练内容的内部关联性

教练员在选择训练内容时，只有重视其内部的关联性，才能保证不同训练阶段内容间的紧密衔接。艺术体操内容丰富、形式多样，运动员不仅要完成各类身体动作，同时还必须正确掌握 5 种器械的基本技术组和其他技术组的动作，并能够以多姿多彩的形式展现出个体风格和特征。因此，在不同训练阶段都应重视训练内容之间的关联性，先学习徒手动作，再进行器械练习，先学习跨跳，再学习反跨跳、反跨结环跳等，按照由易到难、由简到繁、由单个动作到组合动作，最后按照完整成套动作的顺序进行练习，使前面的练习内容为后一部分内容奠定基础，循序渐进地掌握专项技术。

四、激发运动员训练的兴趣，培养正确的训练动机

多年单调、艰苦的训练及运动员个人经历和自我发展等因素，使运动员极易放弃训练，结束运动生涯。教练员应适时调整并有针对性地对运动员进行思想道德教育和心理训练，提高运动员的道德素养，培养自我实现意识，使运动员形成稳定、积极的训练动机，延长运动员的运动生涯。

第二节　全面发展原则

全面发展原则是指在安排训练时，兼顾运动员体能、技能、心理能力、艺术表现力、思维能力、理解能力等多种能力的发展。全面综合能力的提升不仅可以提高运动员的训练水平，实现训练目标，还有利于将其培养成为人格健康、全面发展的人。制定这一原则的主要依据是人体内部的结构性及各竞技子能力间相互影响、相互制约的规律。

人体内部具有结构性，运动员身体各部位的全面发展是运动员形成良好的身体姿态、预防运动损伤、提高动作难度和运动成绩的前提。另外，随着艺术体操国际评分规则对成套动作编排水平、完成质量要求的不断提高，比赛中运动员单纯依靠某一种特定的竞技能力或优势取胜的可能性越来越小，运动员竞技能力任一子能力的偏低，都将限制其整体竞技能力的提高。

因此，训练时应以培养运动员精湛的技术，良好的身体素质、心理素质和机能水平，突出的理解能力、学习能力和创新意识为着眼点，在不断完善成套动作技术的同时，综合提高各种能力，如运用芭蕾基本功训练中的基础训练形式和变换训练形式提高运动员的身体素质，培养运动员高雅的气质；通过练习各种风格的舞蹈动作，提高运动员的艺术表现力和创新能力等。同时，运动员特长技术的形成与发挥，也源自多种能力的协调发展。

贯彻全面发展原则应注意以下三点。

一、重视身体各部位的全面发展

教练员在选择训练内容时，应选择使运动员身体各部位肌肉、关节和韧带都能得到发展的动作进行练习，重视左右侧肢体、大肌肉群与小肌肉群，以及各内脏器官间的协调、全面发展。如利用双器械进行训练，提高左右侧肢体的协调配合能力，使身体各部位的肌肉得到锻炼，充分刺激深层小肌肉群，为完成更加复杂、精细的动作做准备。

二、强调各项能力的协调发展

在基础训练阶段，重视运动员各项身体素质和基本技能的发展，为运动员顺利完成平衡、旋转、跳步等身体动作及熟练操作各项器械动作打下坚实的基础，适量参加中小型比赛，提高运动员心理调控能力，帮助运动员顺利进入专项训练阶段。之后，在不断积累比赛经验、提高心理调控能力、高质量完成成套动作的基础上，及时巩固基本素质和基本技术。动作技术掌握得越全面、越熟练，越有利于运动员形成独特的技术风格，也只有具备了良好的身体素质，才能在激烈的赛场上充分发挥自己的特长。

三、以提高专项技术为核心

艺术体操项目的主导竞技能力是技能，是在音乐、舞蹈和轻器械等元素的有机结合下，形成的一种技艺性较强的项目。因此，教练员应重视专项技术的核心作用，认识到提高身体能力、增强心理素质、形成良好的创新意识等均是为提高专项技术能力服务。

第三节 区别对待原则

区别对待原则是指在艺术体操训练过程中，不仅要重视运动员共性的发展，按照统一的训练计划进行训练以促进专项能力的提高，还要根据运动员的个性特点，有针对性地制定训练目标、安排训练内容和训练负荷、选择训练方法与手段，充分挖掘优秀艺术体操运动员的潜力，培养多样化的艺术体操人才。制定这一原则的依据是艺术体操训练受制于运动员自身的特点。

运动员的身心发展水平在一定的年龄阶段具有相对稳定性，表现出一些相似的特征，但由于每个运动员的训练水平、运动天赋不同，训练中会呈现出不同的训练状态、操作能力、负荷承受能力及技术风格。因此，在统一训练要求的前提下，进行有针对性的训练，既有利于大部分运动员实现训练目标，又有利于培养一批优秀的艺术体操运动员，使其艺术体操运动天赋得到充分挖掘。

贯彻区别对待原则应注意以下两点。

一、重视运动员个体差异与信息反馈

教练员通过观察、谈话及运动员自身或队友反馈等多种方式，及时了解运动员的具体情况，不仅应了解运动员的外部形态、身体素质、“器械感”、艺术表现力等专项能力，还应了解运动员的逻辑思维能力、理解能力、个性心理特征、神经气质类型等一般素质的发展情况。

对于训练水平较高的运动员，应编排难度稍高的成套动作，并鼓励其挑战高难度动作，创新难度动作类型及身体与器械的结合形式，不断给予新的训练方法和手段，施加新的刺激，促进训练水平的进一步提高。对于训练水平较低的运动员，不仅要降低成套动作难度，进一步加强基本技术和基本身体能力，还应了解其根本原因，采取具体措施促进其能力的提高。

二、区别对待与统一要求相结合

进行艺术体操训练时，对每名运动员要有统一的要求，即均应完成一定的训练任务，实现基本训练目标，教练员根据艺术体操的训练目的、训练任务、训练大纲提炼出来，保证全体运动员拥有统一的训练标准，提高整体训练水平，在此基础上，充分考虑运动员的个性特征并进行针对性训练。如练习“阿提丢”转体 720°，水平较低的运动员可先练习 360°，再过渡到 720°，水平较高的运动员可在练习 720°的基础上完成更多周数。

第四节　适宜负荷原则

适宜负荷原则是指根据艺术体操运动员现实情况和对训练负荷的适应能力，给予相应量度的训练负荷，当运动员对这一负荷适应之后，要适时、适量地增加负荷，促进运动员机体产生更为明显的适应性反应，取得理想的训练效果。通过循序渐进地增加负荷，使运动员的机能水平在不断的“刺激—应激—适应”过程中得到提高，承受负荷的能力得到突破。制定这一原则的依据是人体机能的训练适应规律。

根据训练的适应规律，机体在适应大运动负荷后就会出现机能节省化的现象。一方面，如果机体对这一负荷产生适应后不再加大运动负荷，则机体的机能能力就得不到进一步提高。另一方面，如果运动负荷增加过快以致超过了机体的承受能力，不仅不能产生新的适应，而且还会产生运动损伤。所以，运动负荷应呈现波浪式增加，这就要求必须对负荷做一个科学合理的安排。

贯彻适宜负荷原则应注意以下三点。

一、深入理解艺术体操项目训练负荷结构

艺术体操项目训练负荷包括负荷强度和负荷量两个方面，其中前者反映了负荷对机体刺激的深度，后者反映了负荷对机体刺激量的大小。实践中运动员的负荷量常使用重复练习的次数和训练持续的时间两个维度进行确定，以运动员完成的单个动作数量、成套动作数量、训练持续时间和训练次数等为评定量度。训练强度则由运动员所练习动作的难度、速度、熟练程度、完成的准确性和运动员付出的努力程度所决定。

具体实践中还要注意负荷量和负荷强度的关系，使两者交替增加或减少，不可同时加大两者。

二、科学监控训练负荷

为达到有效训练目的，必须对运动员的训练强度和量实施监测、评价与控制。利用执教经验并结合各种科学手段，帮助运动员找出自身的负荷量度的临界值。根据运动员现有的专项水平，发展高难度的技术动作，并根据运动员的现时状态，对训练内容和训练负荷进行必要的调整，保证运动员以最佳的状态完成训练任务，防止运动损伤的发生。

三、正确处理训练与恢复的关系

没有恢复就没有提高，运动员的机能状态往往在训练间歇时达到最高水平。另外，外界持续施加于人体的负荷，对人类身心所产生的影响是逐渐增大的，适度的训练负荷可以促进运动员训练水平的提高，但过大的训练负荷则会造成运动损伤，甚至终止运动员的运动生涯。

因此，在每次训练后，应采取积极的措施，如慢跑、按摩等，促进运动员机能状态的恢复。特别是在大负荷运动后，所采取的措施应该更丰富，休息时间应更长，以便消除前期训练所累积的疲劳，使运动员以更好的状态投入新的训练中，保证运动员的训练水平稳步提高。

第五节　专项身体训练的“超前原则”

专项身体训练的“超前原则”是指在艺术体操训练的各个阶段都应重视专项身体素质的训练，特别是高水平训练阶段，它为进一步提高专项技术能力提供支持。这种“超前”是相对于专项技术训练来说的，它并不是指时间上的安排，而是指应该将专项身体素质训练作为基础，渗透到训练的全过程中。

随着艺术体操国际评分规则的变革，成套动作逐渐呈现出高难度性、高艺术性的特点，早期认为专项技术能力决定了训练水平的高低，但是随着运动员进入高水平训练阶段，专项技术水平却难以提高，甚至停滞不前。现代运动实践证明，成套动作越难、技术越先进，对身体素质的要求也越高。甚至在高水平训练阶段，运动员的专项身体素质决定了专项技术水平的高低。因此，无论是发展难度还是实现创新，都应首先具备良好的身体素质条件。

贯彻专项身体训练的“超前原则”应注意以下两点。

一、舞蹈基本功训练融合身体运动能力训练

在艺术体操训练过程中，舞蹈基本功训练约占总训练时数的20%。俄罗斯等艺术体操先进国家已将身体训练内容融入舞蹈课的训练中，每天1~2次，至少1小时的训练中，将基本动作与身体素质结合训练，并大量储备身体运动能力，为提高动作质量、开发新技术、创新动作储备足够的能量。

二、技术训练渗透艺术体操专项身体训练

良好的身体素质是高质量地完成艺术体操身体动作难度的前提，成套动作中包含了跳跃、平衡、旋转三大类身体难度，以及起到基础性作用的柔韧性动作，因此，成套动作的反复练习也就间接提高了运动员的身体素质。重视身体素质的专门练习，特别是与运动员薄弱技术或难度动作相关的身体素质更应该分解练习，作为完整成套动作练习的补充，提高技术动作的完成质量。

第六节　竞技机能水平的“储备原则”

竞技机能水平的“储备原则”是指教练员应重视运动员身体机能水平的提高，提高运动员长时间、大强度、高质量地完成动作的能力，以保证比赛时的正常发挥。

如今，在保证艺术体操超高技术难度的基础上，成套动作的容量成为反映成套编排质量和运动员技术水平高低的又一尺度。国际艺术体操评分规则虽然减少了成套动作身体难度的数量，但难度总分并没有降低，要求运动员在相同的时间里完成更难的身体难度动作和更多种类难度（舞步组合、结合旋转的动力性动作、器械难度），要保证动作的完成质量，运动员就应具备较高的身体机能水平。

贯彻竞技机能水平的“储备原则”应注意：教练员应树立一般性训练和专项训练相结合的理念，不仅使用长时间反复练习成套动作的专项训练手段加强运动员的心肺能力，还应采取各种一般性的训练手段，如持续慢跑、越野跑、游泳、骑自行车、爬山等综合方法。不同形式的跑对发展人体三大功能系统的作用如表 3-6-1 所示。艺术体操成套动作的特点决定了运动员不仅需要具备良好的有氧耐力，还应具备一定的无氧耐力以保证成套中高难度动作的完成。因此，教练员在平时训练中应将有氧耐力与无氧耐力结合训练，促进人体三大供能系统的同步发展，提高运动员的机能储备。

表 3-6-1　不同形式跑对发展人体三大供能系统的作用（%）

训练手段	ATP-CP 供能系统（无氧）	乳酸能系统（混氧）	有氧氧化系统（有氧）
加速疾跑	90	5	5
持续快跑	2	8	90
持续慢跑	2	5	93
间歇疾跑	20	10	70
间歇训练	0~80	0~80	0~80

续表

训练手段	ATP-CP 供能系统 （无氧）	乳酸能系统 （混氧）	有氧氧化系统 （有氧）
慢跑	—	—	100
重复跑	10	50	40
速度游戏法 （法特莱克法）	20	40	40

（资料来源：杨世勇等根据福克斯和福尔斯材料改编，2001 年）

参考文献

[1] 田麦久，刘大庆．运动训练学［M］．北京：高等教育出版社，2012.
[2] 黄俊亚．中国青少年艺术体操训练教学大纲［M］．北京：北京体育大学出版社，2016.

第四章

艺术体操训练计划的制订与实施

北京体育大学（樊铭）

艺术体操训练是一个多层次、多因素、多变化的动态开放系统，运动员水平的提高是多方面的社会条件整体效应。运动员从选材到成才一般需要经过8~10年系统、科学的训练才能实现。培养高水平艺术体操运动员需要明确“为什么练”“练什么”“怎样练”的问题，并根据项目和运动员的特点制订训练计划，有针对性地进行体能、技能等多方面训练，科学监控运动负荷，争取最大限度地挖掘运动员潜能，不断创造优异成绩。本章主要对训练计划的制订与实施、各周期训练的特点、各阶段训练内容及运动负荷的安排与监控等方面进行了实践性指导，以期为艺术体操教练员训练实践提供理论指导和借鉴，从而提高教练员制订和实施训练计划的能力，以及合理安排和监控运动负荷的能力。

第一节　艺术体操训练计划的种类及其组织

随着艺术体操比赛竞争的日趋激烈，对运动员的竞技能力也提出了越来越高的要求。通过科学规划运动员多年训练过程，使运动员的培养始终处于科学控制之中是极为重要的。训练计划是指在未来训练过程中，有目的、有组织、有步骤地进行训练，对运动员训练过程进行科学的规划。训练计划的制订是艺术体操训练过程中的主要组成部分，它是对整个训练过程进行合理的、整体的、系统的规划，对训练起指导作用，并根据训练实践对训练计划进行必要的调整和变更，以保证多年训练取得理想的效果，使训练过程更具有科学性。

根据不同的标准可将训练计划划分为不同的种类。从训练计划的时间性、时效性来看，可将艺术体操训练计划分为多年训练计划、年度训练计划、阶段训练计划、周训练计划和课训练计划（表4-1-1）。

表 4-1-1　艺术体操训练计划的种类

序号	类型	时间跨度	基本任务
1	多年训练计划	2~20 年	系统培养高水平运动员
2	年度训练计划	2~12 个月	根据运动员情况及本年度训练竞赛任务而制的计划，主要确定具体的任务、目标
3	阶段训练计划	1~20 周	根据年度计划而划分的更为细致的各阶段计划，包括准备期、比赛期和恢复期。也可以是为完成一项任务而制订的阶段计划
4	周训练计划	4~10 天	根据阶段训练计划制订，包括每周具体训练次数、时间、项目、运动负荷、运动量等。有针对性地提高竞技能力
5	课训练计划	1.5~4 小时	是运动训练最基本的组织形式。课的计划包括准备部分、基本部分和结束部分，以及各部分的内容、方法、手段、组织、运动负荷的安排等

一、多年训练计划

多年训练计划是对运动员多年训练过程的总体规划，对运动员两年以上训练过程的设想和安排都属于多年训练计划。多年训练计划其时间跨度可长达几年、十几年、甚至二十几年，这类训练计划具有较强的程序性，严格按照培养优秀艺术体操运动员的训练规律进行。

在训练实践过程中，当所制订的训练计划不能适应或满足运动员技术发展需要时，应该及时对训练计划进行必要的调整和变更，以提高训练的科学性、可控性和有效性。

艺术体操多年训练计划的内容如表 4-1-2 所示。

表 4-1-2　国家艺术体操队个人项目一组多年训练计划（2012—2016 年）

项目	内容
指导思想	2012 年，伦敦奥运会仅邓森悦一人入围参赛。2011 年，国家队队伍调整后，广泛吸收年轻队员入队。2013—2016 年奥运周期，个人项目力争两名运动员入围决赛，在巴西奥运会上我国个人项目能有所突破。为了更好地备战巴西奥运会，明确任务目标，以“卧薪尝胆、勇于拼搏、提升竞争力”为指导思想，全面提高自身技术水平和实力，与高水平运动员抗衡
任务目标	2012 年：学习和掌握新技术，发展新难度；参加国际比赛，锻炼新人，增加国际比赛经验
	2013 年：熟练应用新技术，提高完成规格及质量；参加世界锦标赛，积累重大比赛经验，提高场上心理和身体的自控能力

续表

<table>
<tr><th>项目</th><th colspan="7">内容</th></tr>
<tr><td rowspan="3">任务目标</td><td colspan="7">2014 年：进行独创技术创新，加强成功率；重点运动员参加亚运会，力争在亚运会上获得个人团体前 3 名，全能前 3 名；在世界锦标赛上力争个人团体获得前 8 名，全能进入决赛。</td></tr>
<tr><td colspan="7">2015 年：完善创新技术动作，确保完成质量和成功率；重点运动员参加世界锦标赛即奥运会入围赛，力争个人团体获得前 8 名，一名或两名运动员获得参加奥运会资格。</td></tr>
<tr><td colspan="7">2016 年：全面成熟参加比赛，参加巴西奥运会，力争在个人全能的比赛中进入全能前 8 名，实现个人项目历史性突破。</td></tr>
<tr><td rowspan="5">运动员基本情况</td><td>姓名</td><td>年龄（岁）</td><td>训练年限（年）</td><td>体重（千克）</td><td>损伤情况</td><td>最好成绩</td><td>运动等级</td></tr>
<tr><td>×××</td><td>20</td><td>6</td><td>39</td><td>髋关节</td><td>成年第 6 名</td><td>健将</td></tr>
<tr><td>×××</td><td>20</td><td>6</td><td>39</td><td>髋关节
膝关节</td><td>成年第 7 名</td><td>健将</td></tr>
<tr><td>×××</td><td>19</td><td>6</td><td>37</td><td>踝关节</td><td>少年第 2 名</td><td>一级</td></tr>
<tr><td>×××</td><td>18</td><td>4</td><td>39</td><td>膝关节</td><td>少年第 3 名</td><td>一级</td></tr>
<tr><td rowspan="5">主要解决的问题</td><td colspan="7">2012 年：1. 全面发展能力、预防伤病
2. 学习掌握各种新的技术
3. 参赛锻炼队伍，积累比赛经验</td></tr>
<tr><td colspan="7">2013 年：1. 提高综合能力
2. 动作规范、质量达到较高水平
3. 参加锻炼队伍，积累重大比赛经验</td></tr>
<tr><td colspan="7">2014 年：1. 提高综合能力、预防伤病
2. 提高技术动作稳定性和成功率
3. 参加重要比赛，积累大赛经验</td></tr>
<tr><td colspan="7">2015 年：1. 继续提高综合能力、预防伤病
2. 提高成套成功率、稳定性
3. 提高抗压和自控能力，正常发挥</td></tr>
<tr><td colspan="7">2016 年：1. 继续提高综合能力、预防伤病
2. 提高成套成功率、稳定性
3. 提高抗压自控能力，高水平发挥</td></tr>
<tr><td>措施与手段</td><td colspan="7">2012 年：1. 发展一般体能和专项体能
2. 增加舞蹈课，学习新技术动作，提高艺术表现力
3. 器械训练贯穿于整堂课
4. 强化成套训练
5. 增加各种比赛次数</td></tr>
</table>

续表

项目	内容
措施与手段	2013 年：1. 发展综合能力和全身肌肉力量 2. 舞蹈课丰富舞种，提高表现力 3. 器械训练时间增多，提高熟练性 4. 强化成套训练技术达到较为稳定水平 5. 增加比赛次数
	2014 年：1. 发展综合能力和全身肌肉力量 2. 舞蹈课提高表现力和技术控制力 3. 增加器械训练时间，提高熟练性 4. 强化成套训练技术达到高质量稳定水平 5. 增加比赛次数
	2015 年：1. 全面发展综合能力和肌肉力量 2. 舞蹈课提高表现力和自控力 3. 增加器械训练时间，提高熟练性 4. 强化成套训练技术达到稳定高规格高质量水平 5. 增加比赛次数
	2016 年：1. 综合能力和肌肉力量 2. 完善表现力、自控力 3. 器械训练时间增加，熟练性稳定性达到高水平 4. 强化成套训练 5. 心理稳定，参加重大比赛
检验方案	队内测验、实战、比赛、国际比赛
伤病监控	队医、科研团队定期测试、监控

二、年度训练计划

年度训练计划是运动训练过程中的重要组成部分，年度训练通常作为组织系统运动训练的基本单位。艺术体操年度训练计划是根据多年计划所确定的该年度的训练目标，在总结上一年度训练和比赛情况的基础上，结合本年度的主要任务而制订的训练计划。计划的制订可使教练员和运动员明确本年度将参加的比赛活动、需达到的目标，以及主要训练阶段的划分和每个阶段的训练或竞赛目标。年度训练计划的基本内容如下。

（一）全年训练指导思想

明确训练的总目标和总方向，培养运动员要达到的标准及培养过程所采取的方法。

（二）情况分析

了解当前国内外艺术体操发展的动向，如国际比赛规则、规程的变化，艺术体操先进国家的技术发展趋势。全面分析本队的现状，包括运动员的思想、技术、身体状况、比赛能力、心理状态、存在优势和弱点等。

（三）总任务及个人任务

在制订任务指标时，应充分发动教练员和运动员进行讨论，制订出实际能够达到的指标。

（四）阶段划分及阶段任务

根据总的训练时间和比赛日程来划分阶段任务。按顺序列出本年度主要的各大比赛、阶段测验和检查、选拔和汇报表演的日程，科学合理地划分训练周期和日期。

（五）训练大纲和进度

根据本年度训练任务、训练时数和运动员实际水平列出运动员所要学习和掌握的各项基本动作、难度动作、舞蹈和专项身体训练的内容，以及音乐知识、艺术体操专业理论等，制订学习的进度、完成日期和检查方法等。

（六）主要措施

主要措施包括主要的教学手段及运动量的安排，全队教学训练等各方面的思想工作，教练员的进修与学习，运动员应遵守的纪律，保障良好的训练环境，医务监督等。

（七）测验及考核

通过测验及考核可看出训练计划的落实情况，根据具体情况及时调整训练计划及训练方法，同时也可以调动运动员训练比赛的积极性，培养良好的比赛心理素质。

三、阶段训练计划

一般来讲，训练阶段的划分和训练计划的制订是以全年重要比赛为依据。主要内容有准备期、比赛期、调整期。阶段训练计划的内容与年度训练计划大致相同，但内容应更加详细和具体，如各项器械练习的内容、运动量的安排等。

四、周训练计划

周计划是阶段任务落实的关键。大致内容为周主要任务、每周训练次数、每日的训练时间、项目的安排、素质的安排、一周内的运动量节奏等（表 4-1-3）。

表 4-1-3 ×××艺术体操队个人组周训练计划

时间	8：00—11：30	14：00—18：00
周一 ×月×日	1. 基本能力：跑步、腰腹力量 2. 基本训练：身体难度、发展难度 3. 器械：基本技术、编排新动作 4. 拉伸、放松	1. 舞蹈课 2. 徒手成套 5 次 3. 器械：编排设计新动作 4. 柔韧力量及专项能力
周二 ×月×日	1. 基本能力：腰腹及腿力量 2. 基本训练：身体难度、发展难度 3. 器械：基本技术、编排新动作 4. 拉伸、放松	1. 舞蹈课 2. 徒手或器械成套 5 次 3. 器械：编排设计新动作 4. 柔韧力量及拉伸
周三 ×月×日	休息、治疗	1. 器械基本技术 2. 体能训练 3. 放松
周四 ×月×日	1. 基本能力：腰腹、踝、膝力量 2. 基本训练：把杆及身体难度 3. 器械：基本技术、编排成套动作 4. 修补专项能力	1. 基本训练：地功、跳、转技术 2. 专项训练：徒手或器械成套 5 次 3. 器械：基本技术、编排成套动作 4. 柔韧力量及拉伸
周五 ×月×日	休息、治疗	1. 器械基本技术 2. 体能训练 3. 拉伸、放松
周六 ×月×日	1. 游戏或基本能力 2. 舞蹈课 3. 器械：编排及难度训练 4. 控制和器械力量	1. 基本训练：地功 2. 徒手或器械成套 5 次 3. 器械：编排及难度训练 4. 柔韧力量及拉伸
周日 ×月×日	休息	休息
小结		

五、课训练计划

课训练计划是所有训练计划的基础，训练课是运动训练最基本的组织形式，训练任务依靠每次训练课的积累完成，训练课的质量直接关系到整个训练过程的进行及运动水平的提高。根据训练课的主要任务和内容，可以把训练课分为身体训练课、技术训练课、综合训练课和测验实战课等不同的类型。构成运动员总体竞技能力的体能、技能、心理能力及智能等都需要在具体的训练课中培养。

课计划的主要内容包括课的目的、任务和要求、课的内容（项目、技术、素质、时间及数量的分配）、个人训练的具体内容和要求、训练方法和手段等。

第二节　艺术体操训练周期及其训练特点

一、训练周期的概念与分类

（一）训练周期的概念

训练周期理论是马特维耶夫根据人体竞技状态具有周期、阶段性形成的规律，即运动员竞技状态的形成需要经过“获得”“保持”和“消失”三个阶段，相应地把运动训练过程的准备期、竞赛期和过渡期称为一个大周期。

训练周期是运动训练过程以循环往复、周而复始的方式进行的，每一个循环从开始到结束为一个周期。运动训练过程是通过许多大小周期循环往复表现出来的。

（二）训练周期的分类

运动训练过程的周期一般分为多年周期、大周期、中周期和小周期，以这四种不同类型的周期制订各种训练计划。

多年周期主要以奥运会、全运会比赛的周期来确定时间，一般是4~8年，以此制订多年训练计划。对于不同水平运动员，还可以以世界锦标赛、世界大学生运动会等赛事的周期确定多年训练的时间，如世界艺术体操锦标赛每两年一届，可以两年为一个周期。

大周期一般以一年为时间界限，以此制订半年或全年的训练计划。也有的一年分为两个或以上大周期，这一般在高水平运动员中才会出现。

中周期在训练实践中称之为阶段训练，一般是4~8周时间，以此制订阶段训练计划。

小周期在训练实践中称之为周的训练，通常以日历周为期限，以此制订周的训练计划。也可以安排4~10天的小周期。

训练课是周期的基本单元，时间1.5~4小时不等，并以此制订训练课计划。

二、艺术体操不同训练周期的训练特点

训练的大周期是以成功地参加1~2次重大比赛为目标而设计的。其时间的确定主要以比赛日期为标定点，向回程方向依次确定主要比赛阶段和比赛时期，以及完整的训练大周期。针对不同时期的特点提出了各个时期的训练目标、训练任务和训练内容，如一般训练与专项训练的不同安排，以及负荷量与负荷强度的不同比例等。

（一）准备期

1. 基本任务

提高运动员竞技能力，发展身体素质，逐渐培养运动员的竞技状态。

2. 训练特点

（1）体能：加强全面的身体素质训练，如耐力素质的练习，为高质量完成成套动作奠定扎实的基础。

（2）技能：进一步改进技术环节，加强单个动作的练习；发展新的身体和器械技术动作；编排和完善成套动作。

（3）运动量：时间较长、运动量较大、强度较小。

（4）训练安排：加强舞蹈训练及音乐乐感训练，培养动作表现力。

（二）比赛期

1. 基本任务

发展运动员专项竞技能力，使运动员在比赛中充分表现自己已具有的竞技能力。

2. 训练特点

（1）以成套训练为主，提高成套动作的稳定性和成功率。教练员记录每名运动员成套动作完成情况，及时点评，指出动作中存在的问题，有针对性地增加成套中出现的失误动作练习。

（2）对高难度的身体难度动作、结合旋转的动力性动作和器械难度动作需反复练习，保证一定数量的单动作和联合动作训练。

（3）注重对技术动作细节的要求，包括肢体、眼神、表现力等，做到严格要求，精益求精。

（4）后期训练中安排适当的测验、测试赛等实战性训练，模拟比赛氛围，安排裁判员和观众，观察运动员在实战性练习中的表现，激发运动员的竞赛欲望。

（5）运动量：在竞赛期初期，训练时间比准备期稍短，运动量相对降低，密度较小，但训练强度大。

（三）过渡期

1. 基本任务

通过更改运动负荷及内容、量度、组织形式等，对运动员进行心理、生理上的休整调节，达到消除疲劳的目的。

2. 训练特点

（1）保持一定训练活动的积极恢复。
（2）根据情况可进行项目的转换训练，如游泳、球类、跑步和游戏等。
（3）总结比赛训练经验，制订下一阶段的训练计划。

三、艺术体操多年训练计划的实施

高水平艺术体操运动员的培养需要多年系统的规划与训练，以实现对运动员完整运动生涯的全程监控。首先制订科学合理的多年训练计划是整个训练工作的前提，其次，严格有序的实施训练计划是训练工作的核心。训练计划的目的就是要采用一定的训练结构，科学地组织训练过程，逐步提高运动员的技术水平，控制运动员竞技状态的形成与发展，使运动员在重大比赛中出现创造优异运动成绩的最佳状态。艺术体操运动员多年训练各阶段的划分如表4-2-1所示。

表4-2-1　艺术体操运动员多年训练各阶段的划分

<table>
<tr><th rowspan="2">内容</th><th rowspan="2">启蒙训练阶段</th><th colspan="2">基础训练阶段</th><th colspan="2">专项训练阶段</th><th rowspan="2">竞技保持阶段</th></tr>
<tr><th>一般基础训练</th><th>专项基础训练</th><th>专项提高阶段</th><th>专项竞技最高阶段</th></tr>
<tr><td>训练年龄段</td><td>5~6岁</td><td>7~8岁</td><td>9~12岁</td><td>13~15岁</td><td>16~19岁</td><td>20岁以上</td></tr>
<tr><td>训练年限</td><td>1~2年</td><td>1~2年</td><td>3~4年</td><td>2~3年</td><td>3~4年</td><td>3~4年</td></tr>
<tr><td>训练水平</td><td>培养兴趣</td><td>三级运动员水平</td><td>二级运动员水平</td><td>一级运动员水平</td><td>运动健将</td><td>国际运动健将</td></tr>
</table>

（依《竞体教学训练大纲》，2004年改制）

（一）艺术体操各阶段训练主要任务及内容

根据国内外优秀艺术体操运动员的成材经验可以看出，运动员全程性多年训练过程包括启蒙训练阶段、基础训练阶段、专项提高阶段、最佳竞技阶段和竞技保持阶段，各阶段主要训练任务及内容如表4-2-2、表4-2-3所示。

表4-2-2　艺术体操运动员全程性多年训练过程规划

训练阶段	主要任务	训练重点内容及顺序
启蒙训练阶段	培养兴趣发展 一般运动能力	1. 轻器械游戏 2. 柔韧素质、基本运动能力 3. 身体和器械基本技术

续表

训练阶段	主要任务	训练重点内容及顺序
基础训练阶段	发展一般运动能力	1. 柔韧素质、协调能力、基本运动素质和能力 2. 专项基本技术 3. 一般心理品质
专项提高阶段	专项提运动能力	提高专项
最佳竞技阶段	创造专项优异成绩	1. 专项技术 2. 专项素质 3. 专项心理品质 4. 专项训练理论知识
竞技保持阶段	努力保持专项竞技水平	1. 心理稳定性 2. 专项素质 3. 专项技术 4. 训练理论知识

（依田麦久《运动训练学》，2000 改制）

表 4-2-3　艺术体操运动员各阶段身体训练与技术训练比例（%）

内容	启蒙阶段		基础训练阶段					专项训练阶段					竞技保持阶段	
年度	1	2	1	2	3	4	5	1	2	3	4	5	1	2
一般身体训练	25	20	15	10	7	5	5	5	5	4	3.5	3	3	3
专项身体训练	25	20	25	20	15	15	10	15	15	15	13.5	13	10	10
身体训练（小计）	50	40	40	30	22	20	15	20	20	19	17	16	13	13
技术训练	50	60	60	70	78	80	85	80	80	81	83	84	87	87

（依《乌克兰艺术体操训练大纲》，2001 年编制）

注：1. 身体训练，包括一般身体训练（含机能训练）和专项身体训练；2. 技术训练，包括身体技术训练、器械技术训练和艺术素养训练；3. 心理训练贯穿整个训练过程；4. 专项训练阶段第 1~2 年（15 岁前），是运动员青春发育和生长旺盛期，需适当提高专项身体训练水平，以保证技术训练的需要。

（二）艺术体操训练负荷安排

现代艺术体操运动随着评分规则的不断变化和技术水平的快速发展，训练和比赛负荷大大增加，这对运动员的身体机能、身体素质及技术水平提出了更高的要求。

运动负荷是反映各种练习对运动员机体影响程度的重要指标，它包含负荷的量和强度两个方面。前者反映负荷对机体刺激量的大小，后者反映负荷对机体刺激的深度。在艺术体操训练中，根据负荷量和负荷强度的大小分为小、中、大和极限量，训练负荷的绝对值取决于运动员的训练水平及其机能水平。艺术体操训练负荷量的具体指标由训练次数、训练时间、单个动作数量、组合动作数量、分段成套动作数量和完整成套动作数量构成，而负荷强度则是由运动员所完成动作的难度、速度、质量、熟练程度和准确性决定的。

1. 训练次数

艺术体操训练次数分为周训练次数和日训练次数。周训练次数是指每周进行训练的总次数；日训练次数是指每天训练的次数，单位为“次”。

2. 训练时间

训练时间是指每次训练持续的时间长短，单位为“分钟”。

3. 单个动作数量

艺术体操技术体系中，技术动作的类型复杂，数量繁多，根据不同的分类标准可分为身体动作和器械动作、难度动作和过渡连接动作等。一般艺术训练中的单个动作训练是指身体难度动作（BD）、结合旋转的动力性动作（R）、器械难度动作（AD）、非难度的身体过渡连接动作和器械技术动作等。

单个动作训练是艺术体操训练的重要内容之一，单位为“个”。

4. 组合动作数量

在艺术体操训练过程中，为了提高运动员动作的熟练性和流畅性，常采用组合动作训练法。组合动作是指按照成套动作编排顺序，将两个或多个单个动作连接起来形成一组或一串动作进行练习，如“小跑脚上转动圈+脚抛圈+过圈小跳”3 个单个动作形成的组合动作，单位为“组”。

5. 分段成套动作数量

分段成套动作练习是从单个动作、组合动作练习向完整成套动作练习的一种过渡练习形式。根据训练任务、运动员的技术水平和成套动作编排结构，可将成套动作分为 1/4 段、1/3 段和 1/2 段动作练习，单位为“段”。

6. 完整成套动作数量

艺术体操比赛需要运动员将编排好的动作以完整的成套形式展现给裁判和观众，因此，成套动作是艺术体操技术训练的重中之重，将对运动员或集体队的比赛成绩产生直接影响。完整成套动作数量是指运动员或集体队在一次训练课或一天训练中完成的成套动作总数量，单位为“套”。

成套动作完成质量的高低主要由教练员进行评定，可分为优质套、一般质量套、冲量套等。

（1）优质套

优质套是指艺术体操运动员按照评分规则的要求，高质量地、近乎完美地完成整套动作，是竞赛期特别是临近比赛时期常被采用的一种训练形式。

（2）一般质量套

在成套动作练习过程中，经常出现运动员完成了成套动作且没有明显的身体或器械动作失误，但完成质量却不高，存在很多扣分点。一般质量套的训练多出现于竞赛期前期的成套动作训练中。

（3）冲量套

冲量套是指仅计算完成成套动作的数量，没有对成套动作质量提出要求。一般在准备期后期开始进行完整成套动作训练，在竞赛期前期一般会以提高成套动作熟练性、达到较大运动量为目的进行训练。

艺术体操各阶段训练过程运动负荷如表 4-2-4 所示。

表 4-2-4　艺术体操各阶段训练过程运动负荷例表

运动负荷参数	启蒙阶段	基础训练阶段	专项提高阶段	最高竞技阶段
周训练次数（次）	3~5 次	5~8	8~12	10~16
日训练次数（次）	1	1~2	1~3	1~3
日训练时间（分钟）	90	90~180	120~210	150~240
日单个动作数量（个）	5~200	100~500	200~700	300~1000
日成套动作数量（个）	—	6~10	11~20	20~30

（依《竞体教学训练大纲》，2004）

（三）艺术体操训练负荷评定

根据艺术体操项目特点，将运动负荷的评定分为定性评定和定量评定两种。

1. 定性评定

定性评定主要在训练过程中依据教练员的学识和经验，通过观察运动员的外在表现和运动员自身感受进行综合评定的一种方法（表 4-2-5）。

表 4-2-5　艺术体操运动员运动负荷定性评定判断标准

运动量	评定标准	疲劳感
小	动作完成轻松，有信心，注意力集中、情绪高涨，愉快、兴奋	肤色微红，轻松，无疲劳感
中	完成动作有信心，能较好地完成任务，情绪较高涨，兴奋	肤色稍红，适度疲劳，很快恢复
大	后半部分失误次数增加，信心不足，情绪低落，难以集中注意力，期待训练结束	肤色明显加红，疲劳，需要恢复手段
最大	完成动作质量明显下降，力不从心，反应慢，出现抵住情绪甚至拒绝训练	肤色苍白，很疲劳，难以恢复

（依《竞体教学训练大纲》，2004）

2. 定量评定

定量评定是根据预先拟定的评价指标体系，按照一定的程序和方法，测算出定量结果的评价。

在训练实践过程中对运动负荷的量化评定是一个非常复杂的问题，由于每个运动员的机能水平和训练水平不同，存在较大的个体差异性，很难制订统一的运动负荷定量评定标准，从而使所有的运动员按照一个规定的负荷模式进行训练，这是不准确也是不科学的。因此，在训练过程中，教练员须根据每个运动员、每个集体队的实际情况制订运动负荷计划。表 4-2-6 是最高竞技阶段运动员每日训练负荷（仅供参考）。

表 4-2-6　艺术体操运动员最高竞技阶段日训练负荷安排

全天训练量	数量（单个/成套）		训练时间（分钟）	每周安排次数（次）
	单个动作（个）	成套动作（套）		
小	150~300	6~10	120~160	2
中	300~400	10~15	180~200	2
大	400~600	20~30	200~230	1
最大	700~900	30 以上	240~260	1

（依《竞体教学训练大纲》，2004）

运动员身体机能的改善、技术的掌握、竞技能力的全面提高是在科学运动负荷的刺激下逐步实现的，因此，对运动负荷的监控是合理安排训练计划，制定训练目标必不可少的重要环节。在艺术体操训练实践过程中，教练员需根据不同训练阶段、不同训练周期、不同训练内容，为不同的运动员制订不同的运动负荷，将定性评价与定量评价相结合才能保证运动负荷的科学性和有效性。

参考文献

[1] 洪小平．高等学校教材：艺术体操［M］. 北京：高等教育出版社，2014.
[2] 闫晓．艺术体操教练员培训教材［M］. 陕西：陕西科学技术出版社，2010.
[3] 黄俊亚．艺术体操训练理论与方法［M］. 北京：北京体育大学出版社，2010.
[4] 王爱兰．艺术体操运动训练之研究［M］. 北京：人民体育出版社，1991：42.
[5] 杨梅．我国高水平艺术体操运动员运动训练控制理论与实践［D］. 北京：北京体育大学，2009.

第五章

艺术体操教练员职责与能力

北京体育大学（张凯，白梅）

通过本章教学，帮助教练员们理解各级教练员的职责与任职条件，了解艺术体操教练员应具备的基本素质和执教能力，掌握运动队有效管理的方法与途径，提升艺术体操教练员的综合素质。

第一节　艺术体操教练员的职责

一、各级教练员的职责

（一）国际上对教练员作用与职责的认识

2015 年，由国家体育总局科教司组织专家编写、人民体育出版社出版的《现代教练员科学训练与实践》一书中，总结了欧洲体育教练体系，美国运动教育计划、国际体育教练体系中对教练员的职责认识和我国各级教练员的岗位职责和任职条件。

1. 欧洲体育教练体系（European Sport Coaching Framework）

第一，教练员是有能力、高水平、有规范的职业人群，他们拥有完整的知识体系以成功培养不同水平的运动员。

第二，教练员应对运动员成绩的最优化和运动员身心的发展同样关心。

第三，教练员应当尊重每一位运动项目参与者的权利、尊严和价值，无论其性别、种族、宗教或政治身份如何，均应予以平等对待。

第四，教练员应以开放、合作的方式工作，与其他相关责任人一起致力提升运动员的福利和成绩。

第五，教练员应当发展并维持高水平的训练，他们在训练课上的行为，每时每刻都反映出其科学知识和专业执教水平。

第六，教练员每一层次的执教都须应用科学训练原则。

第七，教练员在从初级资格水平到最终资格水平的发展过程中，须逐渐增进其责任和职业能力。

2. 美国运动教育计划（American Sport Education Program）

第一，教练员不仅需要精通本运动项目的技战术技能，而且要懂得如何把这些技能传授给运动员。

第二，教练员不仅要教给运动员运动技能，而且要教给运动员顺利走向社会所需要的技能。

第三，教练员不仅要引导运动员学习技术、战术和生活技能，还要指导运动员把这些技能和谐地呈现出来。

第四，教练员是一名教师，但又不仅是一名教师。他们的教学技能在每次比赛中都会受到他人评价。

第五，教练员是一名领导者，对运动员有着绝对的权力，对自己服务对象的生活有着巨大的影响。

3. 国际体育教练体系（International Sport Coaching Framework）

第一，教练员的基本功能包括创造愿景和战略、适应环境变化、指导训练和比赛、对场内外的情况做出判断和反应、反馈和学习、建立关系与影响。

第二，教练员的功能分类为战略、执行、分析、决策、反馈、管理、教育和影响。

（二）我国各级教练员的岗位职责

依据原人事部和国家体委 1994 年颁布的《体育教练员职务等级标准》，我国体育教练员分为三级、二级、一级、高级和国家级教练员。其中，三级、二级教练员为初级职务，一级教练员为中级职务，高级和国家级教练员为高级职务。

体育教练员的基本职责是完成训练教学任务，提高运动技术水平；全面关心运动员的成长，做好运动队的管理工作；参加规定的进修、学习。同时，高等级教练员还须承担对低等级教练员的业务指导、培训和辅导基层训练工作。

1. 三级教练岗位职责

第一，按照训练教学任务的要求，拟订和实施训练计划，协助高等级教练员做好运动员的训练教学工作。

第二，基本掌握运动员的选材和训练方法；总结训练教学实践经验，积累技术资料，建立训练业务档案，主动接受高等级教练员的业务指导。

2. 二级教练岗位职责

第一，按照训练教学任务的要求，制订和实施训练教学计划，承担运动员的训练教学和参加比赛的指导工作；培养后备人才。

第二，了解本项目发展方向，掌握运动选材和训练方法，及时总结训练教学实践经验，积累技术资料，建立训练业务档案，定期做出训练教学工作总结。

3. 一级教练岗位职责

第一，按照体育运动人才成长的规律，制订、实施训练规划和训练计划；承担运动员的训练教学和参加国内外比赛的指导工作；选拔、培养和输送后备人才。

第二，及时了解本项目发展动向，结合训练教学实践，进行有关选材和改进训练方法等方面的科学研究，撰写论文。

4. 高级教练岗位职责

第一，按照优秀运动人才成长的规律，制订、实施训练规划和训练计划；承担优秀运动员的训练教学和参加国内外重大比赛的指导工作；选拔、培养和输送优秀后备人才。

第二，熟悉本项目国内外发展动向，掌握先进的技战术训练手段、方法，以及科学选材、训练规律；总结培养优秀运动员和优秀后备人才的经验，进行专题研究，撰写科研论文；指导和推动本项目运动技术水平的提高。

5. 国家级教练岗位职责

第一，按照高水平运动人才成长的规律，负责制订、实施训练规划和训练计划；承担高水平运动员训练教学和参加国内外重大比赛的指导工作；选拔、培养和输送高质量后备人才。

第二，掌握本项目国内外发展动向，先进技战术和训练方法，以及科学选材、训练规律；总结培养高水平运动员和高质量后备人才的经验，组织并进行专题研究，撰写高质量的科研论文；指导和促进我国运动训练教学和运动技术水平的提高。

二、我国各级教练员的任职条件

各级体育教练员必须拥护中国共产党的领导，热爱社会主义祖国，努力学习马克思列宁主义、毛泽东思想和建设有中国特色社会主义的理论；履行教练员职责，遵守教练员守则，具有良好的体育道德和为体育事业献身的精神。

（一）三级教练

具有体育中专学历，从事训练教学工作一年以上，初步了解体育基础理论和专业知识，基本掌握训练教学的内容和方法，能够完成训练教学任务。

（二）二级教练

担任三级教练工作两年以上或具备体育院、系专科以上学历，从事训练教学工作一年以上；基本掌握体育基础理论和专业知识、技能；取得初级教练员岗位培训合格证书；能够较熟练地运用训练教学方法、手段，并能出色完成训练、比赛任务。

（三）一级教练

具有体育院、系专科以上学历，担任二级教练工作四年以上；比较系统地掌握体育基础理论和专业知识，能结合训练教学实践进行一定的科学研究，有一定学识水平的论文基础；初步掌握一门外语，熟悉本专业术语，能借助字典查阅本专业技术资料；取得中级教练员岗位培训合格证书；训练两年以上的运动员取得全国最高水平比赛录取名次；集体项目取得全国最高水平比赛较好名次。

（四）高级教练

具有体育院、系专科以上学历，担任一级教练工作五年以上，系统地掌握体育基础理论和专业知识，对本项目训练教学有较深的研究，有两篇发表或宣读的论文，或具有国内先进水平的反映本项目训练成果的学术文章；基本掌握一门外语，能借助字典阅读本专业技术资料，进行简单的技术交流；取得高级教练员岗位培训合格证书；训练两年以上的运动员或培训两年以上的运动员，输送后四年内达到世界水平或亚洲或全国优秀水平。

（五）国家级教练

具有体育院、系科以上学历，并经过国家级教练研讨班学习，担任高级教练工作五年以上；有两篇发表过的高水平学术论文，或具有国际水平的反映本项目训练成果的学术文章，或多次进行国际国内讲学和学术交流；掌握一门外语，能阅读和翻译本专业外文技术资料，进行技术交流；训练两年以上的运动员或培训两年以上的运动员，输送后四年内取得下列运动成绩之一：

第一，奥运会前三名。

第二，奥运会四至六名并世界锦标赛或世界杯赛前两名。

第三，世界锦标赛或世界杯赛三人次冠军。

第四，亚运会两人次冠军并亚洲锦标赛或亚洲杯赛两人次冠军。

第五，向国家队输送三名以上运动员或有三名以上运动员代表国家参加亚运会、世界锦标赛、世界杯或奥运会比赛，并取得五次全国最高水平比赛冠军或两人次亚运会（亚运会比赛项目、亚洲锦标赛或亚洲杯赛）冠军。

第六，集体项目奥运会前十名。

第七，集体项目世界锦标赛或世界杯赛两次前两名。

第八，集体项目亚运会冠军并亚洲锦标赛或亚洲杯赛冠军。

第九，集体项目向国家队输送五名以上运动员或有五名以上运动员代表国家参加亚运会、世界锦标赛、世界杯或奥运会比赛，并取得亚运会（亚运会比赛项目、亚洲锦标赛或亚洲杯赛）冠军或两次全国最高水平比赛冠军。

三、教练员的职业角色

（一）职业角色

“角色”（role）一词源于戏剧，专指演员在戏剧舞台上所扮演的人物。美国心理学家米德（George Herbert Mead）首先将其引入社会心理学理论中，指个人在社会关系中的特定位置和与之相关联的行为模式，它反映了社会赋予个人的身份和责任。职业角色（ professional role）则是指社会和职业规范对从事相应职业活动的人所形成的一种期望行为模式。

（二）教练员的职业角色

竞技体育工作的复杂性、教练员的岗位职责和工作特点，形成教练员职业角色的多元化。钟秉枢在其《论 21 世纪中国教练员的作用与培训》（2012）中，将教练员的职业角色归纳为 12 个。

第一，采购员。教练员要亲自“采购”最符合需要的运动员，从成千上万的人选中挑选出有天赋的运动员。

第二，设计员。对“采购”回来的运动员，教练员要根据其特点和全队比赛的需要设计其发展方向。

第三，指导员。教练员要对运动员的训练和比赛进行指导，对运动员从技术、思想、道德等几个方面花大力气去教导，而不可能代替运动员训练和比赛。

第四，教师。教练员要像教师那样给运动员传道、授业、解惑，给运动员传授新的知识和思想。

第五，导师。教练员与运动员朝夕相处，其一言一行都在潜移默化地影响着运动员，是运动员人生的向导。

第六，训导员。教练员要对运动员的表现进行奖赏和惩罚。

第七，管理员。教练员要全面负责运动员日常生活的管理和组织，包括对行政和后勤的人、财、物、时间与信息等诸因素进行管理。各个运动队的项目特点不同，运动员的个性、年龄和运动技术水平等存在着差异，教练员必须针对这些方面，充分运用管理的理论知识进行设计、策划，创造出行之有效的管理方法，进行全面管理，从而促进运动员训练、比赛水平的提高。

第八，外交家。教练员要同新闻媒体、观众和外界保持良好的接触，妥善处理来自新闻媒体、观众和外界的压力。

第九，朋友。教练员也只有与运动员建立良好的关系，才能把握运动员的所思、所想。

第十，学生。教练员还要把自己当作学生，善于倾听运动员的意见，时刻反省自己，不断进行自我完善。

第十一，科研人员。教练员要不断地对自己和他人、对己队和他队的训练和比赛进行分析、评估并作出结论。而且，当今和未来的竞技体育客观要求教练员具备较高的科研能力，科学研究能力是其保证运动训练质量的关键。

第十二，推销员。教练员要善于将自己培养的运动员推荐到国内外更高水平的运动队，推销到国内外赛场和再就业的岗位。

四、优秀教练员的特质

（一）教练员的胜任力

胜任力（competency）理论最早应用于管理学领域，后被广泛引用到其他领域。学术界对“胜任力”定义普遍推崇斯宾塞（Spencer，1993）的观点：胜任力是指能将某一工作（或组织、文化）中表现优异者与表现平平者区分开来的个人潜在的、深层次的特征，它可以是动机、特质、自我形象、态度或价值观、某领域的知识、认知和行为技能——任何可以被可靠测量或计数的，并且能显著区分优秀绩效和一般绩效的个体特征。由此可见，教练员的胜任力就是能够区分优秀教练员与一般教练员的个体特征。

1. 专业教练员胜任特征评价量表

邱芬（2008）通过行为事件访谈和结构方程模型验证，总结出中国专业教练员胜任特征模型，编制评价量表。该模型将专业教练员胜任特征分为 9 个维度：知识获取、创新、团队合作、沟通、权威、关注细节、洞察力、解决问题、分析思考（表 5-1-1）。

表 5-1-1　专业教练员胜任特征评价量表

序号	教练员特征	非常不符合	不符合	比较不符合	不清楚	比较符合	符合	非常符合
1	了解最新技术信息，并主动更新自己的知识结构	1	2	3	4	5	6	7
2	对前人和自己的经验进行总结并提出自己新的见解	1	2	3	4	5	6	7

续表

序号	教练员特征	非常不符合	不符合	比较不符合	不清楚	比较符合	符合	非常符合
3	清楚个人的力量是有限的，渴望通过团队的力量来更好地完成任务	1	2	3	4	5	6	7
4	理解队员的情绪和感觉，同时也能得到队员的理解	1	2	3	4	5	6	7
5	严格要求队员的行为，对于不合理的要求坚决说“不”	1	2	3	4	5	6	7
6	注意训练方法、计划等细节之处，对不同运动员的训练方法、手段、量和负荷等都作严格的要求和规定	1	2	3	4	5	6	7
7	对运动员的思想、愿望或情绪、能力和个性等能够正确分析	1	2	3	4	5	6	7
8	抓住关键问题和问题的实质，从根本上解决问题，防止下次出现	1	2	3	4	5	6	7
9	反思自己，吸取经验教训，将其整合到以后的训练、比赛、管理工作中	1	2	3	4	5	6	7
10	关注并把握各种可获得知识的途径，积极获取新知识	1	2	3	4	5	6	7
11	在训练和管理中不总以固有模式，有时进行反常规的尝试	1	2	3	4	5	6	7
12	遇到重要问题广泛听取团队成员的意见和建议	1	2	3	4	5	6	7
13	设身处地为运动员着想，使运动员能够主动投入、主动训练	1	2	3	4	5	6	7
14	坚决要求运动员遵照自己的要求和安排，运动员对自己表现出敬畏	1	2	3	4	5	6	7
15	要求运动员在训练中要关注技术动作的细节	1	2	3	4	5	6	7
16	从他人的行为中洞察其意图，了解其潜在的意义和信息	1	2	3	4	5	6	7
17	解决问题所用方法切实可行，符合所出现问题和对象特点，有成效	1	2	3	4	5	6	7
18	从同类事物或与运动项目相关的事物中分析比较规律，并灵活运用于运动训练	1	2	3	4	5	6	7
19	学习借鉴其他项目的训练方法和理念，灵活运用，提倡和传播新的训练技术、方法和理念	1	2	3	4	5	6	7
20	将运动队的各个工作人员视为重要的合作伙伴，寻求合作和帮助	1	2	3	4	5	6	7
21	鼓励队员表达其思想、观点和情感，并给予理解和回应	1	2	3	4	5	6	7
22	在运动技术、训练安排上有过人之处，运动员都很信服	1	2	3	4	5	6	7
23	处理问题时注意细小的环节，顾及他人的处境和心理感受	1	2	3	4	5	6	7

续表

序号	教练员特征	非常不符合	不符合	比较不符合	不清楚	比较符合	符合	非常符合
24	预见他人未能意识到的机会，做出准备，主动捕捉	1	2	3	4	5	6	7
25	分解任务，简化问题，按重要性区分完成的优先次序	1	2	3	4	5	6	7
26	以不同的角度和思维方式寻找多种解决问题的方案	1	2	3	4	5	6	7
27	对各类相关资料、报告、讲座提供的信息进行分析总结，是个有悟性的人	1	2	3	4	5	6	7
28	经常参加培训学习深造，进行自我提升和知识更新	1	2	3	4	5	6	7
29	在训练和比赛中总是有一些新的设想在头脑中涌现，即使在游玩、休息时也这样	1	2	3	4	5	6	7
30	充分激发运动员，建立融洽的气氛，带领运动员共同前进	1	2	3	4	5	6	7
31	与队员交流沟通时使用一定的策略，如倾听、回应、观察等方式	1	2	3	4	5	6	7
32	在与运动队成员相处中所体现出的个人魅力，使得他人能够服从安排和管理	1	2	3	4	5	6	7
33	在运动员的成长中，做到各方面细心周到，使其养成好习惯	1	2	3	4	5	6	7
34	观察队员的非言语行为，体察其运动状态和心理状态	1	2	3	4	5	6	7
35	宏观考虑工作中的问题，归纳总结其中的关系和模式	1	2	3	4	5	6	7

引自：邱芬．我国专业教练员胜任特征模型建构与测评研究［D］．北京：北京体育大学，2008.

注：知识获取，1、10、19、28（表 5-1-1 中的序号）；创新，2、11、20，29；团队合作，3、12、21、30；沟通，4、13、22、31；权威，5、14、23、32；关注细节，6、15、24、33；洞察力，7、16、25、34；解决问题，8、17、26、35；分析思考，9、18、27、36。非常不符合 = 1、不符合 = 2、比较不符合 = 3、不清楚 = 4、比较符合 = 5、符合 = 6、非常符合 = 7。每道题都进行打分，并按照维度将各维度题目得分相加。分数越高，说明该维度的胜任力越高。

2. 我国竞技体育教练员胜任力模型

吉承恕在其《竞技体育教练员胜任力问题的研究》（2013）一文中通过焦点小组访谈和行为事件访谈法，构建了我国竞技体育教练员的胜任力模型。该模型将教练员胜任力分为 6 个大维度和 17 个子维度：成就与行动（成就导向、主动性、信息搜索、计划监控）、影响（影响力、组织意识、关系建立）、个人效能（自我控制、自信、灵活性、献身组织）、管理（培养他人、团队领导、命令果断与职位权力的运用）、认知

（分析能力、归纳能力）、帮助（人际理解）（表 5–1–2）。

表 5–1–2　我国竞技体育教练员胜任力模型结构

一级指标	二级指标	观测点
成就与行动	成就导向	教练员对自己成就目标的明确程度
		教练员对成功目标的追求层次不同
		教练员对本职工作专注的程度
		教练员在运动训练和比赛中勇于创新
	主动性	教练员发现、分析、处理问题的前瞻性
		教练员应对挑战性工作的主动性
	信息搜索	教练员获取信息情报的意识及能力
		教练员主动学习的意识及能力
	计划监控	教练员开展各项工作的计划性
		教练员监控运动训练及比赛过程的能力
影响	影响力	教练员对运动员态度和行为的影响力
	组织意识	教练员的角色定位能力
	关系建立	教练员处理各种人际关系的能力
		教练员组织及协调各种人际关系的能力
个人效能	自我控制	教练员调控自己情绪及行为的能力
	自信	教练员决策的独立性
	灵活性	教练员及时更新思想观念的意识及能力
		教练员对突发事件的应对能力
		教练员处理各种问题方式的灵活性
	献身组织	教练员为事业发展所具有的奉献精神
管理	培养他人	教练员设定运动员培养目标的系统性和长远性
		教练员对运动员培养的目的和意图不同
		教练员培养运动员方法与手段的有效性
	团队领导	教练员在运动队中的凝聚力
		组织运动员和运动队实现预定目标的能力
	命令果断与职位权力的运用	教练员运用权威或命令管理运动员或运动队的有效性

续表

一级指标	二级指标	观测点
认知	分析能力	教练员对运动训练和比赛复杂问题的分析能力
		教练员筹划运动训练和比赛的能力
		教练员对竞技体育人才的识别能力
	归纳能力	教练员对训练及比赛等工作规律的归纳总结能力
		教练员以创新思维处理训练及比赛中难题的能力
帮助	人际理解	教练员对运动员的动机、思维方式和情绪变化的把握能力

（二）优秀教练员的素质结构

1. 身心素质

竞技体育具有竞争性、激烈性、复杂性的特点，要求教练员要具有出色的身体和心理素质。强健的体魄、旺盛的精力是教练员保证满负荷、高效率工作的基础。竞技比赛充满竞争和压力，要求优秀教练员具有顽强的意志、拼搏的精神、永不服输的进取之心、极强的情绪调节能力和从容淡定的魄力。

2. 思想素质

优秀的教练员，或许他们所取得的最佳竞技成绩高低不同，教育理念相距甚远，执教特色风格各异，个性能力差别显著，但是，他们都会具有一些共同的思想素质：第一，热爱体育事业，具有极强的事业心和荣誉感；第二，强烈的责任意识，在工作上勤勤恳恳、兢兢业业；第三，严于律己、以身作则，能够成为运动员学习效仿的榜样；第四，勤奋刻苦，具有不断学习的进取精神。

3. 业务素质

第一，先进的训练理念。训练理念在竞技体育教练员执教过程中起着指导性作用，它对于训练计划的制订、执行、修正，训练方式、方法的选择，具有直接而深刻的影响。一名优秀的教练员，其训练理念需要不断更新以跟上国际竞技体育发展的步伐，并且要具有持续的创新精神。运动训练不能仅依靠从难、从严、从苦，更要强调其科学性。选材、管理、训练、比赛的科学化是新时代对优秀教练员的要求。

第二，合理的专业知识。国际教练教育委员会制定的国际教练体系，将教练员知识结构分为专业知识、人际知识、个人内省知识。其中，专业知识包括运动专项知识、运动员知识、运动科学知识和工具知识（表 5-1-3）。

表 5-1-3　艺术体操教练员所需专业知识

运动专项知识	艺术体操基本规律
	艺术体操发展特征
	艺术体操制胜因素
	艺术体操技术与战术
	艺术体操项目管理
	艺术体操比赛规则
	艺术体操设施设备
运动员知识	艺术体操运动员的能力及其发展阶段
	运动员动机
运动科学知识	解剖学、生理学
	医学、营养学
	生物力学、生物化学
	急救、损伤预防
	反兴奋剂
	哲学、教育学
	心理学、社会学
	生活方式
	体育产业
工具知识	语言（口头、书面、写作、阅读）
	外语
	计算机
	基础数学
	现代技术

第三，完善的能力结构。教练员的职业角色是多元的，对其职业能力的需求也是多方面的，这要求教练员具有完善的能力结构。

第四，深厚的文化底蕴。刘文雄在 2012 年的研究中曾经有过如下观点：教练员是运动员竞技天赋的发现者、竞技技能的启蒙者、竞技体能的锤炼者、竞技智慧的开拓者、竞技心理的造就者、竞技灵感的点悟者、竞技潜能的挖掘者、竞技制胜的谋划者、竞技合力的组织者、竞技困难的破解者、竞技作风的历练者、竞技陋习的终结者、竞技品德的雕塑者、竞技灵魂的铸就者、竞技失败饱受指责的承接者、竞技成功幸福享受的身后者、在役生活保姆式的管理者、喜怒哀乐的知情者、世界观人生观价值观形成的引领者、学会做人做事学习自省和处世言行的教育者、成才目标的规划实施者、人生之路的阶段性铺就者、胜过养育自己子女的奉献者。教练员的多重职业角色特征，要求其既要有扎实的运动专业知识和技能，更需具备深厚的文化底蕴和人生智慧。

第二节　艺术体操教练员应具备的能力

一、专项技术执教能力

战略思维能力是教练员对运动队建设中带全局性、决定运动队发展的重大事情进行愿景创新和战略规划的思想方法和工作能力，包括把握全局、预测需求、确定愿景、形成任务、提出方针、制定措施、反馈调整、创新战略的能力。这种宏观战略能力是一种思维方式和能力，尽管它常常难以体现为具体行为能力，但却是教练员执教能力深层次的思想基础。并且，越是到高级别的教练员，对其战略思维能力的要求就越高，这也是学者提出的哲学家型的教练员所具有的显著特征。

二、训练指导能力

（一）制订训练计划

竞技运动训练是一项复杂的系统工程，需要计划、实施、监控与调整。教练员能够依据运动员和运动队发展的总体目标和各个比赛周期的具体目标，结合运动员和艺术体操项目特征，制订科学、有效、详尽的训练计划，并能够根据实际情况不断调整和完善训练计划，这是教练员具备的基本技能，也是其执教能力的重要体现。

（二）动作示范讲解

第一，艺术体操动作技术属于操作性知识，其教学具有直观性特征，需要教练员能够准确、清晰、形象地讲解，帮助运动员理解动作技术的重点与难点，建立正确的动作概念。

第二，教练员在训练中能够正确使用艺术体操规范术语，口令简洁明确、声音洪亮。

第三，教练员需要具备基础绘图能力，能够运用动作图、队形变化图、动作路线图来直观地展示训练内容。

第四，教练员的动作示范要求准确、规范。

第五，教练员能够及时发现运动员的错误动作，并及时给予反馈与纠正。

（三）激发训练动机

动机是个体行为始发和维持的基础，高质量的训练效果和比赛成绩依赖于训练和比赛动机的有效激发。教练员需根据运动员的年龄、性别、性格、需求特点，运用心理学相关理论知识，采取灵活机动的方式，激发运动员训练动机，促使其从“要我练”转化为“我要练”的积极态度，并能够在其心理疲劳情况下，维持较高的训练动机水平。

（四）科学训练方法

第一，教练员能够选择和设计科学合理的技术、战术、体能、心理等训练方法，促使运动员的训练效果提高。

第二，教练员需要掌握艺术体操项目常规的测试生理、心理、生化指标的方法，并能够进行分析与研究，科学安排运动员的训练计划和运动负荷。

第三，教练员要掌握运动员的个体特征，包括其身体素质、个性特征、技战术特点，并建立运动员个人档案，以便制订和调整训练比赛计划。

第四，教练员还需要掌握比赛对手的有关资料，以提高训练的针对性和有效性。

（五）运动损伤防治

第一，教练员要能够按照科学的方法安排和实施训练，及时纠正错误动作，合理安排运动负荷，降低运动员运动伤病的几率。

第二，了解艺术体操运动员常见运动损伤部位和发生机制，掌握应对解决运动损伤的基本方法和治疗方案。

第三，掌握运动员常见运动损伤的现场急救方法。

三、比赛指挥能力

（一）赛前计划制订

第一，运用先进科技方法手段，了解参赛各队信息和比赛场地状况；通过专业指标数据，掌握运动员竞技状态。做到知己知彼，才能百战不殆。

第二，依据比赛进程，制订详尽的参赛方案，按照时间顺序，描述教练员和运动员应进行的行为。

第三，与运动员共同制定比赛突发事件对策库，将所有可能发生的影响比赛结果的突发事件罗列出来，并一一对应相应的解决策略。

第四，教练员需要透彻理解比赛规则，并根据规则要求，编排比赛成套动作，制订比赛方案。

（二）赛中临场指挥

体育比赛复杂多变，教练员要有敏锐的洞察力和突发事件应对能力。能够对运动员的思想、情绪、目的、愿望、能力和个性等正确分析，判断出运动员的比赛状态，及时发现存在的问题和隐患。教练员要具备较强的临场应变能力，快速调整比赛方案，果断决策，及时并有效解决突发事件和问题。

（三）赛后总结反思

优秀教练员是具有反思能力的，特别是在比赛之后，需要及时对比赛全过程进行认真总结。包括教练员做了哪些工作？运动员表现怎么样？为什么赢？输在什么地方？经验有哪些？教训是什么？今后应该如何改进？赛后总结既要在运动队进行口头报告，更要形成书面资料，并存档保留，持续积累。

四、队伍管理能力

（一）人才选拔能力

运动队是一个团队，是由各个方面的专业人员组成的。教练员若想成为出色的管理者，首先要具有各类人才的甄别和选拔能力，包括运动员、体能教练员、助理教练员、心理教练员、康复师、营养师、队医等。教练员要了解优秀艺术体操运动员成长规律，掌握艺术体操运动员选材指标体系，学习个体发育程度鉴别方法和测试手段，将具有天赋的运动员选拔出来。

（二）组织协调能力

运动队是工作团队，不同于工作群体（表 5-2-1），其管理者不但要具备选拔人才的眼光，更需要合理资源配置的能力，将一个工作群体转化为高效的工作团队。主教练围绕运动员和训练比赛中心，将各类教练员、科研人员、辅助人员进行合理配置，分配各自承担的任务、职责、工作量、考核方式，并在训练比赛中，快速汇总各方资料，听取专业建议，协调人际关系，调动工作热情，形成团队合力。

表 5-2-1　工作团队与工作群体的差别

工作团队	工作群体
共同分担领导角色	由一位领导者负责
承担个人责任和团队责任	只承担个人责任
由团队制定特定的目标	群体的目标与整个组织的目标相同

续表

工作团队	工作群体
工作由团队集体完成	工作由个体单独完成
团队会议以开放式讨论和合力解决问题为特征	会议以效率为特征，不存在协作或开放式讨论
通过评估集体工作成果来直接衡量职业业绩	根据它对其他群体的影响来间接衡量工作绩效
工作是由集体决定的，而且由成员共同完成	工作由该群体的领导者决定，然后分配给群体内的成员个体
能够快速组建、部署、强化和解散	

（三）关系处理能力

教练员是运动团队的核心，其多重角色使教练员面对方方面面的复杂人物关系，需要良好的人际关系处理能力。这包括与管理者的领导关系、与运动员的师徒关系、与对手的竞争关系、与合作者的同事关系、与媒体的社会关系、与家人的亲情关系等。

五、动作创编能力

艺术体操比赛规则中，创编是重要加分因素，创编能力已经成为艺术体操优秀教练员必备的重要能力，创编能力包括创新能力和编排能力（图 5-2-1）。

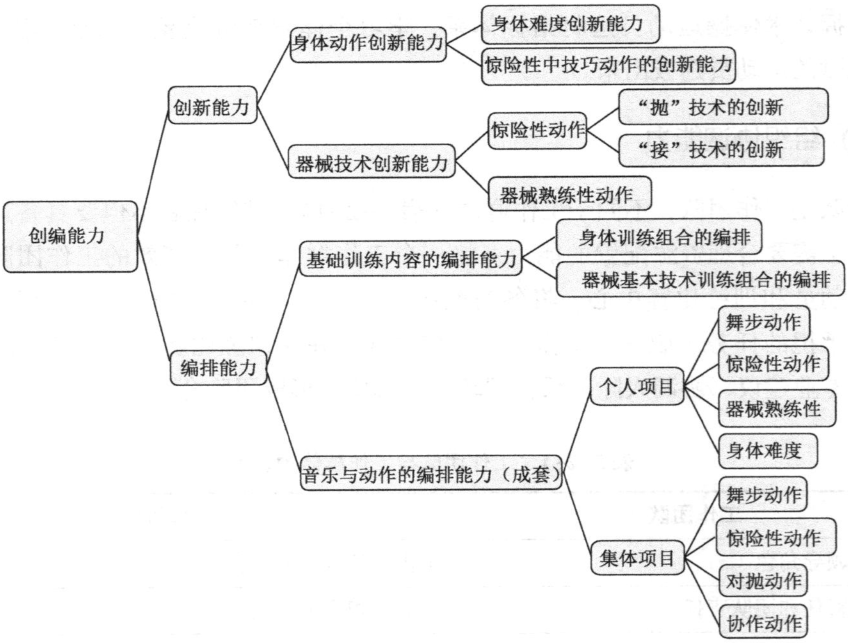

图 5-2-1　艺术体操创编能力结构图

（一）创新能力

1. 身体动作创新能力

身体动作创新能力包括身体难度和惊险性技巧动作的创新能力。FIG（国际体操联合会）提倡运动员有独创性动作，以此来显示运动员及其代表的国家，在艺术体操领域有自己的新思路与创造能力，是一个国家艺术体操整体能力的体现。

2. 器械技术创新能力

器械技术的创新能力包括惊险性动作和器械熟练性动作。在惊险性动作中，抛和接的不同方式与种类可以体现运动员对器械的掌控性与熟练程度；而熟练性动作（M）的出现更是2013—2016周期规则中的一个超级亮点，它提倡运动员和教练员“头脑风暴式”地无限尝试器械运用的可能性，它的给分原则就是“不平常”，必须新颖，必须是在大赛中无人完成过的动作，这也是新周期规则对于“创新”动作的一种推行方式。

（二）编排能力

1. 基础训练内容的编排能力

艺术体操项目年复一年，日复一日的训练，常常会给运动员和教练员带来乏味的感觉，所以，教练员对基础训练内容和形式的不断变换与改进，可有效提升运动员对训练的热情。

2. 音乐与动作的编排能力

音乐与动作的编排能力即成套的编排能力，教练员对音乐的理解是成套编排效果的重中之重。没有不好的音乐，只有不相匹配的动作编排。要想让动作与音乐相得益彰，教练员在音乐鉴赏方面的水平是一切的根本。个人项目的编排与集体项目的编排有共同点也有不同点，抓住运动员的个性与乐曲的特点才能事半功倍。

第三节　艺术体操运动队管理

竞技体育包括运动员选材、运动训练、竞技比赛、竞技体育管理四个有机部分。其中，管理对选材、训练和比赛起到统整作用，既是成功的基础，也是失败的根源。近年来，运动队的科学管理问题越发引起重视，树立现代管理理念，制定科学管理目标，规范管理制度，理顺管理机制，提高管理水平，成为学者、领导、各级运动队关注的焦点。

一、建立运动队科学的管理制度

（一）制定管理目的

1. 运动队的管理内容

运动队的管理内容包括训练、比赛、文化教育和生活四个方面。训练和比赛是运动队的中心任务，也是运动队管理工作的核心。教练员制订训练计划并在训练中贯彻执行监督训练计划。运动员需要服从教练员的安排，保质保量地完成训练任务。助理教练员及科研、医务等工作人员需要进入训练现场，对运动员身体、心理、技战术等指标进行观察监控，及时发现问题，帮助运动员争取最佳竞技比赛成绩。食堂、场地器材等后勤保障部门，要积极配合训练和比赛任务，以保障运动队日常训练和比赛的顺利进行。文化教育管理是鼓励、支持、监督运动员和教练员参加各类文化学习，完成学历教育，目的是提高运动员、教练员整体文化水平和思想境界，既为创造最佳竞技运动成绩提供软实力，也为运动员退役后终身可持续发展奠定基础。生活管理是维护运动员身心健康、保证训练和比赛任务完成的必要条件，包括严格的作息管理、饮食管理、商务活动管理、娱乐活动管理等。

2. 运动队管理目的

目的（goal）和目标（objective）是近义词，但二者依然存在差别。目的比较抽象，是某种行为活动普遍性的、统一性的、终极性的宗旨或方针。目标则比较具体，是某种行为活动特殊性的、个别化的、阶段性的追求。某一行为活动目的的最终实现有赖于许多隶属的具体行为活动目标的实现，目的内含的精神是贯穿于各个具体目标之中的。

运动队的管理目的是通过成立各级管理机构、制定规章制度、实施奖惩措施、采取激励机制、创建运动文化等一系列手段方法，有效增强运动队成员的团队意识和凝聚力，激发教练员工作积极性，激发运动员的训练和比赛热情，为每一位成员提供最佳成长环境，既能创造最佳竞技成绩，也有助于终身可持续发展。

运动队管理目的的实现是建立在具体管理目标实现基础上的。艺术体操队伍管理者需要根据各自运动队的实际情况，针对训练比赛周期安排和需要，制定符合艺术体操运动员年龄小、女性、项目特征明显的详尽训练管理目标、比赛管理目标、文化教育目标和生活管理目标。

（二）健全规章制度

1. 运动队规章制度的制定原则

目标的实现要靠制度的保障，特别是像竞技运动队这样的“准军事化”管理形式，建章立制显得尤为重要。汤起宇等（2008）学者提出运动队规章制度制定的原则。

第一，规章制度的建立要有前瞻性，尽可能考虑各种预后，避免朝令夕改。在这方面特别要根据形势发展的特点与要求，补充一些新的规章制度，如对优秀运动员参加有关商务活动的要求等，尽力避免无章可循或即兴式的“长官意志”（临时性的口头指示）。

第二，立规矩要有现实性，要有严格的执行程序以保证规矩的有效性。在这个问题上应特别注意克服“放空炮”“光打雷不下雨”的倾向。尤其是对于那些一时执行不了或无法兑现的规章制度与要求索性不立。如果所立的规矩只是贴在墙上或写在纸上的官样文章，不想、不愿或不能有效地实施，那么，这类规矩比没规矩对团体的危害可能更大。

第三，立规矩要有威慑性，对违规者的惩处力度应使团体成员对规矩有足够的敬畏。这样做的目的除为了确立和巩固规章制度的权威性和公正性外，更重要的是为了保持团体较高的诚信度。

2. 运动队规章制度的内容

运动队的管理内容包括训练、比赛、生活、文化教育，其规章制度应该根据管理内容逐一制定，使所有管理层面能够做到有规可依。运动队的规章制度主要包括：运动员守则、教练员守则、运动队招生（选拔）制度、运动队训练制度、运动队文化学习制度、运动队生活管理制度、运动队作息制度、运动队竞赛及奖励制度、运动场馆管理制度、宿舍管理制度、运动队文化娱乐活动制度、运动队业务学习制度等。

拓展链接为《中国艺术体操国家队管理暂行条例》。

3. 运动队规章制度的执行

规章制度的制定只是做到了“有法可依”，是管理工作的开始，而管理质量的高低更取决于规章制度的执行，即要做到“有法必依、执法必严、违法必究”。

运动队规章制度执行步骤如下。

第一，落实责任，分配任务。设计岗位、授权和分工，形成有机的组织结构，使组织协调地运转，完善组织职能。设置以下职位：领队、总教练、教练员、队长、组长、寝室长和学习、生活、文艺、劳动委员等。

第二，组织学习管理培训。教练员、干部及骨干分子进行管理业务培训；每出台一项管理制度组织全体人员学习；新队员入队前安排学习各项规章制度。

第三，执行制度。充分发挥骨干分子的作用，授予相应的权力，使之有能力调动和利用必要的资源。让骨干分子如实填写管理表格：训练考勤表、文化学习考勤表、按时作息统计表、早操考勤表、劳动考勤表、会议考勤表、违纪登记表、训练质量登记表、比赛成绩公布表、文化学习成绩公布表等。

第四，检查执行情况，控制执行过程。管理者及时取得管理情况信息，将信息与管理条例进行比较，定期对管理的结果进行评价，发现管理中存在的问题，及时采取有效的纠正措施。

第五，实行奖惩。以评价的综合结果为依据，实事求是地按照规章制度定期实行奖惩。奖惩可以是物质的，也可以是精神的，并公布于众。

（三）建立运动员档案

1. 建立运动员档案意义

运动员档案是在运动员管理活动中形成的，记录和反映运动员学习、训练、比赛、生活等各项内容，对国家和社会具有保存价值的文字、图表、声像等各种载体和形式的历史记录。运动训练具有明显的连续性和阶段性，把运动员训练比赛的过程通过文字、数据和影像形式记录并保存下来，不仅可以反映运动员的成长规律，还可以发现问题，总结经验和教训，为科学训练提供实证资料支持。

2. 运动员档案的内容

第一，运动员个人基本信息，包括家庭背景、入队时间、个人人口统计学信息等。

第二，运动员个人身体、心理、技战术指标的追踪测试结果。

第三，运动员训练日记、个人总结、学历证书、比赛记录、比赛秩序册、比赛证、获奖证书、奖杯、训练比赛录像、照片等。

3. 运动员档案的注意事项

第一，教练员要培养归档意识，养成及时归档习惯。

第二，采用计算机技术，建立运动员个人资料数据库，特别是科研技术数据。

第三，重视运动员档案的连续性和特色性。

第四，建立方便运动员填写的表格，提高效率和便于统计分析。

二、保障运动员与教练员的有效沟通

（一）沟通的本质和功能

沟通（communication）是信息的传递与理解。根据定义可知，沟通首先强调的是信息的传递，如果信息没有表达出来，那么沟通就没有发生。但对信息的理解更为重要，如要有成功的沟通，信息必须要被准确地表达和理解。完美的沟通应该是发送信息者准确表述自己的本意，而且这些想法和观点被接受者原原本本地接受和理解。沟通中出现的问题，也全部是由于要么表达不准确、不充分，要么接收不理解、不正确。

沟通具有四种主要功能。

第一，控制。通过沟通控制个体行为，比如教练员明确告诉运动员应该做什么、不能做什么、应该如何做、不能如何做。

第二，激励。通过目标设置，对实现目标过程的反馈，对理想行为的强化，可以激发运动员的行为动机。

第三，情绪表达。运动员和教练员通过沟通，表达自己的失落感和满意感，提供释放情感的情绪表达机制。

第四，信息。通过传递资料，为个体和群体提供了进行决策的信息。

（二）沟通的分类

沟通的分类比较复杂，按信息流动方向可分为上行沟通、平行沟通和下行沟通；按沟通方式可分为语言沟通和非语言沟通；按沟通方法可分为口头沟通、书面沟通、肢体（ 动作）沟通、网络沟通；按沟通渠道可分为正式沟通和非正式沟通；按反馈路线可分为单向沟通和双向沟通。

（三）促进运动员与教练员有效沟通方法

心理学人际交往的基本原理对教练员的启示：

第一，理解与尊重是成功沟通的基础。教练员要把运动员看作一个具有独立意志的个体，理解运动员的心理与行为，尊重他们的信仰、价值观与人格。只有在尊重的基础上，才能有积极有效沟通。

第二，积极倾听。教练员和运动员沟通中常见问题之一就是只有表达，没有倾听。很多时候教练员即便是在听，也是被动的，甚至是阻抗的。积极倾听是指听取说话者的完整意思而不做出先入为主的判断或解读。

◇ 表现出共鸣。

◇ 通过眼神接触来表示自己对该话题的兴趣。

◇ 赞同性的点头和恰当的面部表情。

◇ 提问。

◇ 避免让人分心的动作或手势。

◇ 复述说话者的内容。

◇ 不要打断说话者。

第三，及时反馈。许多沟通问题直接源于表达不准确和理解有误，因此，教练员要在沟通中获得反馈，就会降低沟通障碍。比如，可以采用提问的方式，判断运动员是否正确接收了自己传递的信息。

第四，语言表述精确。教练员要注意交流技巧，如使用日常用语和没有歧义的词语；选择不易替换的词汇；注意说话时候的节奏与停顿，给予对方更多的时间理解、消化表达的内涵；尽量少说俚语或专业术语；经常重复或分析解释要表达的内容。

第五，利用其他表达方式。有时候面对面的沟通，由于情绪激动或时间紧迫，许多表达多出现措辞不当造成沟通障碍。可以采用书信、电子邮件、微信、短信等方式与运动员沟通，一来可以避免面谈的情绪难以掌控，二来能够对沟通内容仔细思考，反复斟酌，三来对方可以多次阅读，深入理解。

第六，有效运用非语言信息。心理学研究结果表明，人际沟通中，非语言信息的准确程度高于语言信息。很多时候，赞许的眼神、紧紧的拥抱、微笑的面容、认同的点头这些非语言信息，比语言具有更好的沟通作用。

第七，多鼓励少指责。运动员都渴望获得教练员的认可和鼓励，积极的语言、赞许的目光、信任的态度，有助于教练员与运动员之间形成积极有效的沟通。

三、加强运动员的思想文化教育

竞技体育之所以激动人心，令无数人深为陶醉，不单是因为高超的竞技动作技术，更是在于它所彰显的体育精神令人振奋。运动员作为竞技精神和体育文化的传承者，其个人思想文化境界的高度，既是个人竞技运动的软实力，促使运动员实现最佳竞技运动成绩，也是国家形象、国民素质的最佳诠释者。近年来，我国运动员频发的诸多引发社会关注的负面话题越发说明，中国要想从竞技体育大国走向强国，加强运动员思想文化教育刻不容缓。

（一）运动员思想文化教育的目标

运动员思想文化教育目标分为近期和长期，近期目标是帮助运动员提高训练比赛积极性、科学性，以期获得最佳竞技运动成绩；长期目标则是提高运动员思想文化素质，为其终身可持续发展奠定基础。

（二）运动员思想文化教育的内容

1. 人生观教育

艺术体操运动员进入运动队大多为青少年时期，正是世界观、人生观和价值观形成的关键时期。根据艾瑞克森的人格发展理论，12～19 岁青春期是个体自我同一性建构时期。在此阶段，个体开始思考人生目的与意义，寻找自己喜欢并擅长的职业，确立人生奋斗目标，逐步形成稳定的信仰和价值观。因此，人生观教育成为艺术体操运动员思想文化教育的核心。要帮助运动员培养正确价值取向，树立正确的人生观，明确奋斗理想，形成良好人格。

2. 公民教育

运动员的素质结构包括两大方面，即作为运动员的职业素质和作为公民的公民素质。运动员首先是国家公民，然后才是运动员。公民教育包括法律常识、道德品质、文明礼仪等。

3. 爱国主义教育

“为国争光、无私奉献、科学求实、遵纪守法、团结友爱、顽强拼搏”，这 24 个字是 60 多年来中国体育健儿几代人凝炼出来的中华体育精神。其中，为国争光排在了第一的位置，因此，爱国主义教育是运动队思想政治教育的根本任务。优秀运动队的成功经验，都是把“爱国与奉献”贯穿于整个思想文化教育之中。新时期的爱国主义教育要结合新的历史条件和运动员认知、情感特征，采用更加多元、灵活、生动的方法手段进行爱国主义教育。

4. 集体主义教育

竞技体育既充满激烈竞争，又有着深刻的合作，尤其是我国的举国体制，优秀运动员所取得的成绩，背后都是整个团队的集体贡献结果。艺术体操有个人项目，也有集体项目，运动员需要进行集体主义教育，培养团队精神和合作意识。能够正确处理个人与国家、个体与集体的关系，树立正确的荣辱观。

5. 职业道德教育

体育职业道德是体育运动中各种社会角色的行为规范的总和。中华人民共和国体育运动委员会早在 1981 年就颁布了《运动员守则》《教练员守则》和《裁判员守则》，对运动员、教练员的行为规范提出明确要求。培养运动员爱岗敬业、为国争光、尊重科学、勤学苦练、团结拼搏、勇攀高峰、诚实守信、公平竞赛、遵纪守法、文明礼貌的职业道德，是运动队思想文化教育的重点。

6. 文化素养教育

艺术体操项目的运动员大多很早开始专业训练，系统的文化教育有所缺失，这也成为现阶段制约中国迈向竞技体育强国的瓶颈问题。运动队要高度重视运动员的文化教育，包括完成各级学历教育，文学、艺术、科学、历史、哲学等素质教育，使运动员的思维方式、思想境界、科学意识、学习能力等综合素质有更大提高。运动员文化素养软实力的提升，对竞技比赛硬实力的增强将起到促进作用。

（三）运动员思想文化教育的策略

运动队与学校环境差别较大，运动员的文化教育策略有其独特性。

第一，运动员思想文化教育必须要有领导支持、教练员重视、政策规范、制度保证，加强领队、教练员对思想文化教育的重视，完善运动员文化教育制度，是确保教育质量、实现良好教育效果的根本保证。

第二，课程是实现教育目标的基本途径，构建适用于艺术体操运动项目特征和运动员特点的思想文化教育课程体系和实施策略，是运动员思想文化教育的关键。

第三，运动员思想文化教育方式要灵活、生动、多样，避免课堂讲授单一教学方式，可以采用参观博物馆和艺术馆，组织辩论和演讲，观看现场表演、实地调研考察等多种形式。

第四，讲授方式需要符合运动员思维认知特点，避免理论的空洞论述，做到小寓言推动大道理。

第五，注意将思想理论与运动实践相结合。

参考文献

[1] 国家体育总局科教司．现代教练员科学训练理论与实践［M］．北京：人民体育出版社，2015：1-2.

[2] 国家体育总局科教司．现代教练员科学训练理论与实践［M］．北京：人民体育出版社，2015：9.

[3] 国家体育总局科教司．现代教练员科学训练理论与实践［M］．北京：人民体育出版社，2015：7-8.

[4] 黄希庭．简明心理学词典［M］．合肥：安徽人民出版社，2004：195.

[5] 钟秉枢．论 21 世纪中国教练员的作用与培训［J］．首都体育学院学报，2004，2012，24（4）：294-298.

[6] Spencer L M. Spencer S M. Competence at work：Models for superior performance［M］. New York：John Wiley Sons. Inc，1993.

[7] 邱芬．我国专业教练员胜任特征模型建构与测评研究［D］．北京：北京体育大学，2008.

［8］吉承恕．竞技体育教练员胜任力问题的研究［D］．天津：天津大学，2010.
［9］章崇会，朱学雷．专家教练研究述评［J］．武汉体育学院学报，2013，47（3）：67-74.
［10］Walton G M. Beyond winning：The timeless wisdom of great philosopher coaches［M］．Champaign，IL：Leisure Press，1992.
［11］罗宾斯，库尔特，著．管理学（第 11 版）［M］．李原，孙健敏，黄小勇，译．北京：中国人民大学出版社，2012：353.
［12］汤起宇，杨意民，彭芳菲．优秀运动队和谐管理论略［J］．武汉体育学院学报，2008，42（5）：16-19.
［13］林丽珍，赵芹．运动队管理研究［J］．体育科技，2005，26（4）：64-67.

拓展链接

艺术体操国家队管理暂行条例

北京体育大学（张凯）

一、总则

为保证艺术体操国家队更好地完成国家体育总局及体操中心交给的奥运会、世界锦标赛、世界杯、亚运会等重大比赛任务，使运动队管理更加科学化、法制化、规范化，特制定此条例。

二、艺术体操国家集训队的组建与选拔

（一）组建原则和任务

1. 艺术体操国家集训队（以下简称艺术体操国家队）以完成奥运争光计划为主要目标，同时肩负奥运周期内的世界锦标赛、世界杯赛、亚运会等重大国际比赛任务。

2. 四年为一大周期，两年为一小周期组建、选拔和充实艺术体操国家队的教练员、运动员队伍。

3. 进入艺术体操国家队的队员原则上年龄在 12 岁以上，特殊情况除外。

4. 严格筛选、测试及综合评价选拔出全国最优秀、具有培养前途的适龄运动员和高水平的教练员。艺术体操国家队教练员、运动员主要来自全国各省、自治区、直辖市、解放军、各体育院校等优秀艺术体操队。

5. 艺术体操国家队主要进行优秀运动员的培训加工、提高拔尖的训练工作，保证奥运会等重大国际比赛任务的完成。

6. 经过选拔，引进竞争机制，促进基层艺术体操事业的发展，扩大艺术体操项目的生存和发展的空间，充分调动省市队的积极性，坚持全国艺术体操“一盘棋”。

（二）组建程序和队伍结构

1. 以奥运会为周期，在奥运会结束的当年冬训前组建新周期的艺术体操国家队。

2. 由体操中心研究决定新一届艺术体操国家队的管理体制及聘任领队、总教练、副领队人选并报国家体育总局批准备案。

3. 由新一届领导班子组成队委会，由队委会提出新周期艺术体操国家队教练员名单，报请体操中心审批。

4. 由个人、集体教练组提出新周期艺术体操国家队运动员名单，经队委会研究，统筹调配，提出各训练小组的教练员、运动员名单，报体操中心审批。

5. 艺术体操国家队根据队伍发展需要和比赛任务的完成情况四年进行一次大的队伍调整，两年一次局部调整，每年年底根据训练情况进行小范围的调整，并公布下一年度艺术体操国家队运动员、教练员的名单。

6. 根据艺术体操国家队的任务要求及我国艺术体操运动开展的现状，艺术体操国家队按照年龄层次和技术水平，原则上只设一线和二线队伍。原则上小组建制为个人项目 3 个训练小组；集体项目 2 个训练小组。

（三）运动员的选拔

1. 热爱祖国、热爱艺术体操事业，具有强烈的事业心和良好的思想道德品质。

2. 在上一年度全国艺术体操锦标赛或冠军赛上，排名在全能前 18 名或单项前 8 名，能承担世界大赛和亚运会等重大国际比赛活动，有发展前途的成年运动员。

3. 在上一年度全国青少年比赛中，排名在甲组或乙组全能前 18 名或单项前 8 名，具有发展潜力的青少年运动员。

4. 在每年的全国艺术体操大集训中，经过基本技术、身体、心理素质等测试优秀的艺术体操运动员。

5. 运动员选拔采取省市推荐和国家队教练挑选的方式相结合。

6. 新入选的运动员必须符合国家队的年龄要求，由队委会研究同意，书面上报体操中心及体育总局批准，经过三个月至半年的试训后转为正式集训运动员。

（四）教练员的选拔

1. 热爱祖国、遵纪守法，有良好的政治素质和思想品德，有较高的艺术体操教学水平。

2. 热爱艺术体操事业，善于学习，钻研业务，有较强的事业心和责任感。

3. 在上一奥运周期，培养出亚洲前三名运动员的教练员。

4. 所培养选手（负责训练 2 年以上）输送艺术体操国家队 2 名以上，并有较高教学水平和管理能力的年轻教练。

5. 新选调教练员应有大专以上学历，3 年以上教龄，具有所带组别相应的教练等级，参加过相应的教练员岗位培训。

6. 曾获亚洲冠军的优秀运动员在思想作风、艺术体操意识、工作能力等方面表现出色可破格选调为艺术体操国家队教练员。

7. 新调教练员由教练组提名，经队委会研究同意，书面报体操中心及国家体育总局批准。

8. 新选调教练员，试用期一年，根据试用期内各方面表现决定是否正式成为艺术体操国家队教练员。

（五）运动员、教练员的调整

1. 艺术体操国家队根据奥运周期进行队伍调整，原则上四年一次大调整；两年一次局部调整；每年做小幅度的调整。

2. 运动员调整依据前一年度训练、比赛情况、发展潜力及综合表现。

3. 教练员调整依据上一年度所培训运动员的技术进展情况和比赛成绩；按照体操中心《教练员考核奖惩条例》进行年度考核的成绩；以及平时的综合表现。

4. 每年的队伍调整，必须由队委会慎重研究，并书面报体操中心及体育总局批准。

三、国家队的管理体制

（一）艺术体操国家队是国家体育总局体操运动管理中心下属机构，承担国家体育总局及体操运动管理中心下达的训练、比赛任务。

（二）艺术体操国家队根据任务需要实行队委会领导下的领队负责制或总教练负责制，队伍设领队、总教练各一名，副领队一名，分管个人、集体项目的教练组长各一名。队委会成员由领队、总教练、副领队、教练组长等人组成。

（三）艺术体操国家队按训练小组、队委会进行分级管理，各训练小组实行训练比赛、生活管理责任制，带组教练为小组训练、管理工作的第一责任人，年终根据小组训练比赛完成任务情况及小组平时学习、生活管理等方面综合评定，按照国家体育总局及体操中心有关规定给予奖惩。

四、运动员守则

（一）热爱祖国，热爱艺术体操事业，有强烈的事业心和责任感。

（二）遵纪守法，自觉遵守国家的法律、法规和各项规章制度。

（三）刻苦训练，顽强拼搏，勇攀高峰，为国争光。

（四）尊重裁判，尊重观众，具有良好的体育道德风尚。

（五）讲文明、讲礼貌、讲卫生、讲道德，明礼诚信，努力学习文化科学知识，自觉抵御腐朽颓废思想的侵蚀。

（六）尊敬领导，尊重教练，听从领导指挥，服从组织安排。

（七）关心集体，无私奉献，爱护公物，勤俭节约。

（八）在役期间，以事业为重，不得吸烟、喝酒；反对早恋。

五、教练员守则

（一）热爱祖国，热爱中华民族，热爱社会主义，热爱艺术体操事业。

（二）遵纪守法，自觉遵守国家的法律、法规和各项规章制度。

（三）爱岗敬业，能正确处理国家、集体、个人三者之间的利益关系；能妥善处理事业、学习、家庭之间的矛盾。

（四）解放思想，精益求精，踏实勤奋，勇于创新。

（五）坚持“三从一大”的训练原则，认真制订训练计划，及时进行赛后小结，认真总结训练、比赛经验。

（六）明礼诚信，公平竞争，不营私舞弊、弄虚作假。

（七）严格管理，严格要求，落实小组训练管理责任制。

（八）发扬民主，爱护人才，严禁打骂、侮辱运动员。

（九）言传身教，为人师表，不参与赌博、酗酒等不健康的活动。

（十）关心集体，团结合作，积极配合队里的管理工作。

六、运动队膳食管理

（一）科学、合理、平衡地膳食，保证训练、比赛所需的能量供给。

（二）尊重餐厅师傅的劳动，服从工作人员的管理。

（三）讲究卫生，做到饭前洗手，餐具经常消毒。

（四）注意餐厅清洁，不乱倒剩饭剩菜及果皮杂物。

（五）厉行节约，按需打饭菜，不浪费食物。

（六）外出训练、比赛、探亲等及时办理停伙、开伙手续。

（七）不外带食品，如特殊需要应有队里许可的证明。

七、运动装备管理

（一）体现新一代中国艺术体操健儿的精神风貌，按照任务需要，要求艺术体操国家队全体运动员、教练员着装统一、整洁大方。

（二）根据来队时间长短、任务需要，统一发放运动装备（包括训练、比赛服装等）。

（三）发放标准：原则上一线运动员集训时间一年以上按全套装备发放；半年以

上，不足一年按照半套装备发放；二线运动员减半发放；如执行特殊出访任务需要，需队领导、中心领导批准发放。

（四）个人应妥善保存好所发运动装备，保证训练、比赛任务的使用，当年的装备不得交换、赠送他人。

（五）遵守体操中心、艺术体操队和运动服装赞助商签订的合同，不在正式国际赛事上穿着、使用其他品牌运动装备，不与其他品牌运动装备厂家签订形象广告协议，不得参加其他品牌运动装备的新闻发布、厂家促销等商务活动。如有违犯，将承担法律责任。

八、请销假及作息制度

（一）为保证训练比赛任务的完成，艺术体操国家队实行严格的请销假及作息制度。

（二）正式集训运动员的探亲假由国家队根据当年训练比赛情况统一安排。由于任务需要未能回省探父母的，可报销父母来京火车硬卧旅费一次。

（三）平时运动员外出需向带队教练员请假，回来后向教练员销假，少年运动员不得单独外出。

（四）教练员、随队工作人员的探亲、工休假按照体操中心的有关规定执行。

（五）教练员、工作人员请事假一天以内由队领导批准；一天以上需书面报中心领导批准。

（六）作息时间：周一至周五、周日晚 9：50 点名，10：00 熄灯；周六晚 10：50 点名，11：00 熄灯。

（七）建立教练组、队委会值班制度。由值班教练员集合点名，并认真记录值班日记，如有情况应及时向队委会值班人员及队领导汇报。

九、商业活动

（一）遵守国家体育总局、中国奥委会及体操中心、中国体操协会的有关商业活动规定。

（二）艺术体操国家队正式运动员、教练员有义务参加中国奥委会、中国体操协会召集的相关商业活动。

（三）艺术体操国家队运动员的广告发布权等商业权益归中国体操协会独家所有，个人不得再和其他广告经纪公司签署代理协议。时间：从进队起至退役后两年。

（四）艺术体操国家队正式运动员必须配合中国体操协会签署相关商业代理权的法律文件。

（五）运动员有权获得参加商业活动带来的经济利益。根据国家体育总局的有关文件精神，运动员可获得商业广告赞助50%的利益，相关税费由中国体操协会代扣代交。

（六）艺术体操国家队运动员、教练员不得参与由中国奥委会、中国体操协会赞助商竞争对手组织的商业活动。如有违约，将承担相关法律责任及经济赔偿。

十、奖励与惩处

（一）运动员、教练员及随队工作人员由于工作成绩出色，可获得国家、地方及社会的各种形式的嘉奖。

（二）艺术体操国家队人员如有违犯队规队纪的现象，将视情节轻重受到处罚。处罚包括行政纪律处分、经济处罚，直至开除艺术体操国家队。

（三）队委会成员、世界冠军运动员、教练员违纪处罚加倍。

（四）艺术体操国家队人员违纪处罚必须通过队委会研究决定，书面报体操中心批准。

技术篇

第六章

艺术体操身体动作训练

首都体育学院（高扬，张洋）；河北省体育局（刘亚娟）

身体动作训练是艺术体操训练的基础，包括各种基本姿态、步法与舞步、摆动与绕环、柔韧、波浪、近似技巧动作等基础动作，以及平衡、旋转、跳跃难度动作。各类身体动作以不同的形式、不同的风格完成，可以以单个动作、组合动作的形式进行练习，也可以以成套动作的形式进行练习。在艺术体操身体动作训练过程中需借鉴舞蹈及其他运动形式的内容，以丰富艺术体操身体动作的训练方法与手段，提高身体动作练习质量。

本章将对艺术体操身体动作的训练方法、手段及训练要点进行阐述，帮助教练员形成科学的训练理念，掌握有效的身体动作训练方法。

第一节　身体基本动作训练

扫描二维码
观看视频

一、舞姿

（一）点地立

1. 动作描述

支撑腿脚尖外开，膝关节伸直；动力腿脚尖在支撑腿的正前、侧、正后三个方向点地，膝关节伸直；手臂外展呈七位，头向正前方（图 6-1-1）。

①　②　③（正面）　③（侧面）

图 6-1-1

2. 技术要点

保持两腿特别是支撑腿充分外旋，以及动力腿方向的准确性；身体挺拔，腰腹收紧，手臂外展，肩下沉，指尖向远方延伸。

3. 训练步骤

（1）训练一位擦地和五位擦地以保证两腿外开。
（2）训练动力腿的控制，以保证舞姿稳定性。
（3）训练手位一位至七位以加强手臂的延展性。

【拓展内容】

（1）支撑腿微屈。具体动作见二维码视频。
（2）动力腿勾脚尖等变化。具体动作见二维码视频。
（3）躯干前、侧、后屈、扭转等变化。具体动作见二维码视频。
（4）手位或手臂动作变化。具体动作见二维码视频。

（二）弓步

1. 动作描述

前脚全脚掌着地，脚尖外开，前腿屈膝；后脚脚背绷直，脚尖点地，后腿膝关节伸直；头向正前方，两手叉腰或手臂呈六位（图 6-1-2）。

正面 侧面

图 6-1-2

2. 技术要点

两腿自脚尖、膝关节至髋关节充分外旋，后脚脚尖与颈后、脑后呈一条直线向外延伸；后背直立，腰腹收紧，手臂外展，指尖向远方延伸。

3. 训练步骤

（1）训练髋关节的开度。
（2）训练下肢力量素质以保证动作的稳定性。
（3）训练髋关节灵活性，以利于增大动作幅度。

（三）阿拉贝斯舞姿

1. 动作描述

支撑腿全脚掌站立或提踵立，动力腿后控 90°或以上。两臂从一位抬起至六位，目光沿两臂任一指尖延长线看向远方（图 6-1-3）。

图 6-1-3

2. 技术要点

双膝伸直，动力腿举起高度不低于水平位置，脚尖绷直。躯干立直，后背收紧，两肩保持平正，自然下沉。两臂柔和地伸直，指尖向远方延伸。

3. 训练步骤

（1）手位一位到七位的训练。
（2）后控腿训练。
（3）起踵立训练。

（四）阿提丢舞姿

1. 动作描述

支撑腿全脚掌站立或提踵立，动力腿半屈膝后控至90°或以上位置。两手从一位抬起呈三位手，目视前方（图6-1-4）。

图6-1-4

2. 技术要点

支撑腿膝关节充分伸直，脚尖外开。动力腿保持外开，达到水平位置后，膝关节弯曲，主动向上转开抬起，髋、膝、踝尽可能保持在同一水平线上。核心收紧，躯干立直。

3. 训练步骤

（1）在保持身体直立稳定的状态下，重复训练动力腿的抬起、落地、控制。
（2）保证动力腿的膝关节弯曲，舞姿与全身配合协调。
（3）配合全脚掌和提踵立练习该舞姿。

二、摆动和绕环

（一）手臂摆动、绕环

1. 动作描述

（1）手臂摆动：身体直立，以肩为轴，手臂在矢状面或额状面上做钟摆式的运动，向前、向后摆动，或向左、向右摆动（图 6–1–5）。

图 6–1–5

（2）手臂绕环：身体直立，手臂经身体两侧以肩为轴做绕环动作（图 6–1–6）。

图 6–1–6

2. 技术要点

（1）两臂在身体的各个面上摆动时两腿做屈伸弹动，肩部放松；摆动的同时要配合腿下弹动。

（2）手臂绕环时，手臂自然放松，手臂伸直，身体拉长，指尖往远伸。

3. 训练步骤

（1）站立，两臂前或侧平举，两臂利用惯性的作用进行向左、向右或向前、向后钟摆式练习。

（2）肩关节柔韧性练习；强化手臂摆动练习，体会各个方向手臂远伸的感觉；完整手臂绕环练习。

【拓展内容】

（1）两臂前后摆动加绕环：身体直立，以肩为轴，两臂做钟摆式的运动，再向前绕环一周至平举，随后两臂向后、向前摆动，再向后绕环一周至平举。具体动作见二维码视频。

（2）两臂摆动：身体直立，手臂做钟摆式的运动，依次向前、向后摆动。具体动作见二维码视频。

（3）两臂摆动加绕环：身体直立，两臂做前、后钟摆式摆动，再经身体两侧以肩为轴做绕环动作。具体动作见二维码视频。

（二）腿部摆动

1. 动作描述

（1）腿部摆动：身体直立，以髋关节为轴做腿部的钟摆动作（图 6–1–7）。

图 6–1–7

（2）地面仰卧前踢腿：仰卧，两臂向两侧伸直，腿部向上做摆动动作（图 6–1–8）。

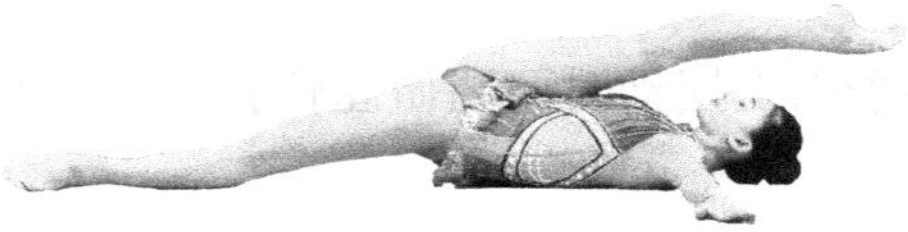

图 6–1–8

（3）地面侧卧侧踢腿：侧卧，身体保持一条直线，腿部向体侧做摆动动作（图 6-1-9）。

图 6-1-9

（4）地面俯卧后踢腿：俯卧，屈两臂，腿部向后做摆动动作（图 6-1-10）。

图 6-1-10

（5）腿部绕环：站立十字踢腿，以髋为轴做绕环动作，如单腿由左经前向右绕（图 6-1-11）。

图 6-1-11

2. 技术要点

（1）腿部摆动：脚尖引领腿部远伸、外旋；支撑腿髋部固定，重心在支撑腿上。
（2）地面仰卧前踢腿：膝关节伸直，脚尖绷直往远伸，保持另一条腿紧贴地面。
（3）地面侧卧侧踢腿：身体保持成一条直线紧贴地面，动力腿绷直。
（4）地面俯卧后踢腿：挺胸抬头，动力腿脚尖往远伸，保持另一条腿紧贴地面，臀部收紧。

（5）站立十字踢腿：保持身体重心在支撑腿，脚尖发力带动腿部运动。

3. 训练步骤

（1）腿部摆动：单手扶把，髋部放松，先做扶把练习，重心平稳后过渡到脱把练习。

（2）地面踢腿：先进行腿部柔韧性练习，站立前、侧、后踢腿，地面完整动作练习。

（3）腿部绕环：髋关节各角度柔韧性练习，完整动作练习。

【拓展内容】

腿部前后依次摆动：身体直立，两臂侧平举，腿部依次向前、向后摆动。具体动作见二维码视频。

三、波浪

（一）手臂波浪（前、侧）

1. 动作描述

双脚小八字站立，两腿夹紧自然站立，两臂侧平举准备。由肩关节带动整个臂部各关节，按照肩、肘、腕、掌指、指间的顺序柔和地做依次屈伸动作。手臂放松，手指向下，肩关节微微下压，肩、肘、腕关节逐步过渡到指关节向前或侧方向伸直（图 6-1-12）。

图 6-1-12

2. 技术要点

以肩关节带动上臂，使肘、腕、掌指、指间关节依次屈伸，使动作做得完整、连贯、柔软。当波浪到达掌部要柔软、缓慢，经过半握拳再慢慢伸直到手指尖，向远方推送。

3. 训练步骤

（1）训练单臂波浪练习或两臂波浪练习，动作不宜过大。
（2）训练两臂依次波浪。
（3）加大手臂波浪幅度的训练。

（二）胸波浪

1. 动作描述

双脚提踵立，两臂自然下垂。将胸椎由下而上依次向前推送，经颈椎直至抬头，再由胸椎开始，由下而上依次向后回位（图 6–1–13）。

图 6–1–13

2. 技术要点

低头含胸，由脊椎一节一节依次向前推送至抬头。胸椎后展、前屈时，注意各个椎体依次进行运动，动作缓慢，肩部放松，腰部控制保持稳定。

3. 训练步骤

（1）训练原地站立的前后胸部波浪。
（2）含胸展胸和胸波浪结合训练。
（3）结合舞步向前和向侧移动进行训练。
（4）结合向前和向后移动重心做胸波浪训练。

（三）躯干波浪

1. 动作描述

（1）躯干向前波浪：两腿站立，三位手准备。由腰骶部开始躯干缓慢前屈的同时，胸、颈各脊柱关节依次向前延伸，逐渐下压，躯干前屈至与地面成90°，背部呈凹形，再由腰部开始，经胸、肩、头逐步向上引领，躯干逐步恢复至直立（图6-1-14）。

图 6-1-14

（2）躯干向侧波浪：站立或跪立，两腿并紧，髋、腰、胸、颈各关节依次向侧弯曲，并随之依次向上推送，波峰在体侧移动（图6-1-15）。

图 6-1-15

（3）躯干向后波浪：站立或者跪立，两手上举，由身体后伸开始，依次屈髋、收腹、含胸至躯干前屈，波峰在体后由下向上推移（图6-1-16）。

图6-1-16

2. 技术要点

（1）躯干向前波浪：躯干各关节的屈伸要连贯依次推移过渡，动作要流畅、柔和。

（2）躯干向侧波浪：躯干各关节的屈伸是连续不断、依次推移的过程。在波浪进行中，头、胸、髋成反向弯曲和位移。反向运动及波浪幅度要大。

（3）躯干向后波浪：躯干各关节的屈伸要连贯不断地推移过渡，动作流畅、连贯、幅度大，身体参加动作的各个环节依次向上伸展。

3. 训练步骤

（1）躯干向前波浪：慢动作训练，体会脊柱各关节间的依次屈伸运动；连续反复练习，逐步加快速度至正常节奏。

（2）躯干向侧波浪：两手扶把训练，体会身体依次弯曲，增强关节的灵活性；训练站立和跪立时躯干的反向弯曲及依次屈体推移的分解练习；由慢到快的训练，体会动作的感觉。

（3）躯干向后波浪：先扶把杆训练，体会身体依次弯曲，增强关节的灵活性；站立和跪立时，练习躯干的反向弯曲及体会依次屈伸。

【拓展内容】

跪立躯干向前波浪：屈膝跪立准备，两手体后互握准备。下颚向前上方向远延伸，挺胸抬头，至躯干向后伸展，依次还原直立。注意脊椎的动作是依次、连贯进行的，动作流畅、柔和，在动作中应随着身体动作而抬头或低头，幅度充分、动作连贯。具体动作见二维码视频。

（四）全身波浪

1. 动作描述

（1）全身前波浪：两腿自然站立，两手上举三位，由身体前屈90°开始，力量经踝、膝、髋、腹、腰、胸、颈至下颚依次向上方推送（图6-1-17）。

图 6-1-17

（2）全身侧波浪：以从左向右为例，左脚站立，右脚尖侧点地，左臂上举，右臂水平伸直，由躯干右侧屈开始，左腿屈膝，经两腿依次弯曲到依次伸直，右腿站立，左脚尖侧点地，向右侧挺胸抬头至躯干左侧屈，波峰在右侧向上推移，右臂、左臂依次跟随动作做手臂波浪（图6-1-18）。

图 6-1-18

（3）全身后波浪：两腿自然站立，两手上举三位，由身体后伸开始，接着依次屈髋、收腹、含胸、低头至躯干前屈，波峰在体后自下向上推移（6-1-19）。

图 6-1-19

2. 技术要点

（1）全身前波浪：前波浪必须是身体运动的各个关节按照顺序依次地进行弯曲和伸展，使动作的过程由下向上推移。

（2）全身侧波浪：侧波浪在身体侧移重心的同时，膝、髋、腰、胸、颈各关节按顺序依次向侧上方推移。

（3）全身后波浪：后波浪必须是身体运动的各个关节按照顺序依次地进行弯曲和伸展，使动作的过程自下向上推移。

3. 训练步骤

（1）全身前波浪：慢动作训练，体会脊柱依次屈伸；在躯干波浪的基础上学习向前的全身波浪。

（2）全身侧波浪：慢动作训练，体会脊柱依次屈伸；两手扶把杆练习，动作幅度要大，动作连贯。

（3）全身后波浪：慢动作训练，体会脊柱依次屈伸；在躯干波浪的基础上学习向后的全身波浪；徒手练习向后的全身波浪。

【拓展内容】

螺旋波浪：两腿站立并拢，两臂上举准备。两腿半蹲，膝、髋、腰、胸由前向左依次向上螺旋转动，身体重心逐渐上升，双脚起踵立，两臂上举结束。踝、膝、髋、腰、胸、颈、臂在水平面依次弯曲的同时画圈。动作要协调、流畅、柔和，关节的转动应由低至高做螺旋波浪，波峰在旋转中由下向上呈螺旋形移动。具体动作见二维码视频。

四、舞步

（一）柔软步

1. 动作描述

走步时由脚尖过渡到全脚掌。身体重心随之前移，接着换脚，两腿交替进行，手臂自然摆动（图 6-1-20）。

图 6-1-20

2. 技术要点

摆动腿向前伸出时，由脚尖过渡到全脚掌，重心前移，收腹立腰。

3. 训练步骤

（1）头部、躯干保持正直，收腹立腰，眼睛直视前方。
（2）初学者可以叉腰做，熟悉后加手臂动作。
（3）开始练习时，可以两拍一动，然后再一拍一动。

（二）足尖步

1. 动作描述

站立姿势，两手叉腰，由脚尖过渡到前脚掌支撑，重心前移，两腿交替进行（图 6-1-21）。

图 6-1-21

2. 技术要点

身体直立，收腹立腰，步幅均匀不宜过大。

3. 训练步骤

（1）收腹立腰，目视前方，尽量高提踵，可以先扶把杆进行练习。

（2）一开始可以一手扶把杆，配合慢音乐节奏进行，熟练后，用快节奏音乐进行练习。

（三）侧交叉步

1. 动作描述

以向左侧交叉步为例。提踵立准备，两手叉腰（图 6-1-22①）。

（1）右脚向左脚前交叉一步稍屈膝，重心移至右脚（图 6-1-22②）。

（2）右腿伸直，同时左脚向左侧一步前脚掌着地，躯干正直（图 6-1-22③）。

（3）右脚向左脚后交叉一步稍屈膝，重心移至右脚（图 6-1-22④）。

（4）右腿伸直，同时左脚向左侧一步，前脚掌着地，躯干正直（图 6-1-22⑤）。

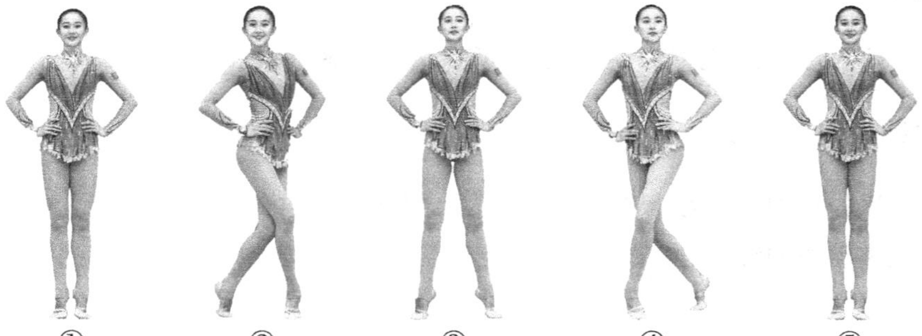

① ② ③ ④ ⑤

图 6-1-22

2. 技术要点

躯干前后扭转幅度要小，步幅要大，两腿交叉时屈膝，向侧迈步时直膝起踵，整个过程要有弹性。

3. 训练步骤

（1）分解练习向前交叉步和向后交叉步。
（2）由慢到快的节奏进行练习。
（3）配合手臂动作进行练习。

（四）弹簧步

1. 动作描述

两脚自然站立，两手叉腰。左脚向前方做一次柔软步，膝关节微屈，左脚慢慢提踵，同时右腿前举 25°，绷脚背。换脚进行（图 6-1-23）。

图 6-1-23

2. 技术要点

首先，脚下动作要有弹性、要连贯。其次，要挺胸抬头，收腹立腰。

3. 训练步骤

（1）可以先扶把杆练习，步幅不宜过大，要均匀、柔和，起踵要高。
（2）完整动作的练习。

（五）华尔兹步

1. 动作描述

起踵立，两手叉腰。左脚向前做柔软步，落地后屈膝，右脚向前做足尖步一次，左脚向前做足尖步一次。换右脚做同样的动作（图 6–1–24）。

图 6–1–24

2. 技术要点

动作协调连贯、自然。

3. 训练步骤

（1）先练习柔软步和足尖步。
（2）慢节奏练习华尔兹步。

（六）波尔卡步

1. 动作描述

双脚丁字步站立，两手叉腰。节拍前左脚跳起，同时左腿直腿前举 25°。第 1 拍上半拍左脚向前一步，下半拍右脚并左脚成丁字步，第 2 拍上半拍左脚向前一步，下半拍左脚跳起，右腿前举（图 6–1–25）。

图 6-1-25

2. 技术要点

轻松、欢快的感觉，节奏感强。

3. 训练步骤

（1）分解练习，先掌握节前拍一腿小跳，另一腿前举动作。
（2）完整动作练习。

（七）滚动步

1. 动作描述

双脚并立起踵，两手叉腰。左脚落踵，右腿弯曲，膝关节向前，从全脚掌过渡到脚尖点地，重心垂直向下。左脚起踵，两脚并立，然后右脚落踵，左腿弯屈，膝关节向前，从全脚掌过渡到脚尖点地，重心垂直向上（图 6-1-26）。

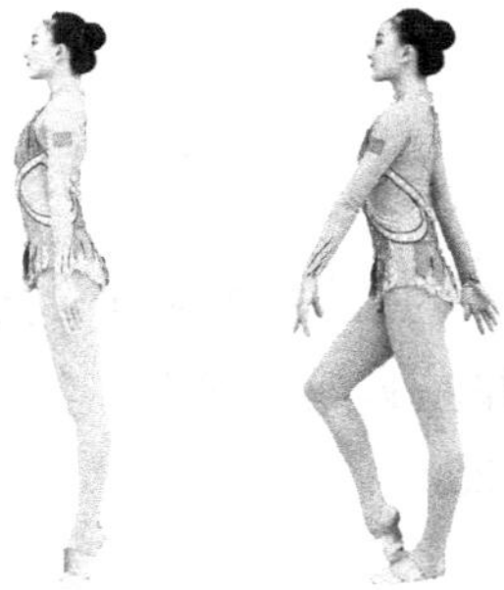

图 6-1-26

2. 技术要点

身体正直，支撑腿伸直，交换腿时髋关节上提。

3. 训练步骤

（1）先做提踵练习，再交替进行。

（2）掌握正确动作后，配合手臂进行练习。

（八）变换步

1. 动作描述

自然站立，两手叉腰。第 1 拍上半拍右脚向前做一次柔软步，下半拍右脚与左脚并立。第 2 拍右脚向前一步，重心前移，左脚后点地，脚面外旋。第 3—4 拍换脚进行（图 6-1-27）。

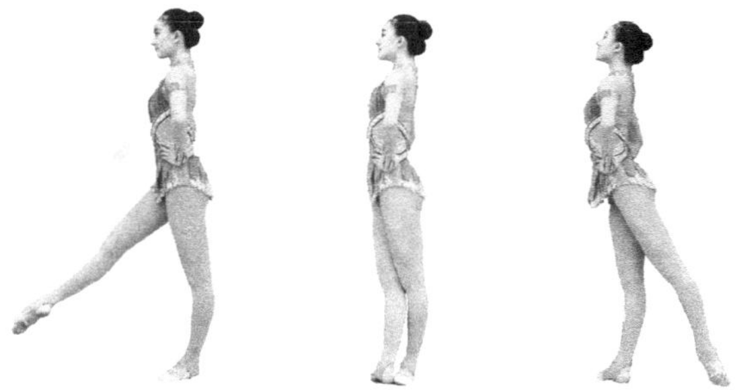

图 6-1-27

2. 技术要点

躯干正直，挺胸、收腹、立腰。步幅不宜过大，身体向前移动平稳，动作流畅。

3. 训练步骤

（1）两手叉腰，慢节奏进行。

（2）熟练后，可配合手臂练习，一手臂前平举，一手臂侧平举，动作协调、柔和。

五、柔韧

（一）肩部

1. 动作描述

（1）俯卧拉肩：练习者俯卧后伸，抬头挺胸，两臂后举，同伴双脚分立站在练习者的背后，紧握练习者的手腕，有缓冲地向上拉振（图 6-1-28）。

图 6-1-28

（2）肩部的大幅度绕环：双脚自然站立，两臂自然下垂，两手放于体前，保持手臂伸直由前经上向后做大幅度绕环（图 6-1-29）。

图 6-1-29

2. 技术要点

（1）俯卧拉肩：动作舒展，肩部放松，两腿绷直紧贴地面。

（2）肩部的大幅度绕环：绕环过程中，两臂伸直，挺胸抬头，提肩。

3. 训练步骤

（1）俯卧拉肩：俯撑躯干向后伸；桥形的练习；同伴可以用脚踩在练习者两肩之间，或用膝部抵在肩胛骨内侧拉振；独立完成俯卧躯干后伸，逐渐加大动作幅度。

（2）肩部的大幅度绕环：练习肩绕环、双肩依次绕环；两手握绳做大幅度绕环练习，逐渐缩短抓绳距离。

（二）胸部

1. 动作描述

（1）含胸：两脚提踵立或跪立，与肩同宽，两臂自然下垂。脊柱前屈，将胸部内收。颈部放松，头部自然低下（图 6–1–30）。

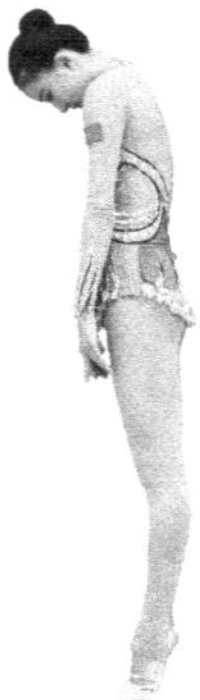

图 6–1–30

（2）展胸：两脚分立八字位或跪立，与肩同宽，两臂自然下垂。脊柱后伸，将胸部外展，头颈部后仰放松（图 6–1–31）。

图 6–1–31

2. 技术要点

（1）含胸：肩部放松，低头，脊柱向前成弓形。

（2）展胸：立腰收腹，肩胛骨加紧，腰部、髋部要固定。

3. 训练步骤

（1）含胸：先练习脊柱前屈，再练习胸部内收，结合呼吸练习。

（2）展胸：先练习直立胸部外展，再练习躯干后伸之后胸部外展，结合呼吸练习。

（三）腰部

1. 动作描述

（1）腰部后伸：两腿分立或跪立，两臂上举，躯干向后弯曲，抬头，颈部放松（图 6-1-32）。

图 6-1-32

（2）下腰：两腿分立或跪立，两臂上举，身体向后伸，两手撑地成桥形，顶髋、顶肩、抬头，眼睛看向地面（图 6-1-33）。

图 6-1-33

（3）腰部大幅度绕环：两腿分立或跪立，两臂三位手，躯干由前向左、向后、向右还原到体前，屈体环绕一周，同时配合两臂绕动（图 6-1-34）。

图 6-1-34

2. 技术要点

（1）腰部后伸：躯干后伸时，髋部要固定。
（2）下腰：用力顶髋、顶肩，躯干后伸两手撑地成桥形。
（3）腰部大幅度绕环：保持匀速，动作要连贯，肩要充分打开，尽可能大幅度。

3. 训练步骤

（1）腰部后伸：跪立腰部后伸，或先手扶把杆练习腰部后伸；再离开把杆练习站立腰部后伸。

（2）下腰：先屈膝仰卧或跪坐在地面上，保护者站在练习者的侧面帮助向上顶髋、顶肩；保护者站在练习者的前方进行保护，帮助练习者慢慢向下下腰；提高身体向后大幅度摆动的练习，增加躯干部位的力量与柔韧性练习。

（3）腰部大幅度绕环：练习幅度从小到大，由慢到快，掌握用力顺序，左右交替进行；掌握要领之后，逐渐加大动作幅度。

（四）腿部

1. 动作描述

（1）前劈腿：站立准备，直腿向前后滑动分腿至前后腿完全贴地，躯干保持直立（图 6-1-35）。

图 6-1-35

（2）横劈腿：站立准备，分腿下滑，脚尖向外旋，至两腿全部贴地，两脚跟与臀部在一条直线上（图 6-1-36）。

图 6-1-36

（3）站立并腿体前屈：两腿并立，三位手准备，身体前屈紧贴腿部，两腿用力蹬直，两手抱腿（图 6-1-37）。

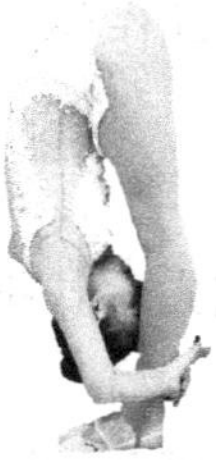

图 6-1-37

（4）直角坐体前屈：两腿并拢坐于地面，三位手准备，两腿用力蹬直并且紧贴地面，身体保持直立，身体前屈紧贴腿部，两手抱腿（图 6-1-38）。

图 6-1-38

（5）分腿坐体前屈：横劈腿准备，身体保持直立，三位手准备，身体前屈贴地，两手自然贴地（图 6-1-39）。

图 6-1-39

2. 技术要点

（1）前劈腿：两腿充分伸直并且贴地，髋关节放松、端正，身体直立。

（2）横劈腿：两腿充分伸直并且贴地，保持外旋，髋关节放松、端正。

（3）站立并腿体前屈：两腿用力蹬直，身体前屈紧贴腿部。

（4）直角坐体前屈：腿部伸直，两腿并住紧贴地面，身体前屈紧贴腿部。

（5）分腿坐体前屈：两脚跟与臀部在一条线上，身体前趴贴地，躯干和髋部完全贴地。

3. 训练步骤

（1）前劈腿：把杆站立压前腿；大弓步压腿或借助垫子垫高压后腿；半劈腿坐压前腿。

（2）横劈腿：把杆站立侧压腿；俯卧趴横叉或者仰卧分腿助力压腿。

（3）站立并腿体前屈：可由分腿练习逐步过渡到两腿并立完成。

（4）直角坐体前屈：躯干前倾过程可逐步加大幅度进行练习。

（5）分腿坐体前屈：两腿分开角度由小到大，腹部到地面的距离由大到小地进行练习。

【拓展内容】

劈腿抱腿滚动：前后劈腿准备，身体向前趴，抱紧前腿，向左或向右，做滚动一圈。注意两腿充分伸直，身体紧贴前腿，滚动时，两腿要保持 180°或 180°以上的开度，身体绷紧，滚动速度快、流畅。具体动作见二维码视频。

（五）踝关节

1. 动作描述

（1）坐姿勾绷脚：坐姿准备，两腿伸直并拢，两臂伸直上举，两手互握，有控制、有节奏地勾绷脚（图 6-1-40）。

图 6-1-40

（2）坐姿绕环：坐姿准备，两腿伸直并拢，两臂伸直上举，两手互握，有控制地进行踝关节顺时针、逆时针绕环（图 6-1-41）。

图 6-1-41

（3）手撑压脚背：两手手掌撑地，支撑腿伸直压脚背，动力腿向侧提起，形成侧巴塞姿态。两腿交换依次完成（图 6-1-42）。

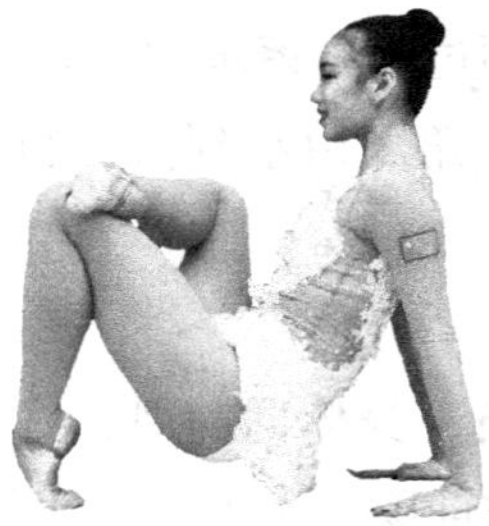

图 6-1-42

2. 技术要点

（1）坐姿勾绷脚：两腿充分伸直，脚跟始终并拢，尽量离地。

（2）坐姿绕环：绕环幅度最大化，两臂伸直，背部展平。

（3）手撑压脚背：两手手掌撑地，髋关节固定，脚背并拢无缝隙。

3. 训练步骤

（1）坐姿勾绷脚：细化单一勾脚及单一绷脚技术；连贯完成坐姿勾绷脚练习。
（2）坐姿绕环：慢节奏强化绕环各环节；连贯完成绕环动作；加大绕环幅度。
（3）手撑压脚背：掌握手撑压脚背及侧巴塞姿态；二者结合完成，两腿交替练习。

六、近似技巧动作

（一）前滚翻

1. 动作描述

单腿跪立，两臂撑地打开，单肩落地，同时提臀、低头、含胸、锁肩，背、腰、臀依次落垫，头部顺势引领躯干起，同时两腿并拢跪在垫上，两臂伸直打开（图 6-1-43）。

图 6-1-43

2. 技术要点

滚动过程中含胸团身，整个过程要流畅。

3. 训练步骤

（1）分解练习，团身原地滚动。
（2）完整动作练习。

（二）后滚翻

1. 动作描述

背对滚动方向，跪立开始，重心下降后移，低头团身向后滚动，两臂伸直打开，使臀部、腰、背、肩依次落地，当向后滚动至肩和偏头着地时，两小腿向后伸，脚面触底，膝关节弯屈，两手迅速用力推地，抬头，起上身成跪立姿势（图 6-1-44）。

图 6-1-44

2. 技术要点

滚动流畅，团身要紧。

3. 训练步骤

（1）直臂做团身向后、向前滚动。

（2）在帮助下完成动作。

（3）初学者练习时，保护者半蹲在练习者的左侧，一手托肩，一手托后腿帮助其翻转和维持平衡。

（三）前软翻

1. 动作描述

双脚前后分开，提踵立，两臂前下举姿势开始，重心前移，躯干前倾，两手撑地，同时两腿依次向后上方摆腿、蹬地，经前后分腿倒立位置，顶肩、抬头前翻。摆动腿垂直落地，同时顶肩、推手、顶髋、立腹，蹬地腿伸向前上方后，于体前点地，成两臂斜上举的站立姿势（图 6-1-45）。

图 6-1-45

2. 技术要点

手倒立时前后腿分开达到 180°，起立时蹬地腿伸腿方向高于 135°。直腿、直臂，翻转速度快，动作流畅。

3. 训练步骤

（1）分解练习手倒立、下腰及摆腿速度。
（2）在保护下完成动作。
（3）独立完成动作，并可以连续进行。

（四）后软翻

1. 动作描述

并腿提踵立、两臂三位姿势开始，向后下腰，向上顶髋，两手向后撑地，同时一腿摆起，一脚蹬地，经分腿倒立位置，摆动腿落地，推手，立腰，蹬地，后腿后控，然后落地（图 6-1-46）。

图 6-1-46

2. 技术要点

经前后分腿做手倒立，顶肩提臀落地时，另一腿后控。手倒立时两腿夹角需要大于 170°；起立时后控腿应该高于 110°。

3. 训练步骤

（1）分解练习手倒立、下腰、摆腿速度。
（2）在保护下完成动作。
（3）独立完成动作，并可以连续进行。

（五）侧手翻

1. 动作描述

手臂下垂，右脚站立，左腿前点地准备，左脚落地直腿，躯干向左侧倒，两手平行放于地面，与左脚落于同一直线上，右腿向后上方摆起，左脚蹬地，经分腿倒立，顺势依次推手落地，成站立姿势（图 6–1–47）。

图 6–1–47

2. 技术要点

右腿迅速向后上方摆起，左脚用力蹬地，两手依次撑地，经过倒立位置。

3. 训练步骤

（1）在教练员的帮助下分腿手倒立。

（2）分腿倒立侧翻起。

（3）沿标志线做侧手翻。

（4）连续侧手翻。

（六）前胸翻

1. 动作描述

地面姿势，两腿开立与肩同宽，腹部着垫，躯干挺起，两手三位上举准备。两腿发力向上，直腿，经胸倒立，单肩着地，两手推垫，背部、臀部、腿部依次落地，两腿并拢呈坐立姿势，且两臂伸直打开（图 6–1–48）。

图 6-1-48

2. 技术要点

腹部着垫平衡，胸倒立保持 1 秒，过程流畅。

3. 训练步骤

（1）加强腹部力量练习。
（2）练习胸倒立。
（3）完整动作练习。

（七）后胸翻

1. 动作描述

坐姿开始，两腿伸直并拢，躯干正直，两手直臂侧举，重心后移，躯干后倾，两腿上举，经肩肘倒立，两臂向前推垫，侧头，肩、胸、腹依次着垫，两腿向后伸，直腿落垫，躯干抬起（图 6-1-49）。

图 6-1-49

2. 技术要点

直腿、肩肘倒立和挺胸。

3. 训练步骤

（1）分解练习，肩肘倒立。

（2）完整动作练习。

（八）侧胸翻（以左侧为例）

1. 动作描述

左腿跪立，右脚伸直后点。重心移至左腿，躯干前倒，两手于体前撑地，右腿向侧后上方摆起，两手保持撑地，经胸支撑，左膝推地经过分腿胸倒立姿势，右腿屈膝落地，同时躯干顺势左转 90°，左腿后伸成半劈腿坐，右手撑地，左手侧举（图 6-1-50）。

图 6-1-50

2. 技术要点

侧胸翻时两手要有支撑，腿后摆有力，幅度大。

3. 训练步骤

（1）练习侧手翻。

（2）两臂屈肘支撑的侧胸翻。

（3）两臂依次伸直放平在地的侧胸翻。

【拓展内容】

（1）俯平衡前滚翻：自然站立，两臂侧平举，以左脚支撑为例，左腿站立，右腿伸直向后上方举起，抬头挺胸，眼睛平视前方，两臂侧平举。重心前移，低头含胸收腹，向前滚动接前滚翻，成站立姿势结束。注意俯平衡后腿伸直向上，支撑腿伸直，保持 2~3 秒不动，流畅连接前滚翻。由分解练习俯平衡，教练帮助，体会后举腿的正确姿态及重心控制到接前滚翻的完整练习。具体动作见二维码视频。

（2）控前腿后软翻：自然站立，两臂侧平举，以左腿支撑为例，左腿站立，右腿向前上举过头，两手三位上举保持 2~3 秒静止，接后软翻结束。注意姿态正确，动作平稳，后软翻翻转快速，直腿。由分解练习控前腿后软翻，体会动作姿态及重心控制到完整练习。具体动作见二维码视频。

第二节　身体难度动作训练

一、跳

（一）跨跳

1. 动作描述

五位脚高提踵立准备，左脚前迈一步，右腿并步，两手侧平举打开，左腿蹬地起跳，右腿直膝跳起，腾空跳起时两腿前后开度在 180°或以上，躯干保持直立左臂前平举，右臂侧平举（图 6-2-1）。

图 6-2-1

2. 技术要点

两腿部伸直，脚背绷直，高重心，有明显的腾空高度，立腰、收腹、挺胸、展肩，手臂伸直，落地缓冲。

3. 训练步骤

（1）单腿前、后摆动练习。

（2）小跨跳练习。
（3）大跨跳练习。

（二）哥萨克跳

1. 动作描述

五位脚高提踵立准备，左脚前迈一步，右腿并步，左腿蹬地，右腿擦地直膝起跳，跳起时右腿体前上举至水平或以上，左腿弯曲，两腿大腿夹紧，左脚脚跟尽量贴紧臀部，躯干保持直立，两臂向前平举（图 6-2-2）。

图 6-2-2

2. 技术要点

左腿膝关节与右腿膝关节齐平，左脚脚跟紧贴臀部，有一定的腾空高度，落地缓冲脚尖、前脚掌先落地。

3. 训练步骤

（1）前腿前擦地及摆腿练习。
（2）地面哥萨克跳步空中动作静止练习。
（3）完整技术动作练习。

（三）鹿跳

1. 动作描述

五位脚高提踵立准备，左腿前迈一步，右腿并步，左腿蹬地起跳，左腿直膝后踢至水平或以上位置，右腿屈膝高吸 90°或以上，躯干保持直立，两臂伸直（图 6-2-3）。

图 6-2-3

2. 技术要点

右腿尽量高吸腿，小腿折叠收回，有一定的腾空高度，重心上提。

3. 训练步骤

（1）扶把直膝后踢腿练习。
（2）原地上步直腿鹿跳练习。
（3）连续多次直腿鹿跳练习。

（四）鹿跳体后屈

1. 动作描述

高提踵立准备，左腿前迈一步，右腿并步，左脚蹬地起跳，右腿屈膝吸起，左腿弯腿后摆，上体后屈，头主动靠近腿部。双臂远伸（图 6-2-4）。

图 6-2-4

2. 技术要点

右腿尽量高吸腿，小腿折叠收回，腿和头触碰，形成一个封闭的圆形。起跳有明显的高度，落地要轻。

3. 训练步骤

（1）扶把屈膝后踢腿练习。
（2）扶把弯腿后踢腿加下胸腰配合练习。
（3）原地起跳弯腿鹿跳结环练习。
（4）连续多次弯腿鹿跳练习。

（五）反跨跳

1. 动作描述

五位脚高提踵立准备，左腿前迈一步，右腿侧并步，左腿向前迈步转身 360°脚下成五位脚，左腿蹬地，右腿直膝擦地跳起，左腿直膝后踢，腾空时两腿开度 180°或以上（图 6-2-5）。

图 6-2-5

2. 技术要点

脚下步伐清晰，蹬地有力，起跳腿由行进方向伸直摆起，躯干立直，腾空有明显高度，两腿打开 180°或以上。

3. 训练步骤

（1）单周平转练习。
（2）小幅度反跨跳练习。
（3）连续小幅度反跨跳练习。
（4）反跨跳练习。
（5）连续反跨跳练习。

二、平衡

（一）巴塞平衡

1. 动作描述

两脚五位脚高提踵准备，左腿为支撑腿，左脚向前上步高提踵立，右腿高吸腿，脚尖紧贴左腿膝关节内侧或更高位置，躯干保持直立，挺胸抬头，二位手（图 6-2-6）。

图 6-2-6

2. 技术要点

保持高重心，姿态清晰固定。

3. 训练步骤

（1）扶把高提踵练习。
（2）扶把单脚高提踵练习。
（3）扶把巴塞平衡练习。

（二）哥萨克平衡

1. 动作描述

地面姿态准备，左脚高起踵立，单腿蹲，右腿前举 90°，躯干直立，两臂前平举（图 6-2-7）。

图 6-2-7

2. 技术要点

身体重心在支撑腿上，保持明显的停顿，躯干直立抬头挺胸。

3. 训练步骤

（1）腰部和腿部的力量练习。
（2）扶把进行有帮助的哥萨克平衡练习。

（三）阿提丢平衡

1. 动作描述

五位脚高提踵准备，右脚前迈一步，右腿为支撑腿，直膝高提踵立，左腿弯曲后摆，髋部充分展开，屈膝抬至水平，两臂三位手（图 6-2-8）。

图 6-2-8

2. 技术要点

腿部位置准确，后背收紧向上延伸，保持姿态清晰固定。

3. 训练步骤

（1）扶把进行平脚站立阿提丢练习。
（2）脱把阿提丢练习。

（四）俯平衡

1. 动作描述

并脚站立，右脚为支撑腿，左腿伸直向后上举，开度 180°或以上，躯干前倾保持在水平位置，两臂侧平举（图 6-2-9）。

图 6-2-9

2. 技术要点

支撑腿高提踵立，两腿开度大于 180°，背脊、腰部收紧。

3. 训练步骤

（1）扶把进行俯平衡练习。
（2）脱把俯平衡练习。

（五）仰平衡

1. 动作描述

并脚站立，左腿高提踵为支撑腿，右腿无帮助 180°前控腿，躯干后倾保持在水平面，左臂前平举，右臂侧平举（图 6-2-10）。

图 6-2-10

2. 技术要点

支撑腿直膝高提踵立，动力腿固定，躯干后倾 90°。躯干和动力腿的夹角为 90°。

3. 训练步骤

（1）扶把进行控前腿训练。
（2）扶把进行仰平衡训练。

（六）浮埃迪平衡

1. 动作描述

并腿站立，左腿直膝高提踵支撑，同时右腿直膝无帮助高举侧腿控制平衡，两臂侧平举，保持姿态清晰固定；左脚落踵，右腿有控制地回落未触地，顺势带动躯干向左绕垂直轴转体 270°，右腿成阿提丢后控制平衡，手臂三位，保持左脚高体踵立姿态清晰固定；右腿再一次下落未触地，顺势带动躯干向左绕垂直轴转体 90°，右腿直膝无帮助高举前腿控制平衡，两臂侧平举，保持左脚高提踵姿态清晰固定（图 6-2-11）。

图 6-2-11

2. 技术要点

支撑腿高提踵，膝关节伸直，躯干保持稳定，由腰部发力，动作流畅无停顿，最大限度展髋举腿，每次控腿动作平衡、姿态清晰固定。

3. 训练步骤

（1）扶把进行有时间控制的、有帮助的侧控腿阿提丢及前控腿平衡练习。
（2）脱把进行有帮助的平衡练习。
（3）扶把进行无帮助的侧控腿和阿提丢及前控腿平衡练习。
（4）脱把进行无帮助的平衡单动作练习。
（5）逐步将三个平衡连贯动作练习。

三、转体

（一）巴塞转体

1. 动作描述

五位脚高提踵准备，右腿作为支撑腿前迈一步，直膝高提踵立，同时，两臂摆动前后展开，带动身体向右旋转，左腿快速形成巴塞姿态，转体时两手位于身体两侧（图 6-2-12）。

图 6-2-12

2. 技术要点

转体时脚下高提踵立，重心稳定于支撑腿，旋转时挺胸立腰。

3. 训练步骤

（1）扶把进行单侧腿、单次巴塞平衡练习。
（2）扶把进行单侧腿、多次巴塞平衡练习。
（3）脱把进行连续巴塞平衡练习。

（二）阿提丢转体

1. 动作描述

右脚在前弓步，六位手准备，右手带动身体向右旋转，右腿为支撑腿，直膝高提踵立，同时，左腿弯曲向后摆动成阿提丢姿态，转体时三位手（图 6-2-13）。

图 6-2-13

2. 技术要点

支撑腿直膝高提踵立，摆动腿位于腰部中间位置，腰部收紧，保持重心稳定。

3. 训练步骤

（1）扶把进行阿提丢提踵立练习。
（2）脱把进行阿提丢平衡练习。
（3）完整阿提丢转体练习。

（三）前搬腿转体

1. 动作描述

五位脚高提踵准备，左脚上步起踵立的同时手臂摆动前后展开，带动身体向左旋转，右腿向前踢腿的同时，两手迅速搬住右腿脚踝，保持前搬腿动作旋转（图 6–2–14）。

图 6–2–14

2. 技术要点

转体启动时，两手最大幅度地摆动发力，高提踵立，重心保持在支撑腿上，转体时立腰展髋，两腿开度 180°以上。

3. 训练步骤

（1）扶把进行前搬、控、踢的练习。
（2）站立进行高提踵搬前腿控练习。
（3）完整转体练习。

（四）有帮助的结环转体

1. 动作描述

右脚在前弓步，六位手准备，右腿高提踵立，同时两臂摆动，带动身体向右旋转，左腿弯曲向后高举，同时右手快速搬住左腿脚踝成结环搬后腿动作，保持平衡向右转体 360°（图 6-2-15）。

图 6-2-15

2. 技术要点

转体启动时，两手最大幅度地摆动发力，高提踵立，重心保持在支撑腿上，小腿与头部相触。

3. 训练步骤

（1）扶把进行结环搬后腿练习。
（2）脱把进行结环搬后腿练习。
（3）完整转体动作练习。

（五）浮埃迪转体

1. 动作描述

（1）屈腿浮埃迪转体：四位蹲准备，右手在前的六位手准备，右脚蹬地经屈膝向左腿移重心，左脚蹬直起踵立，转体同时右腿屈膝收回脚尖靠近左腿膝关节内侧（巴塞位置），两臂经二位至七位，同时带动身体向右转 360°或更多，左腿顺势屈膝半蹲落踵，同时右腿侧举 45°（或 90°），重复多次连续完成（图 6-2-16）。

图 6-2-16

（2）直腿浮埃迪转体：四位蹲、右手在前的六位手准备，右脚蹬地经屈膝向左腿移重心，左脚蹬直起踵立，转体同时右腿直膝摆向体侧，两臂经二位至七位，同时带动身体向右转 360°或更多，左腿顺势屈膝半蹲落踵，同时右腿侧举 45°（或 90°），重复多次连续完成（图 6-2-17）。

图 6-2-17

2. 技术要点

提踵发力充分，尽量高提踵立，摆臂带动躯干绕纵轴旋转，转体时收腹立腰，重心要稳，过程中两次过渡缓冲要稳定，为下一次转体做准备。

3. 训练步骤

（1）原地练习起踵立落练习。

（2）学习反巴塞转体 360°单动作或水平浮埃迪转体 360°单动作。

（3）扶把练习两个 360°转体的结合，体会中间过渡动作，逐渐脱把练习。

（4）扶把练习三个 360°转体的结合，体会中间过渡动作，逐渐脱把练习。

（六）大舞姿转体（自由腿后举，身体在水平位置）

1. 动作描述

右腿在前弓步，六位手准备。预摆，重心前移，右脚支撑腿蹬地伸直起踵，左腿伸直向后上举，开度180°或以上，躯干前倾保持在水平位置，两臂侧平举，保持俯平衡姿态转体360°或以上（图6–2–18）。

图 6–2–18

2. 技术要点

高提踵立，重心保持在支撑腿上，转体启动时，两手最大幅度地摆动发力，保持转体姿态固定。

3. 训练步骤

（1）扶把俯平衡练习。
（2）脱把俯平衡练习。
（3）完整大舞姿转体练习。

参考文献

[1] 黄俊亚．中国青少年艺术体操训练教学大纲［M］．北京：北京体育大学出版社，2016.
[2] 樊铭．艺术体操运动教程［M］．北京：北京体育大学出版社，2014.
[3] 黄俊亚．艺术体操训练理论与方法［M］．北京：北京体育大学出版社，2010.
[4] 王爱兰．艺术体操运动训练之研究．第1版［M］．北京：人民体育出版社，1991：42.
[5] 洪小平．高等学校教材：艺术体操［M］．北京：高等教育出版社，2014.

第七章

艺术体操器械动作训练

西安体育学院（闫晓）；北京体育大学（俞陶）；
首都体育学院（朱丹）；辽宁体育局（郑茜月）；上海体育局（金春花）

艺术体操是一项手持轻器械在音乐伴奏下以自然性、韵律性动作为基础的体育运动项目。因此，合理运用轻器械是艺术体操项目的特点之一。竞技艺术体操五项轻器械分别为绳、圈、球、棒、带。由于各项器械在大小、长短、轻重、软硬、材质等方面各自具有不同的形态与性能特征，其运动形式也各有不同。除各种摆动、绕环、抛接等基本形式外，各项器械又有其不同特点的技术动作。每种器械都有各自的运动规律和特点，对它们的特性进行分析，了解器械运动的“内因”能促使运动员更好地掌握和完美地运用器械技术。

本章将重点针对各项器械的不同种类动作，通过器械的运动形式、力学原理进行全面完整的阐述。

扫描二维码
观看视频

第一节 绳

绳，是竞技艺术体操五项器械之一，属软器械类，是由棉麻或合成纤维编制而成。绳的长度根据运动员身高而定（两脚踩绳中段，将绳拉直至腋下位置，于绳头两端各打一个结，形成握柄，在结下可用防滑材料包裹，包裹长度与手的宽度相当）。

绳的材质和形状特性，决定了其动作技术组的性质。大、小跳过绳是该项的典型动作，除此之外，抛和接、转动、绕环、“8”字、螺形、缠绳、反弹等动作技术的运用丰富了绳操的运动形式。

一、持器械的方法

持绳方式分为单手持绳的一端、单手持绳的两端，两手各持绳的一端、两手持双折绳、三折绳、四折绳，以及左手持绳的一端，右手握另一端绳头于手心，同时握住绳中段的不对称持绳。

（一）动作描述

（1）单手持绳：双脚提踵并立，单手持绳的一端或单手持绳的两端（图 7–1–1）。

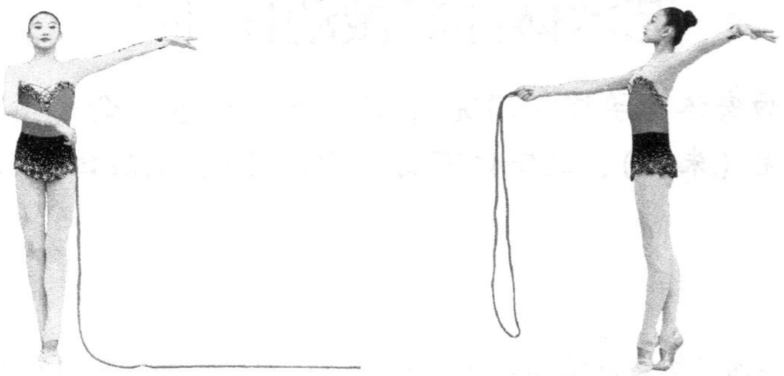

图 7–1–1

（2）两手持绳头：两手各握绳头，绳体于体前自然下沉（图 7–1–2）。

图 7–1–2

（3）不对称持绳：左手握单绳头，右手握绳中段或同时握绳头及中段（图 7–1–3）。

图 7–1–3

（4）两手持对折绳：两手持绳头，同时握绳左右 5/1 处，两臂前举（图 7–1–4）。

（5）两手持中段：两手握绳中段（图 7–1–5）。

（6）交叉持绳：两手持两端绳头，绳体交叉于双臂（图 7–1–6）。

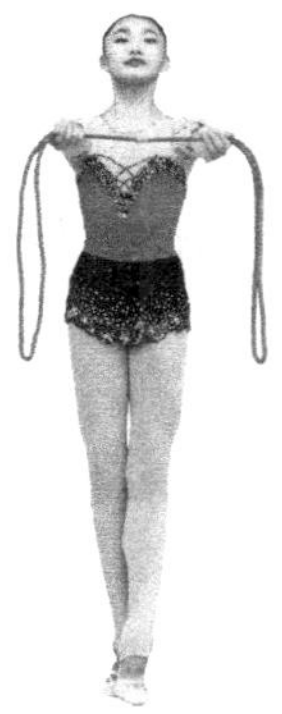

图 7–1–4

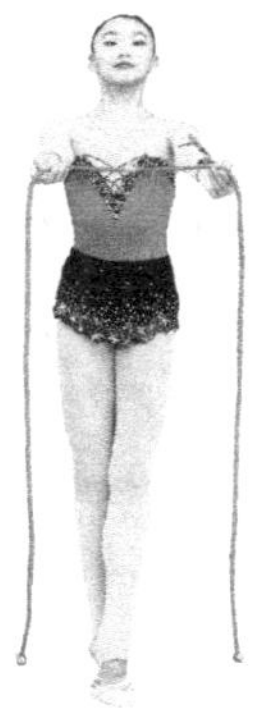

图 7–1–5

图 7–1–6

（7）两手持折绳：两手握双折、三折或四折绳（图 7–1–7）。

图 7–1–7

（二）技术要点

持绳需用食指和拇指握住绳头下端，将绳头握于手掌心中。根据不同的动作调整握绳的松紧度，以便于运用不同动作。

（三）训练方法与手段

（1）原地学习各种持绳方法。

（2）将各种持绳方法串编成组合进行练习，以提高动作熟练性。

（3）结合基本步伐进行练习。

二、摆动

两手各持绳一端，以肩为轴，在矢状面、额状面做钟摆式运动。

（一）动作描述

（1）体前摆动绳：两脚并立，左脚向侧一步经移动重心成侧点地，同时双手持两端绳头，以肩为轴，由左向右，做体前摆动（图 7-1-8）。

图 7-1-8

（2）体侧摆动绳：双脚经半蹲移重心成前、后点地，同时两手持两端绳头，以肩为轴，于体侧做前、后摆动（图 7-1-9）。

图 7-1-9

（二）技术要点

通过瞬时紧握器械，快速用力使手臂以肩为轴做弧线运动，快速用力后，手臂肌肉放松拉长，器械借惯性随手臂摆至远端，在重力作用下下摆。

（三）训练方法与手段

（1）原地进行体前、体侧摆动练习。

（2）在摆动动作中，加入步伐进行练习。

【拓展内容】

不用手的摆动：将绳中段置于前脚掌，动力腿前踢，将绳摆动至前方，两手接绳头。具体动作见二维码视频。

三、绕环

两手持绳的两端或单手持双绳头，以肩为轴在矢状面或额状面做圆周运动。

（一）动作描述

（1）体前绕环：两腿并立，两手持绳头，双臂由下经左侧向上绕环至右侧。绳在垂直面绕环一周（图 7-1-10）。

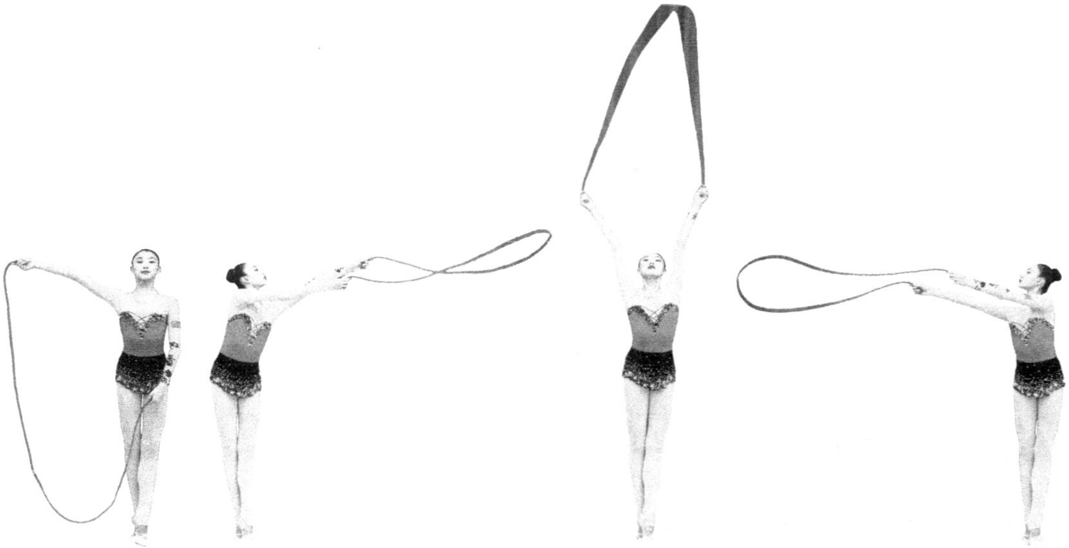

图 7-1-10

（2）水平绕环：右手持双折绳头，以肩为轴，向内（外）做水平大绕环（图 7-1-11）。

图 7-1-11

（3）单绳大绕环：右手持一端绳头，以肩为轴，向内（外）做水平绕环（图 7-1-12）。

图 7-1-12

（二）技术要点

绳在下摆至垂直线前，顺势加速。腕关节灵活转动，保证绳在垂直面上顺畅运动。绳末端需远离身体，动作幅度大，保持绳形清晰。

（三）训练方法与手段

（1）原地站立，进行绕环练习。

（2）摆动和绕环结合练习，如左、右摆动各一次，接由左向右绕环一次。

四、"8" 字

两手持绳的两端或单手持双绳头，两臂前举或上举，以腕为轴于体侧或体前、体后做两个对称的绕环形成"8"字形，称为体侧和体前、体后"8"字。

(一) 动作描述

(1) 体侧绕"8"字：双手各持绳头，两臂前举，以腕为轴，由前向后做体侧"8"字绕环（图 7-1-13）。

图 7-1-13

(2) 体前、体后绕"8"字：双手各持绳头，两臂上举，以腕为轴，由前向后做体前、体后"8"字绕环（图 7-1-14）。

图 7-1-14

(二) 技术要点

“8”字绕环应注重发力点的摆动，向下摆动时，腕关节发力，将力量传递至绳远端，向上摆动时提腕，手臂伸展，确保力量传递到绳的远端，构成清晰的图形。

(三) 训练方法与手段

(1) 徒手练习腕关节左右“8”字转动。

(2) 持绳练习，并结合身体动作、步伐进行练习。

【拓展内容】

水平“8”字绕环：两臂右侧水平举，双手各持一端绳头，右臂以肩为轴由侧经前向左水平大绕环至体前，随后屈肘于腹前做中绕环，左手持绳跟随右臂绕动。具体动作见二维码视频。

五、小跳过绳

两手各持一端绳头，以腕关节为轴向前、侧或后做绕动，绳经过下方时双脚同时或依次越过。根据绳绕动方向称为向前、向侧、向后小跳过绳，还可根据腾空后摇绳的次数，分为双摇跳过绳、三摇跳过绳。

(一) 动作描述

(1) 原地小跳过绳（向前摇绳）：两手握绳头，两臂自然垂于体侧，以腕关节为轴向前绕动，绳经过下方时双脚同时越过（图 7-1-15）。

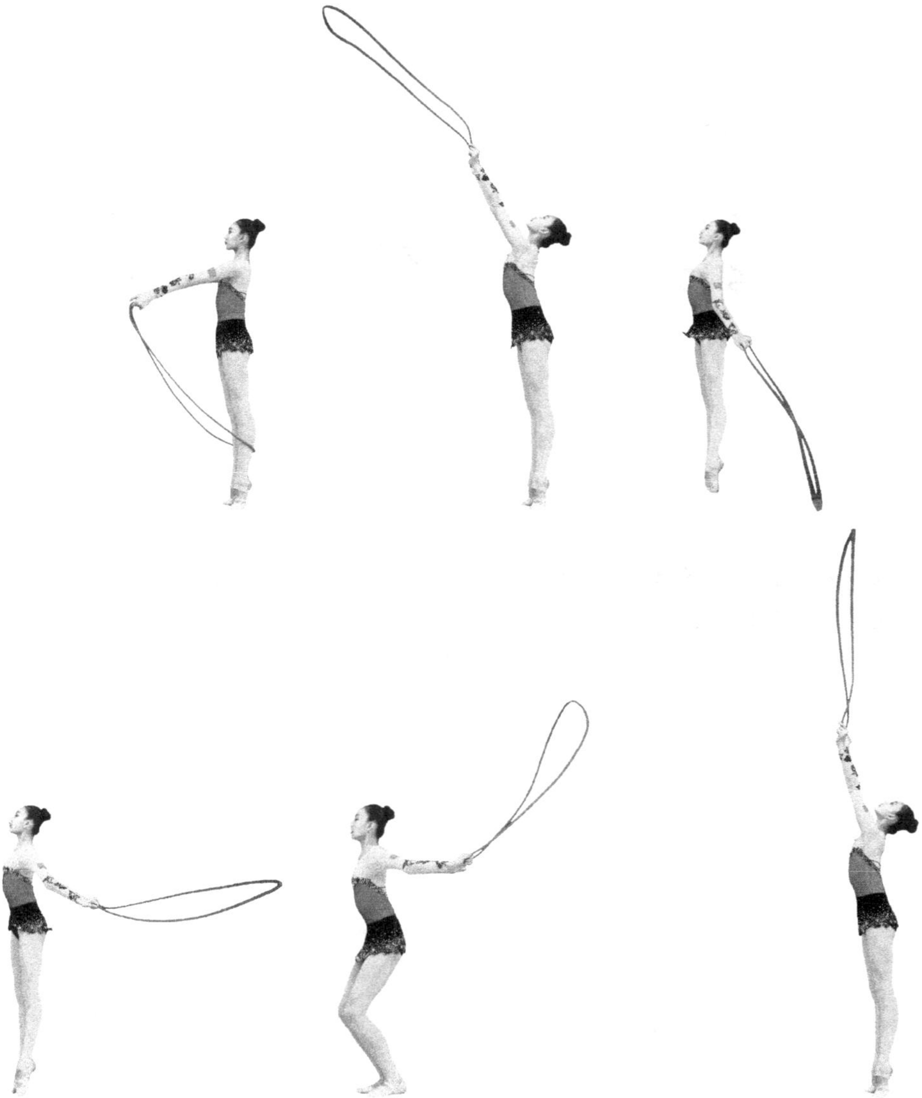

图 7-1-15

（2）向侧移动小跳过绳：两手持绳，以肘为轴向前摇绳，同时做侧并步跳，当绳接近双脚部位时，起跳完成一次小跳过绳，分腿落地，两臂继续向前摇绳，完成下一次过绳跳（图 7-1-16）。

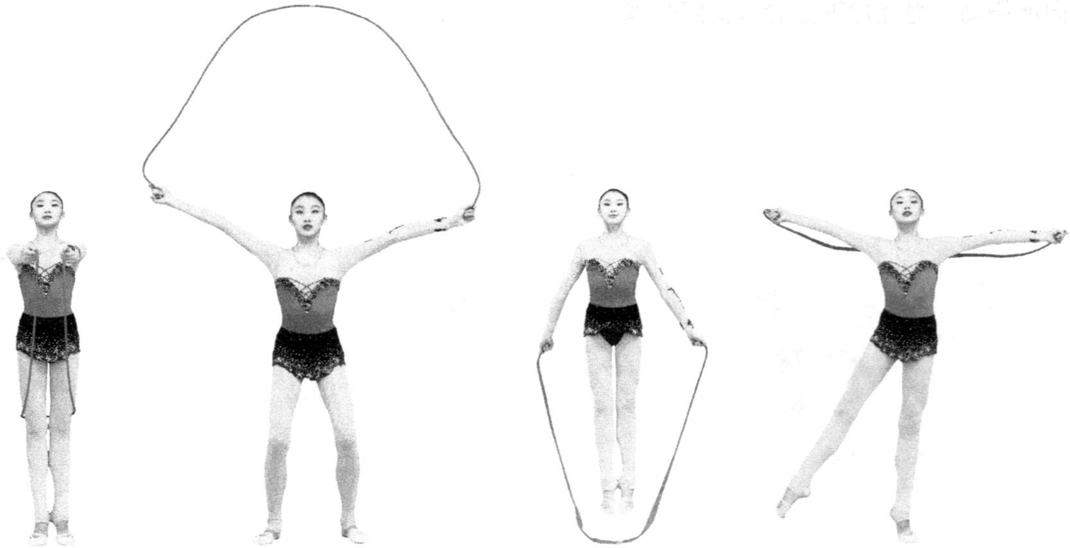

图 7-1-16

（3）交叉小跳过绳：双臂可在不同位置完成摇绳，形成不同姿势的过绳小跳，如两臂体前交叉向前或向后摇绳，两脚依次小跳过绳（图 7-1-17）。

图 7-1-17

（4）双摇跳过绳：两手持绳，中段置于体后，两脚蹬地向上腾空，同时以腕为轴快速摇绳两周（图 7-1-18）。

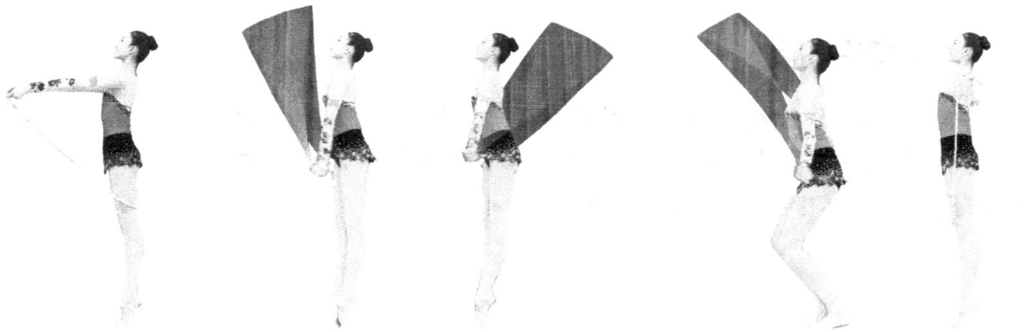

图 7-1-18

（二）技术要点

（1）持绳两臂自然伸展，肘关节相对固定，腕关节发力灵活转动绕绳。
（2）摇绳方向准确，双脚过绳轻巧、连贯，前脚掌落地，收腹立腰，姿态挺拔。
（3）绳中段避免触地，绳形圆滑，绕动连贯顺畅。

（三）训练方法与手段

（1）两手持绳一端，前后摆动，双脚同时或依次跳过绳，掌握过绳时间，提高手、脚配合默契程度。

（2）完成连续向不同方向的小跳过绳，节奏由慢到快。

（3）连续完成行进间不同方向的小跳过绳，如向前摇绳、向后摇绳，两脚依次过绳跳；前摇绳+交叉摇绳小跳过绳。

（4）结合步伐过绳跳，如向侧并步跳同时过绳跳。

（5）在熟练掌握向前双摇跳基础上，练习向后双摇跳。

【拓展内容】

（1）两臂不对称位置小跳过绳：一臂于体前，一臂屈肘于体后摇绳，两脚依次完成小跳过绳。

（2）变身小跳过绳：两手持绳，以肘关节为轴向前摇绳，当绳接近两脚部位时，起跳完成一次小跳过绳，随后当绳经体前绕环变换绳的方向向后摇绳，同时身体向左转体 180°，两脚小跳过绳一次。具体动作见二维码视频。

六、大跳过绳

大跳过绳的技术分为两类，一类是绳在垂直面上绕动过绳，另一类是绳在水平面上绕动过绳。除两手持绳大跳过绳，也可将绳成双折、三折结合不同的跳跃难度动作过绳。下面以向前大跨跳过绳、反跨跳过绳为例。

（一）动作描述

（1）向前跨跳过绳（以右腿跨跳为例）：两手各持绳头于体侧做“8”字绕环一次，同时右脚向前做并步跳，随后左脚上步蹬地起跳，两臂迅速打开，由前向后完成大绕环，右腿向前跨跳过绳（图 7-1-19）。

图 7-1-19

（2）反跨跳过绳（以右腿反跨跳为例）：第一步：两手各持绳头，左臂持绳侧举，右臂体前屈肘持绳，身体侧立，右肩对向行进方向。

第二步：右脚向前并步跳，随后右、左脚依次上步向右跳转 360°，同时两手持绳置于体侧，随身体转动，绳保持在水平面绕环。

第三步：左脚蹬地起跳，右腿向前上方踢腿，左腿后摆，同时左臂由侧经前至后快速摆动，右手持绳下举于右腿内侧，绳经右腿穿入左腿穿出（图 7-1-20）。

图 7-1-20

（二）技术要点

（1）两手持绳，两臂自然伸展，以肩为轴做由前向后大绕环，绕环动作过程中，充分伸展双臂，增大动作幅度。

（2）向前大跳类过绳动作，强调跳步的起跳高度、两腿开度、空中姿态的控制，绳在空中画出完美的“U”形，不触及身体。

（3）反跨跳过绳，要求绳在水平面的绕环要准确，左臂以肩为轴持绳，主动并快速绕环，保证在跳步最高点穿越两腿。

（三）训练方法与手段

（1）原地练习体侧绕“8”字接小跳过绳。

（2）持绳体侧绕“8”字加入并步跳，接向前大跨跳。

（3）原地练习反跨跳水平摆绳，右腿穿进，左腿穿出绳动作，熟悉器械的运动轨迹。

（4）慢节奏练习反跨跳过绳动作，体会两臂分绳穿过腿部动作。

（5）进行单次反跨跳过绳练习。

（6）进行连续 2 个或 3 个反跨跳过绳练习。

【拓展内容】

后摇鹿跳过绳：双手持绳头，向后摇绳，同时双脚起跳，鹿跳结环过绳。具体动作见二维码视频。

七、抛和接（小抛、抛单绳、抛接）

（一）动作描述

（1）脱手小抛：两手持绳在身体左侧做向后垂直绕环一次，接着将绳绕至身体右侧时，左手于右臂外侧放绳头，右手翻腕回挑，左手接绳头（图 7–1–21）。

图 7–1–21

（2）抛单绳：将展开的直绳置于身体后侧，右手持绳头下举。右脚上步做并步跳，同时右臂向前上摆臂抛绳。绳在空中翻转一周下落，右手接绳头，左手快速顺势滑动至绳中段，在头上做水平绕环（图 7–1–22）。

图 7-1-22

（3）小抛接：两手持双折绳，两臂前举绳交叉缠于两臂。两臂下落再次向上摆动，松开双手中握的绳头、中段，绳随惯性向上腾起，绳水平下落，于颈部后侧接绳（图 7-1-23）。

图 7-1-23

（4）单手高抛绳：两脚提踵并立，右手持双折绳头，左臂侧上举。右手持绳体侧向后绕环1~2周，当绕至第3周时右臂屈肘下沉，随后向前上方抛绳，绳在空中翻转2周，两臂前上举，双手接绳头，顺势在体侧做“8”字绕环一次（图7-1-24）。

图 7-1-24

（二）技术要点

（1）单绳抛，掷向空中的绳形要求成一条直线，翻转方向正。

（2）单手高抛绳时应注意绕至第 3 周脱手前，手臂屈肘，绳远端要下沉，脱手时手臂向出手方向主动伸臂，延长绳的运动轨迹。

（3）接空中下落的绳时，身体接器械部位（如躯干、手臂、腿）应主动迎向器械，对准绳的中间部位，使其快速缠绕在身体部位。

（三）训练方法与手段

（1）原地站立，练习体侧向前脱手小抛，熟练掌握后，再进行体前、体后脱手小抛动作练习。

（2）练习抛单绳，转动半周接。

（3）高抛绳动作，应先做徒手练习，找到准确的出手点，体会出手前屈肘、下沉、蹬地一系列技术动作。

（4）原地持绳练习高抛动作。

（5）结合身体难度动作练习高抛。

（6）小抛双折绳，前踢腿接，体会腿接绳点的部位。

（7）练习高抛，腿接绳缠绕动作。

【拓展内容】

（1）不用手的抛单绳：将绳平直置于地面，右手持一端绳头，右脚踩于绳的中段，上步做前软翻，右脚将绳抛掷空中。右手接绳头，顺势向前大绕环至体前地面反弹绳，左手快速接另一端绳头。

（2）不用手的抛双折绳：双脚提踵站立，左脚踩绳中段，右臂侧举，左手持双绳头，将绳拉直。右脚向前上步，左腿快速后踢，将绳踢向空中。两臂前上举，两手接两端绳头。

（3）抛双折绳、腿接缠绳：右手持双折绳于体前小绕环两周后，伸臂向上抛绳，随后上步前踢腿接下落的绳，绳顺惯性缠于小腿部位。具体动作见二维码视频。

八、螺形

单手持绳一端，将另一端脱手绳头在空中转动两次或多次的动作。转动可以在水平面、垂直面或斜面完成。此类动作可结合身体难度完成，如仰平衡体侧螺形；向前跨跳头上螺形；舞步结合水平面上、下螺形。

（一）动作描述

（1）垂直体前螺形：两手持绳两端，绳由后经上、前绕至下时，左手于体前腿下放绳，同时，右腿屈膝后举绳，绳从右腿穿过，右臂由后绕至上举，腕关节快速向内小绕环两周，左手接旋转中绳头（图 7–1–25）。

图 7–1–25

（2）水平面上、下螺形：两手持绳，双臂体前右侧举，由右向左水平摆动至右臂上举，左臂屈肘于体后腰间。左手放绳头，右手顺势以肘关节为轴做中绕环一次（绳在下方）后，紧接着右臂快速上举，腕关节快速小绕环两次（绳在头顶斜上方），右臂由上至侧水平摆动，同时抖腕提绳左手接绳头（图 7-1-26）。

图 7-1-26

（二）技术要点

（1）放绳时间点要准确，过早或过晚都会影响绳顺惯性的圆周或弧线运动。

（2）为了完成绳螺形转动，下摆或下绕时持绳手臂应主动发力，同时相应关节协同配合使其获得相应的转动力以完成该动作。

（三）训练方法与手段

（1）练习不同面上的放绳，观察、体会绳的运动轨迹。

（2）徒手模拟练习不同面的螺形动作，重点体会腕关节转动和发力方式。

（3）在此基础上加入右手腕关节的转动，使绳的转动圈数增加到 2 周。

（4）分解练习水平面上、下螺形，先进行下螺形的练习，在掌握下螺形后，加入上螺形，进行完整动作练习。

（5）结合身体动作进行练习，如向前波浪，同时做水平螺形。

【拓展内容】

（1）视线外放绳体侧螺形：两脚提踵并立，两手持绳头由前经上摆动至体后，左臂屈肘于右侧腰间放绳，右手以腕为轴向后转动环两周，同时，吸腿转体 360°。左手接绳头。

（2）体侧垂直面螺形，不用手的接绳。具体动作见二维码视频。

九、转动绳

（一）动作描述

（1）转动绳：单手持双折绳头，手臂前举或上举，以腕关节为轴，在水平面、垂直面做向内向外快速转动（图 7-1-27）。

图 7-1-27

（2）转动展开的直绳：单手持绳头，在水平面做大绕环（图 7-1-28）。

图 7-1-28

（二）技术要点

（1）持绳转动，手臂充分伸展，腕关节转动灵活。
（2）始终保持绳在一条直线上。

（三）训练方法与手段

（1）单手持绳进行不同方向、不同面的转动练习。
（2）结合步伐或身体动作练习转动绳。

十、传递

单手持绳，由一只手传递至另一手，可在身体不同部位进行，如腰间传递、腿下传递，并可结合身体难度动作进行传递，下面以腰间传递为例进行讲解。

（一）动作描述

腰间传递：右手持双折绳头，自左侧经前摆至右后腰间，左手于体后换握绳头（图 7-1-29）。

图 7-1-29

（二）技术要点

（1）头上水平绕环，以腕为轴，绳面保持在水平面上快速转动。
（2）右手将绳传递到左手时，在摆动中顺势接握，动作自然而流畅。
（3）在跨跳动作的传递中，应在跳步的最高点完成腿下传递。

（三）训练方法与手段

（1）原地练习腰间传递绳。
（2）原地连续进行腿下传递绳接体后腰间换握绳，提高动作熟练性。
（3）进行完整练习，在空中完成腿下换握绳。

【拓展内容】

反跨跳腿下传递。

第一步：右脚上步做并步跳一次，随后右、左脚依次上步向右跳转 360°，同时右手持绳上举，做向外头上水平绕环两周。

第二步：左脚起跳做反跨跳，同时右手持绳由上经体侧摆至右腿下方，将绳头快速传递至左手。具体动作见二维码视频。

十一、器械的运用

（一）动作描述

（1）腰间（部）缠绳：右脚开始原地足尖碎步并转体 360°，同时左手屈肘持绳于左侧腰间，右臂持绳头向右做水平转动绳两周，将绳缠于腰间，右手接绳头（图 7-1-30）。

图 7-1-30

（2）围绕身体一部位自由旋转：双脚提踵站立，两手持双折绳，将绳置于颈部后侧。右手向左摆动后松开绳头，左手展开掌心，手臂上举，绳在颈部转动半周进入左侧腋下转至背部，右手于背后接绳头（图 7-1-31）。

图 7-1-31

（二）技术要点

（1）右臂以肩为轴，向左水平摆动，利用绳挥摆产生的力和绳反方向绕身体转动的惯性，将绳缠绕于腰间。

（2）两手持绳，摆臂放绳要有力度，绳在摆动的惯性下进入到自转，身体适度向右扭转，配合器械的旋转。

（三）训练方法与手段

（1）进行完整的腰间缠绕绳练习。

（2）手持双折绳，将绳放置于颈部后侧，练习绕颈部转动，熟练后练习绕颈部及身体转动。

【拓展内容】

绳绕脚部的转动：右手持双折绳，由右向左水平摆动至左侧，左腿站立，右前举腿，绳顺惯性在右脚脚掌处转动 1~2 周后，双手接绳。具体动作见二维码视频。

绳是一项轻快活泼的项目，其柔软且细长的质地，决定了它运动的特点。在运动过程中手臂各关节及小肌群如不能够协调运作，容易导致技术错误，降低器械动作规格和完成质量。例如，抛绳在空中运动时要求保持绳形，就必须使绳拉紧“变硬”，要使空中运动的绳“变硬”，须掌握动作节奏和用力大小。因绳是软器械，用惯性来带动器械才能很好地运用和掌握动作，如绳的“8”字，反弹绳、螺形、脱手小抛等动作。因此，教练员在训练过程中应从以下几点注重技术细节的要求：

（1）握器械过紧，使绳在进行摆动、绕环及“8”字动作过程中易造成动作的幅度小、器械运行不顺畅、绳形打软没有力度。

（2）腕关节运动轨迹不准确，造成器械面构成的图形不清晰。

（3）小跳过绳时腾空不充分，只关注过绳，忽视双脚离地后的姿态控制，同时过绳跳时手臂向上提绳或节奏控制出现不协调状态，造成绊绳失误等。

（4）抛绳应注重绳在空中的绳形。接绳时要求必须接绳头，避免接绳的中段或一把抓绳的现象。

（5）绳在运用中需强调器械的运动速度，保证绳的绕动图形和在空中的绳形质量，同时，器械技术的运用也决定了运动员水平发展的高低。

（6）持绳的手臂一定要有延伸感，除特定的身体缠绕动作以外，所有的动作应以直臂完成。

扫描二维码
观看视频

第二节　圈

圈，由人工合成材料或木质材料制成，属于硬器械类，内直径为 80~90 厘米，重 300 克，呈环形。圈有多种颜色，也可由彩色胶纸包裹。器械特性决定了其运动形式的丰富多变，除人们常见的用身体各部位转动“呼啦圈”外，还可用圈完成摆动、绕环、绕“8”字、旋转、滚动、从圈中穿过或跳过以及抛接等动作。圈的动作幅度大、动力性强、圈面变化多样，具有较强的观赏性和娱乐性，通过圈的器械练习可以提高运动员的力量、速度、协调、灵活、判断以及表现力等综合素质。

一、持圈的方法

（一）动作描述

（1）正握：一手或两手掌心向下握圈，圈缘抵于掌心，四指并拢自然弯曲贴合圈面，拇指抵住圈的外缘或置于食指外侧。

（2）反握：一手或两手掌心朝上握圈，圈缘抵于掌心，四指并拢自然弯曲贴合圈面，拇指抵于圈的外缘或置于食指外侧。

（3）两手外侧握：两手掌心向内握圈两侧外缘。

（4）两手内侧握：两手掌心向外（从圈内）握圈两侧内缘。

（5）正反手握圈：一手正握圈，另一手反握圈（图 7–2–1）。

图 7–2–1

（二）技术要点

根据不同的动作调整握圈的松紧度，以便完成各种不同的技术动作。

（三）训练方法及手段

（1）在不同方向、不同面、不同位置单手或双手持圈练习。

（2）在移动中不同方向、不同面、不同位置单手或双手持圈练习。

（3）单手正握圈，水平前举，初期练习将此姿势保持 10~20 秒，后期停留时间增加到 30~60 秒，依次递增。

【拓展内容】

身体各部位持圈：圈内缘挂置于身体其他部位，如侧平衡站立，动力腿勾全脚掌，将圈内缘置于动力腿脚掌上方（图 7–2–2）。

图 7-2-2

二、摆动

（一）动作描述

一手或两手持圈，以肩为轴在不同位置做不同方向不同面的小于 360°摆动动作。

（1）体前摆动（图 7-2-3）。

图 7-2-3

（2）体侧摆动（图 7-2-4）。

图 7-2-4

（二）技术要点

紧握圈，肩关节放松摆动使力量传至远端圈缘，以确保圈面在运行过程中的准确性和稳定性。

（三）训练方法及手段

在两手持圈练习的基础上改为单手持圈或交换手持圈练习。

三、绕环

（一）动作描述

一手持圈，以肩、肘、腕为轴在矢状面、额状面、水平面做大于或等于360°的圆周运动。大绕环动作以肩为轴，中绕环动作以肘为轴，小绕环动作则以腕为轴。

（1）以腕为轴的小绕环（图7–2–5）。

图7–2–5

（2）以肘为轴的中绕环（图7–2–6）。

图7–2–6

（3）以肩为轴的大绕环（图 7-2-7）。

图 7-2-7

（4）水平面大绕环（图 7-2-8）。

图 7-2-8

（二）技术要点

根据不同的绕环动作调整握圈的松紧度，手臂伸直，圈外侧缘向远延伸，动作幅度大、速度快，确保圈运行的准确性。

（三）训练方法及手段

左、右手交替进行绕环练习。

四、“8”字

（一）动作描述

手持圈于身体两侧、前后或上下做两个相对面的对称连续绕环动作，器械运行轨迹呈“8”字。

（1）体侧垂直小“8”字（图 7-2-9）。

图 7-2-9

（2）体侧垂直大“8”字（图 7-2-10）。

图 7-2-10

（3）头上垂直小“8”字（图 7-2-11）。

图 7-2-11

（4）头上垂直大“8”字（图 7-2-12）。

图 7-2-12

（5）水平“8”字（图 7-2-13）。

图 7-2-13

（二）技术要点

“8”字绕环的运动轨迹应贴近身体，翻手腕时借助圈的惯性使圈面始终保持一致。

（三）训练方法及手段

由一手持一圈开始练习增加至两手各持一圈进行圈于体前、体后或体侧五花“8”字练习。

五、滚动（以右手为例）

（一）动作描述

1. 两臂长滚圈

两手外侧握圈于体前，两臂同时向外摆动至侧举，掌心向上，圈由右臂经胸部或背部贴合身体滚动至左臂，完成体前或体后两臂长滚圈。

（1）两臂体前长滚圈（图 7-2-14）。

图 7-2-14

（2）两臂体后长滚圈（图 7-2-15）。

图 7-2-15

2. 背部长滚圈

右手持圈，经向前摆动出手使圈贴合背部由右手于体后滚动至体后的左手中（图 7-2-16）。

图 7-2-16

3. 地面回滚圈

第一步：右手正握圈于体侧，向后做预摆动作。
第二步：手臂向前摆动并压腕出手，使圈缘沿地面滚出，圈的转动方向向回。
第三步：运行一定距离后圈缘贴合地面回滚至手中（图 7-2-17）。

图 7-2-17

4. 地面弧线滚圈

右手正握圈于体侧，将圈向内微微倾斜放置于地面，向外侧拨拉圈，使圈围绕着人贴地面滚动，运行轨迹呈弧线形（图 7-2-18）。

图 7-2-18

（二）技术要点

（1）预摆时紧握圈确保圈面的准确性，摆动出手时要迅速，压腕出手使圈缘沿身体滚动。

（2）地面回滚圈动作，向前摆动速度快，压腕出手的同时拇指、食指指腹与圈发生摩擦使圈的转动方向快速向回，以确保圈能自行滚回至手中。

（3）地面弧线滚圈，圈的运行弧线大小由起始动作圈面的倾斜角度决定，倾斜角度越大滚动弧线越大，反之同理。应向外侧拨拉圈而不是向后，适当用力使滚动的圈面始终保持同一方向倾斜。

（三）训练方法及手段

可将动作进行分解练习，正确掌握预摆动作后，再进行出圈滚动练习。

【拓展内容】

（1）软翻同时背滚：手臂支撑，先前软翻，同时圈由背部垂直滚动至体前接圈。具体动作见二维码视频。

（2）变换身体部位连续滚动。具体动作见二维码视频。

（3）侧手翻长滚连接反弹腿抛。具体动作见二维码视频。

（4）地面滚动圈转换为身体滚动圈。具体动作见二维码视频。

六、转动

（一）动作描述

1. 垂直转动圈

手持圈于体侧或体前，手臂经摆动至前举，圈内缘围绕手部于体侧或体前矢状面、冠状面转动，圈面始终垂直于地面。

（1）体侧垂直转动圈（图 7-2-19）。

图 7-2-19

（2）体前垂直转动圈（图 7-2-20）。

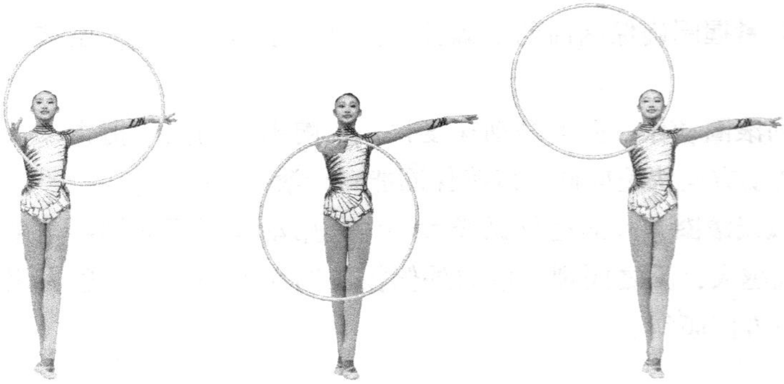

图 7-2-20

2. 水平转动圈

反握圈，经向侧摆动至上举，圈内缘围绕手部于头上水平面转动。

（1）头上水平转动圈（图 7-2-21）。

图 7-2-21

（2）体前斜面转动圈（图 7-2-22）。

图 7-2-22

（3）腰间水平转动圈：两手外侧握水平圈，腰部一侧置于圈内缘，经向另一侧摆动使圈贴合腰部水平转动（图 7-2-23）。

图 7-2-23

3. 脚部转动圈

脚踩垂直圈于体侧，经向后踢腿呈阿拉贝斯，圈内缘围绕脚背与脚掌转动。

（1）圈于动力腿水平转动（图 7-2-24）。

图 7-2-24

（2）圈于主力腿水平转动（图 7-2-25）。

图 7-2-25

（二）技术要点

持圈手四指并拢拇指张开，使圈于虎口处围绕手部转动，圈运行至下方时手臂借助圈的动力微微晃动，持圈手掌心的朝向准确才能确保圈面的稳定性。

（三）训练方法及手段

在一手持圈转动练习的基础上进行两手各持一圈练习相同或不同方向及面的转动圈。

【拓展内容】

身体其他部位转动圈：身体其他部位于圈中并贴合圈内缘，经拨圈或摆动使圈围绕身体部位转动，如颈部、腰部、腿部及肘部等。

（1）肘部转动圈（图 7-2-26）。

图 7-2-26

（2）圈于踝关节转动。具体动作见二维码视频。

（3）软翻脚部转动圈连接脚抛。具体动作见二维码视频。

七、从圈中穿过

（一）动作描述

1. 身体部位穿圈

两手或一手持圈，经摆动或屈肘动作使身体部分部位从水平或旋转面的圈中穿入或穿过。

（1）穿入平面圈（图 7-2-27）。

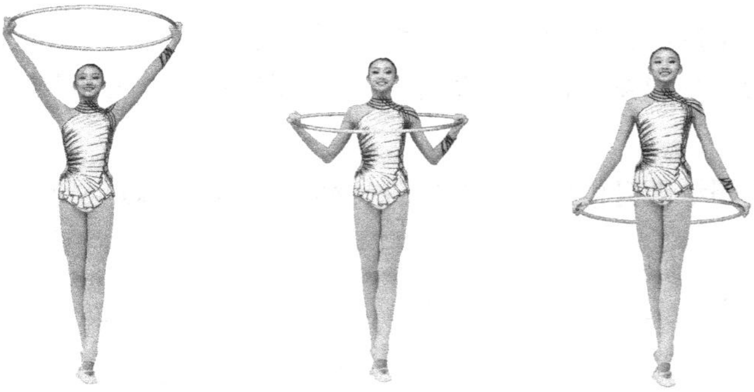

图 7-2-27

（2）穿入旋转面圈（图 7-2-28）。

图 7-2-28

2. 小跳穿圈

两手外侧握圈上举或前举，经向下摆动使圈缘于手心内转动，远端圈缘绕冠状轴绕环，圈远端至身体前下方时单脚或双脚小跳穿过（图 7-2-29）。

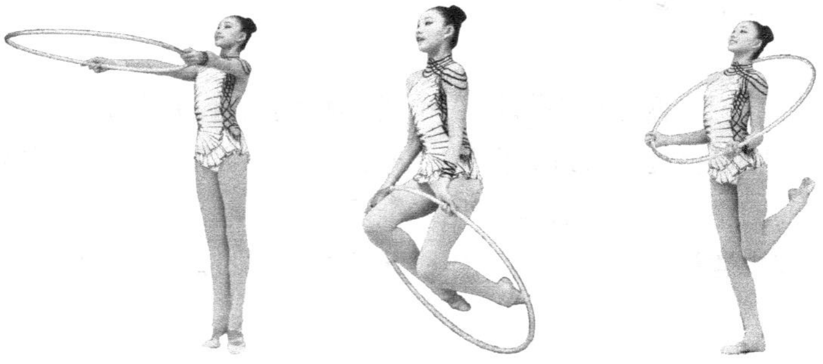

图 7-2-29

3. 跳步穿圈

第一步：一手正握圈，右脚向前并步跳，同时持圈手经体后至体前大绕环。

第二步：左脚上步起跳，同时持圈手于体前屈肘提腕，松握圈，使圈借助惯性自行向前绕冠状轴绕环。

第三步：远端圈缘至身体前下方时做跳步动作从圈中穿过（图 7-2-30）。

图 7-2-30

（二）技术要点

（1）小跳穿圈：松握圈，以确保圈缘可以于掌心内转动，小跳节奏应与圈的转动节奏相吻合。

（2）跳步穿圈：持圈手绕环幅度大，跳步动作腾空高，快速从圈中穿过，避免身体其他部位与器械接触。

（三）训练方法及手段

（1）小跳穿圈：由原地练习单次小跳穿圈增加至原地多次连续小跳穿圈或行进间移动小跳穿圈动作。

（2）跳步穿圈：由哥萨克跳步动作开始练习，在此基础上增加至其他跳步难度动作，如鹿跳、跨跳结环、紫金冠跳等。

【拓展内容】

（1）变身小跳穿圈：两手外侧握圈，单脚小跳向后穿圈跳过一次，随即转身 360° 连接向后单脚小跳穿圈跳过，行进方向保持向前。具体动作见二维码视频。

（2）从翻转面圈中通过。具体动作见二维码视频。

（3）接圈从圈中通过：接圈同时身体跳跃从圈中通过。具体动作见二维码视频。

八、传递

（一）动作描述

1. 传递平面圈

一手持圈，经摆动使水平面或垂直面的圈于体前、体后、头上或腿下传递至另一只手。

（1）颈后传递圈（图 7-2-31）。

图 7-2-31

（2）腰部传递圈（图 7-2-32）。

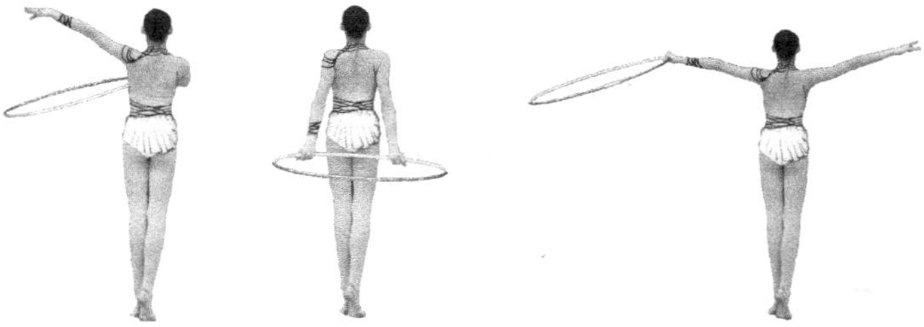

图 7-2-32

（3）膝部传递圈（图 7-2-33）。

图 7-2-33

（4）腿下传递圈（图 7–2–34）。

图 7–2–34

2. 传递旋转圈

一手持圈，经摆动于体前、体后或腿下传递旋转面的圈，下面以跳步腿下传递圈为例进行讲解（图 7–2–35）。

图 7–2–35

（二）技术要点

（1）传递平面圈：摆动幅度大、速度快，以确保圈面的稳定性，另一手接圈时根据连接动作调整掌心的朝向。

（2）传递旋转圈：摆动旋转面的圈应紧握，以腕为轴使圈绕垂直轴旋转。

（三）训练方法及手段

（1）传递平面圈：由单个部位传递动作开始练习，再将多个部位传递动作连接起来进行练习，如颈后+腰后+膝后传递圈。

（2）传递旋转圈：由原地站立练习增加至结合身体难度或身体动作练习，如平衡、旋转、跳步、舞步等。

【拓展内容】

（1）身体其他部位传递圈。具体动作见二维码视频。

（2）软翻同时腿下传递圈。具体动作见二维码视频。

九、旋转

（一）动作描述

1. 圈贴地面或身体部位旋转

一手或两手持圈，经拨转使圈的底端外缘贴合地面或身体部位直轴旋转。身体部位如胸部、腹部、脚面等。

（1）地面旋转圈（图 7-2-36）。

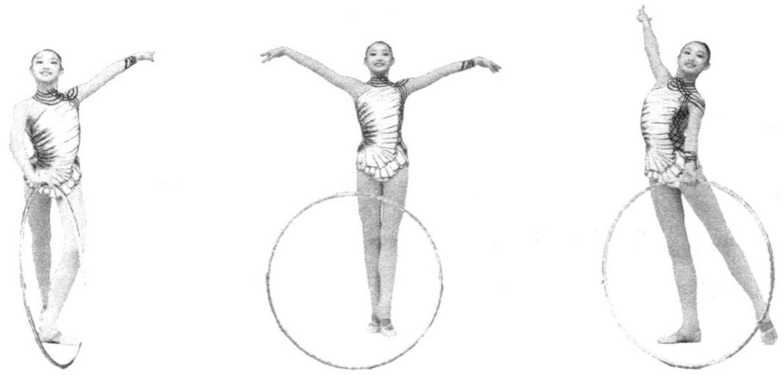

图 7-2-36

（2）掌心旋转圈（图 7-2-37）。

图 7-2-37

（3）胸部旋转圈（图 7-2-38）。

图 7-2-38

2. 圈绕身体部位旋转

一手正握圈或两手外侧握圈，经拨转或手腕扭转使圈缘绕身体部位垂直轴旋转。身体部位如颈部、手部、肘部及腿部等。

（1）绕手部旋转圈（图 7-2-39）。

图 7-2-39

（2）绕颈部旋转圈（图 7-2-40）。

图 7-2-40

（二）技术要点

（1）圈贴地面或身体部位旋转：起始动作使圈的中轴线垂直于地面或身体部位，拨转力度大速度快，以确保圈缘贴合小面积长时间绕垂直轴自行旋转。

（2）圈绕身体部位旋转：紧握圈，拨转速度快，晚松手使圈缘绕身体部位旋转，接圈果断。

（三）训练方法及手段

（1）圈贴地面或身体部位旋转：由地面旋转圈练习增加至掌心或其他部位旋转圈练习。

（2）圈绕身体部位旋转：先将圈的下端外缘贴合地面练习，感受圈绕手部的旋转动作，基本掌握后可练习手持圈旋转及身体其他部位旋转圈练习。

【拓展内容】

身体其他部位旋转圈。具体动作见二维码视频。

十、抛和接

（一）动作描述

1. 垂直抛

手持圈于体前或体侧，手臂预摆或转动圈，经摆动或推臂于体前或体后抛圈出手，圈于空中绕矢状面或冠状面垂直自行转动。

（1）体侧垂直抛（图 7-2-41）。

图 7-2-41

（2）体侧垂直转动抛（图 7-2-42）。

图 7-2-42

（3）体前垂直转动抛（图 7-2-43）。

图 7-2-43

2. 翻转抛

两手外侧握圈于体前，经摆动两手同时抛圈出手，圈于空中绕冠状轴自行翻转（图 7-2-44）。

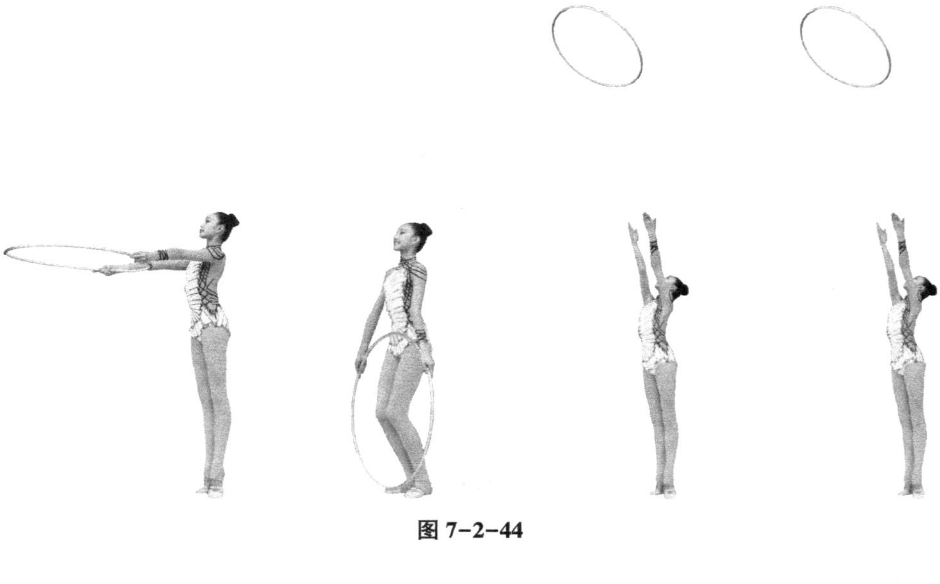

图 7-2-44

3. 水平抛

两手外侧握水平面圈于体前，手臂向斜侧方向预摆，经斜上方摆动抛圈出手，同时横向拨圈外缘，使圈于空中水平面转动（图 7-2-45）。

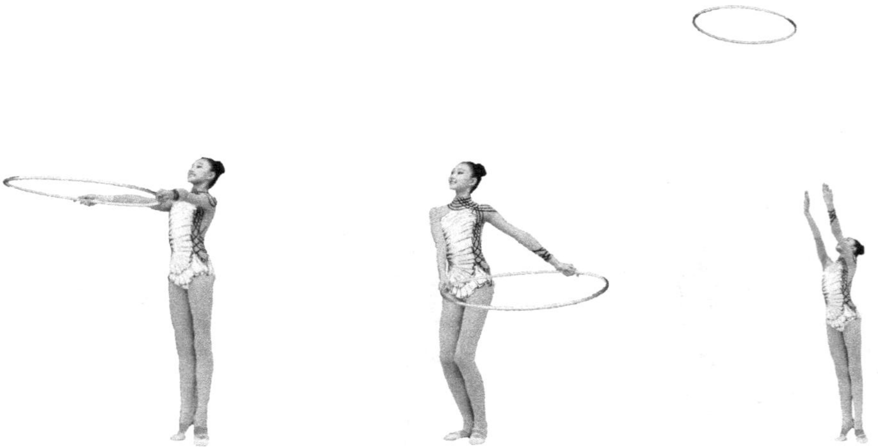

图 7-2-45

4. 斜抛

一手持圈向斜后方预摆，经摆动抛圈出手，圈面倾斜于地面（图 7-2-46）。

图 7-2-46

5. 手接

一手或两手接圈的外缘或内缘（通常两手接适用于水平或反转面的圈）（图 7-2-47）。

图 7-2-47

（二）技术要点

（1）抛的预摆：紧握圈，确保手臂的摆动方向及圈面的准确性。

（2）高抛：摆动出手速度要快，两腿经蹲、推、立与手臂摆动下沉同时迅速连贯向上发力，以确保力量传递至手指尖，使圈抛于空中最高点。抛圈时手臂及手指应在出手点制动（制动位置根据器械的距离和高度决定）。

（3）接圈：借助圈的力量缓冲接圈，接圈后应做摆动、绕环或转动圈等动作。

（三）训练方法及手段

1. 抛

所有抛的动作先由小抛开始练习，逐渐增加器械的高度；结合动力性动作练习。

（1）脚抛：将垂直面或水平面的圈置于脚掌下或脚面上方，经摆动踢腿将垂直面或翻转面的圈抛于空中（图 7-2-48）。

图 7-2-48

（2）无视线抛：一手持圈，经摆动或绕环使圈矢状面或冠状面抛于空中（图 7–2–49）。

图 7–2–49

2. 接

先练习接圈的外缘，再练习接圈内缘和接圈内缘接转动动作。身体其他部位或无视线抛圈。

（1）接圈连抛：接圈内缘转动圈，借助惯性连续抛接。

（2）接圈滚动：两臂侧举掌心向上，下落的圈由一手手臂经胸前或体后滚动至另一手接圈。

（3）无视线接：两臂于体后穿入垂直面的圈中。

（4）脚接：脚踩圈的内缘或脚接圈内缘转动（图 7–2–50）。

图 7–2–50

（5）腿夹：站立或低姿，两腿向内并拢，夹住于体前或体后垂直面的圈（图 7-2-51）。

图 7-2-51

（6）穿圈接：身体部位穿入圈中接。

【拓展内容】

（1）软翻同时踝关节转动圈连接脚抛。具体动作见二维码视频。

（2）接圈同时跳跃身体部分通过圈。具体动作见二维码视频。

（3）身体其他部位接圈。具体动作见二维码视频。

（4）脚接圈转动+脚转动抛圈。具体动作见二维码视频。

（5）身体不同部分接圈滚动。具体动作见二维码视频。

十一、器械的运用

（一）动作描述

1. 圈与身体部位反弹

身体部位与空中多面的圈发生反弹，如臂部、背部、腹部及腿部反弹圈（图 7-2-52）。

图 7-2-52

2. 从圈上跃过

部分身体部位或人从滚动或旋转的圈上跃过（图 7-2-53）。

图 7-2-53

3. 圈的不稳定平衡

圈的内缘于颈部或身体其他部位，借助身体旋转动作惯性使圈于水平面荡起（图 7-2-54）。

图 7-2-54

（二）技术要点

（1）圈与身体部位反弹：空中圈面的准确性决定反弹后的准确性，第一个出手动作要稳定完成。

（2）从圈上跃过：从圈上跃过，地面回滚或旋转圈时，拨圈动力大以确保完成身体动作后器械未失去动力。

（3）圈的不稳定平衡：身体旋转速度快以确保圈面的准确性。

（三）训练方法与手段

（1）反弹：先练习掌心反弹圈体会圈的反弹力量，再练习身体其他部位与圈的反弹动作。

（2）从圈上跃过：先练习回滚圈及地面旋转圈动作，再结合身体动作练习，如跳跃、旋转或舞步等。

（3）圈的不稳定平衡：先练习原地旋转放圈动作，再结合身体难度放圈练习。

【拓展内容】

（1）地面滚动圈连接脚部反弹。具体动作见二维码视频。

（2）脚掌反弹圈接圈。具体动作见二维码视频。

（3）身体其他部位不稳定持圈。具体动作见二维码视频。

圈是五项器械中体积最大的一项硬器械，它的动作幅度大、面的变化繁多，要求运动员的手臂和手腕控制能力较好，器械圈与身体动作配合的默契决定了该项器械成套动作的流畅性与完整性。由于圈的器械特性丰富多样，训练过程中教练应注意纠正和强调以下技术要点：

（1）任何接圈动作，禁止挂臂或两手抱圈。

（2）滚动圈时，圈外缘要贴合地面或身体部位，不能跳动。

（3）在做摆动、绕环、“8”字转动、滚动、旋转（翻转）及抛接时，要始终保持圈面的准确性，不能晃动或倾斜。

（4）除编排或特定动作外，持圈动作应保持直臂完成。

（5）穿圈跳过动作时，应确保身体部位只有手与器械发生接触。

（6）圈的自行动力动作结合身体动作时，身体动作应在器械失去动力前完成。

第三节　球

扫描二维码
观看视频

球，是竞技艺术体操竞赛中的正式比赛项目。球的重量至少400克，直径在18~20厘米，其质地是用橡胶或合成材料制成，充气后富有弹性。球呈圆形，表面光滑，因此，拍球、小弹跳、滚球、“8”字绕环、单手接球动作构成球的典型技术动作。球的其他技术组动作还有单手、两手或身体其他部位运用球的摆动、绕环、翻滚、手围绕球的旋转、球在身体上的自由旋转、抛和接、传递，以及球的不稳定的动作。了解球的特性可以帮助我们快速地领会球的技术发展与创新。

一、持器械的方法

（一）动作描述

（1）两手持球：两手掌心相对，手臂伸直，持球体的左、右两侧或上、下位置（图 7-3-1）。

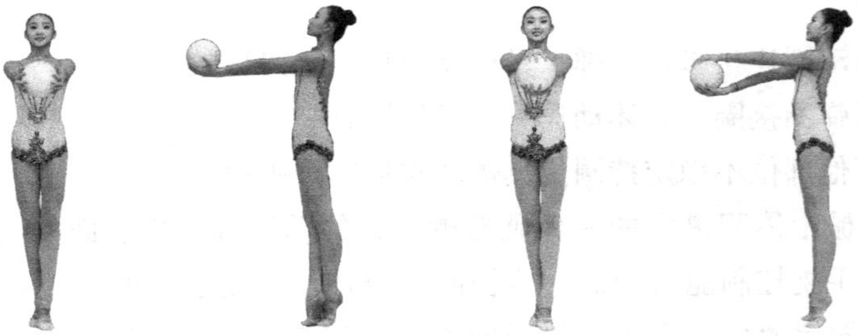

图 7-3-1

（2）两手手臂交叉持球：手臂伸直，两臂交叉，掌心相对，持球体的左、右两侧（图 7-3-2）。

图 7-3-2

（3）单手托球：掌心托球，手指自然展开贴在球的表面，手臂伸直（图 7-3-3）。

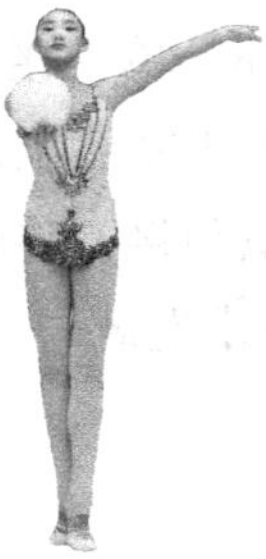

图 7-3-3

（4）单手反手托球：单手托球，手指尖朝向身体正后方，手臂伸直（图 7–3–4）。

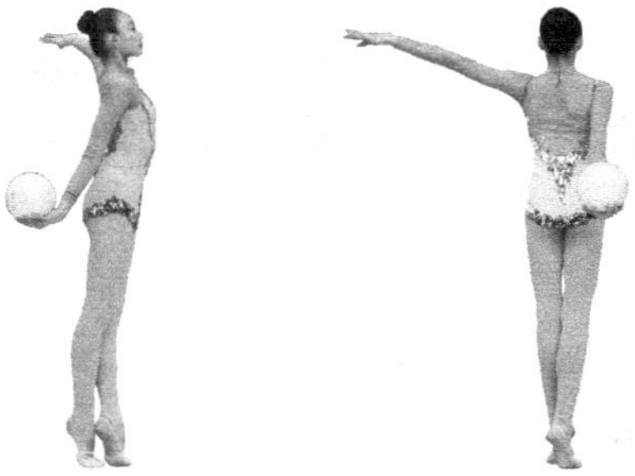

图 7–3–4

（5）两手手背托球：两臂伸直，手背朝上，两手靠拢，球放于两手手背上方，手背和手指贴合球的表面（图 7–3–5）。

图 7–3–5

（6）脚心托球：单腿站立，左腿向后弯曲，两大腿和膝关节靠拢，球放于弯曲腿的脚心上，两手离开球（图 7–3–6）。

图 7–3–6

（二）技术要点

托球需将手指自然展开，掌心与手指完全贴住球的表面，手臂伸直，手腕避免作为支撑勾住球，手指切勿用力“抓球”。根据不同动作可用身体各个部位托球。

（三）训练方法与手段

（1）学习两手托球，在此基础上掌握单手托球。
（2）根据动作需求可调整手的方向。

二、摆动

（一）动作描述

（1）单手托球，掌心向上，以肩为轴在矢状面做钟摆式弧形运动（图 7-3-7）。

图 7-3-7

（2）单手托球，掌心向上，以肩为轴在额状面做钟摆式弧形运动（图 7-3-8）。

图 7-3-8

（二）技术要点

摆动动作，避免勾手腕或抓球，肩部放松，动作幅度大。

（三）训练方法与手段

原地练习单手各方向摆动，配合腿的弹动或移重心，交换手摆动练习。

三、绕环

（一）动作描述

（1）单手托球，以肩为轴在矢状面做 360 °或以上的圆周运动（图 7-3-9）。

图 7-3-9

（2）单手托球，以肩为轴在额状面做 360 °或以上的圆周运动（图 7-3-10）。

图 7-3-10

（二）技术要点

绕环动作，绕至头上时转动手腕，掌心朝上，动作自然、流畅，保持球的稳定。

（三）训练方法与手段

单手各方向大绕环，配合两手绕环和腿的弹动或移重心练习球的绕环动作。

【拓展内容】

具体动作见二维码视频。

四、"8"字

（一）动作描述

（1）单手托球向内水平绕"8"字：单手托球，以肘为轴，屈臂在身体前侧做向内水平小绕环成反手托球，顺势伸直手臂，接着以肩为轴，做头上向内水平大绕环，身体随着球绕动，直至托球的手臂绕到体前，完成向内"8"字绕环动作（图 7-3-11）。

图 7-3-11

（2）单手托球向外水平绕"8"字：手臂伸直，单手托球，以肩为轴，做头上向外水平面大绕环成反手托球，身体随着球绕动，接着以肘为轴，做向外小绕环，直至手指尖转向正前方，伸直手臂，完成向外"8"字绕环动作（图 7-3-12）。

图 7-3-12

（二）技术要点

动作连贯，幅度要大，整个绕环过程应掌心朝上，避免出现“抓球”动作。

（三）训练方法与手段

（1）徒手练习两手和单手各方向绕“8”字的路线。

（2）两手持球练习内、外方向绕“8”字，熟练后练习单手内、外方向绕“8”字动作。

（3）结合行进间移动步伐练习“8”字动作。

【拓展内容】

具体动作见二维码视频。

五、拍球

（一）动作描述

（1）单手体前拍球：单手托球，掌心转向地面方向，主动向地面拍球，使球借助地面反弹起来，单手顺球的外沿缓冲接球（图 7-3-13）。

图 7-3-13

（2）一系列小拍球：单手持球，转动手腕向地面方向快速连续拍球至少三次，每次拍起球的高度应在膝关节水平以下（图 7-3-14）。

图 7-3-14

（3）胸部拍球：两手持球于体前向地面拍球，身体前倾，胸部主动迎接从地面反弹起来的球，膝关节弯曲降低重心，两手臂侧平举展开，胸部主动向下压球，单手接住反弹起来的球（图 7-3-15）。

图 7-3-15

（二）技术要点

（1）手形与球形吻合。手要控制好拍球的方向，拍球时不应有手与球击打的声音。

（2）手指、手掌或身体某一部分主动迎接从地面反弹起来的球。随着球的上引缓冲，手顺球的外沿缓冲接球。

（三）训练方法与手段

（1）单次拍球练习：原地双手或单手拍球，熟练后左右手交换练习，膝关节伴随着拍球的节奏自然弹动。

（2）连续拍球：原地练习连续 3 次以上拍球，熟练后可加快拍球速度或在行进间练习。

（3）高低节奏变换拍球：球的高低变换拍球或运动员身体的高低变换拍球，在球或身体的变换中使节奏变换，如两次高拍球接着三次低拍球。

（4）身体不同部位拍球，如肩、胸、肘、背、臀、膝、脚等，可配合各种舞姿和舞蹈步伐练习拍球。

【拓展内容】

（1）腿拍球：体前高拍球，双手支撑倒立，后腿向前摆动，用小腿拍反弹起的球。

（2）拍球接滚球：体前高拍球，上身迎接反弹起的球，连接单臂下腰长滚球。

具体动作见二维码视频。

六、滚动

（一）动作描述

（1）两臂体前长滚球：右手托球，手臂举向右前上方，左手臂侧平举，将右手指伸直，沉肩，微抬右臂，使球从右臂、胸前至左臂自由滚动，左手接球（图 7-3-16）。

图 7-3-16

（2）背滚球：两手背托球，身体前倾，膝关节半蹲，两手臂靠近耳朵，使手臂与背部成 130°直线，手背上翘使球沿双臂向背部滚动，当球滚动至颈部时两手臂迅速由前经侧向后划手至体后，两手臂自然伸展体后接球，回到站立姿势（图 7–3–17）。

图 7–3–17

（3）地面体前长滚球：直角坐立，单手扶球，将球置于两脚背上，抬腿 45°，同时身体后倒至仰卧，使球沿着双腿至腹部、胸部、手臂滚动至双手接球（图 7–3–18）。

图 7–3–18

（二）技术要点

（1）滚球可分为小滚动、中滚动或大滚动，大滚动应在至少两个主要身体部位上滚动球。

（2）在滚球中应将球与身体或地面完全接触，不应出现跳球动作，让球在滚动中自然、流畅、平稳的运行，避免用勾手腕的方式启动球的滚动或接球。

（三）训练方法与手段

（1）有辅助的小滚球练习：原地慢速练习扶球滚动，熟练后加快滚球速度，连续一系列小滚球练习。

（2）拨滚球练习：两臂、单臂或身体的某一部位的拨滚球练习，可根据熟练度逐渐加长拨滚球的距离。

（3）两臂自由滚球练习：在体前水平、垂直，体后水平结合转身等不同方向的两臂自由滚球。

（4）地面滚球练习：两腿前、后滚球练习，结合身体前、后长滚球练习。

（5）两臂背滚球至后颈部，向右转身90°成单臂右手滚球。

（6）单臂体前滚球，转身180°成两臂背滚球。

（7）高拍球接下腰单臂长滚球。

（8）两臂体前滚球至胸前停球，手臂围绕球做360°大绕环后接单臂滚球。

（9）两臂体后滚球，经过肩膀至体前长滚球，同时身体后仰两手撑地，两腿夹球。

【拓展内容】

（1）转身滚球：右手持球，体前单臂滚球，球滚动至上臂时低头，身体向左侧旋转180°，至双臂滚球。

（2）由后向前身体长滚球：双手体后相握，将球放置手与手腕之间，身体向前抬起，双臂将球滚动至颈后，头部和身体向左侧倾斜使球从右肩后侧滚动至身体前方，身体后仰继续滚动至地面双腿夹球。

具体动作见二维码视频。

七、推挤球

（一）动作描述

（1）单手臂推挤球：原地站立，将球夹在前臂与上臂之间，向上抬上臂同时快速伸直手臂，使球从手臂中推挤弹出，右手接球（图7-3-19）。

图 7-3-19

（2）腿部推挤球：原地站立，左腿抬起，弯曲膝关节，将球夹在小腿与大腿之间，向上抬大腿同时快速伸展膝关节，使球从腿后推挤弹出，转身单手接球（图7-3-20）。

图 7-3-20

（3）腹部推挤球：坐立，两腿并拢，膝关节弯曲，两脚全脚掌放在地面上，将球放至于腹部与大腿之间，两手掌心撑在身体侧后方，臀部抬起离开地面，快速向上将球从身体中腾空弹起，单手接球，臀部坐回到地面上（图 7-3-21）。

图 7-3-21

（二）技术要点

推挤球动作上臂由垂直到水平，手腕避免勾球，指尖伸直，推挤球的高度应在刚过头的位置即可。

（三）训练方法与手段

（1）徒手练习手臂的快速弹动。

（2）原地单手练习推挤球动作。

（3）结合旋转动作练习，如旋转反跨小跳推挤球。

八、球的翻转动作

（一）动作描述

（1）体前向内翻转动作：两手上、下持球，右手掌心在球的上方持球，左手手背在球的下方托球，两手同时向内翻转，两手经过球的前、后面至左手在上，右手在下，交换持球位，可继续重复动作，形成球的连续转动（图 7-3-22）。

图 7-3-22

（2）头上水平绕环做球的翻转动作：在球的连续翻转基础上将两手抬高至头的上方，做围绕头上水平绕环翻转动作（图 7-3-23）。

图 7-3-23

（3）体后球的翻转动作：左手臂经体后盘绕至身体右后方，右手臂自然弯曲，两手持球，在身体的右后方做球的连续翻转动作（图 7-3-24）。

图 7-3-24

（二）技术要点

翻转动作是指两手持球在身体各方向做向内或向外的翻转动作，翻转时两手用力均等，手贴球连续翻转，手指伸直。

（三）训练方法与手段

（1）持球慢速练习向内或向外做球的翻转动作，熟练后加快速度练习球的翻转。

（2）手臂在不同方向变换中练习球的翻转动作。

（3）结合各种步伐，如滚动步中练习球的翻转动作。

九、手围绕球的旋转

（一）动作描述

单手托球，翻转手腕拨球使球自转，同时手腕围绕球转动 360°，回到单手托球位置（图 7-3-25）。

图 7-3-25

（二）技术要点

手围绕球旋转时手要贴合球的表面，上臂和前臂保持不动，用手腕发力旋转。

（三）训练方法与手段

（1）将球放于地面，单手扶球练习手围绕球的旋转。
（2）单个练习手围绕球的旋转。
（3）连续练习手围绕球的旋转。
（4）两臂侧平举，反手围绕球的旋转练习。
（5）两臂侧平举，反手围绕球的旋转连接小抛球练习。
【拓展内容】
具体动作见二维码视频。

十、抛和接（小抛接、大抛和接）

（一）动作描述

（1）单手向前小抛接：单手托球，手臂下沉摆动，将球抛向空中，随着球的落点，伸手臂主动迎球，接球手臂顺势下摆缓冲（图 7-3-26）。

图 7-3-26

（2）两手体后小抛球：两手在体后持球，半蹲时下沉手臂，两腿伸直双手手腕同时向上用力，将球从体后抛向空中，随着球的落点，伸手臂主动迎球，接球后手臂顺势下摆缓冲（图 7-3-27）。

图 7-3-27

（3）单手向前大抛接：单手托球，半蹲时手臂摆动下沉，将球抛向空中，随着球的落点，伸手臂主动迎球，手臂接球后顺势下摆缓冲（图 7-3-28）。

图 7-3-28

（4）单手体后抛球手背接球：单手托球向内转手腕成反手托球，下蹲同时下沉手臂，伸直双腿同时直臂继续向后摆动，将球抛向空中，随着球的落点，单手手背主动迎球，接球同时手臂下摆，手腕下压缓冲接球（图 7-3-29）。

图 7-3-29

（二）技术要点

（1）抛球分为小抛、中抛和大抛，通过手臂的下沉摆动，可配合膝关节的弯屈下蹲、蹬地、直立将球抛向空中。小抛球要控制球的高度，过头即可；大抛球要超过两个人的高度。抛球时肩部应放松，手臂和手指伸直。

（2）接球可用手或身体的其他部位接或夹球，手接球时应伸臂主动迎球，不可出现手与球之间击打的声音，身体接球应配合好落球位置和时间点。

（三）训练方法与手段

（1）单手小抛接练习。

（2）单手中抛和大抛接或两手手背接球练习。

（3）体后单手、两手抛球练习。

（4）身体各部位的抛接球练习。

（5）结合各类身体动作练习抛和接，如向前跨跳抛或接球等。

【拓展内容】

（1）体后两臂夹球：单手抛球，将两手掌心扶在腰部下方，肘关节自然打开，随着球的落点，身体主动迎球，将球落在腰部，肘关节向内夹住球的同时平转。

（2）搬后腿肘夹球：单手大抛球，搬后腿同时用两肘关节夹球。

（3）俯卧搬后腿后腰夹球：双膝跪地单手抛球，身体成俯卧，抬后腿同时将落下的球夹在后腰与腿之间。

（4）滚球连抛：双手背滚球至颈后停球，身体向左侧转动同时将球经过右手臂滚球，连抛接动作。

具体动作见二维码视频。

十一、传递

（一）动作描述

（1）腰间传递球：左手托球，两臂侧平举，两手向内靠近将球传递至右手，两手展开摆向体后，将左手的球传递至右手托球（图 7-3-30）。

图 7-3-30

（2）绕膝传递球：右手托球，弯曲膝关节，身体前倾，两手向内靠近将球传递至左手，两手展开摆向腿后方向，将左手的球传递至右手托球（图 7-3-31）。

图 7-3-31

（3）腿下传递：右手托球，右腿抬起高于水平位，右手在腿下传递球至左手托球（图 7-3-32）。

图 7-3-32

（二）技术要点

传递动作可以是两手之间的传递，也可以是腿或脚与手之间的传递，传递中需手臂伸直，手指切勿出现“抓球”动作。

（三）训练方法与手段

（1）连续腰间传递练习。

（2）围绕身体各部位传递，如高举腿前平衡腿下传递。

（3）结合身体动作的传递，如在舞蹈步伐中传递球，大跨跳腿下传递球等。

【拓展内容】

具体动作见二维码视频。

十二、器械的运用

（一）动作描述

（1）单脚拨球体前地面滚球：球放置于体前地面，右脚背向前拨球，使球沿地面向前滚动，向前小跑后成左脚站立右脚后点地的前后腿半蹲，右手贴着球面，手腕做半弧形转动，将球从地面“铲起”至托球（图 7-3-33）。

图 7-3-33

（2）背托球的不稳定动作：双手持球，身体前倾 90°，将球放于背部，两手离开球面，两臂侧平举（图 7-3-34）。

图 7-3-34

（3）球在胸上自由旋转：两手持球，上身后仰，将球放置于上胸位置，两手左右发力拨球，将球自由旋转起来（图 7-3-35）。

图 7-3-35

（二）技术要点

（1）单脚拨球体前地面滚球：脚背控制球滚动的速度与距离，应使球沿地面平稳滚动，不可出现跳球动作，接球时手贴住球转手腕，避免出现抓球动作。

（2）球的不稳定动作：是指球在没有单手或两手的帮助下，停稳在某一身体部位较小面积的表面上，在没有身体旋转的情况下，有掉落器械的风险，例外的是只有在转体或旋转中，手掌托球也被视为不稳定动作。

（3）球在身体部位上的自由旋转：球可以在身体某一个部位自由旋转，旋转中避免出现跳球，球与身体始终接触。

（三）训练方法与手段

（1）单脚拨球体前地面滚球：先用手练习各方向地面滚球，熟练后练习脚拨球地面滚动，可在地面滚球中结合舞姿和舞步。

（2）背托球的不稳定动作：单手扶球练习，稳定后将手离开球，用身体保持球的平衡，可结合身体动作练习，如俯平衡背托球的不稳定动作。

（3）两手持球在身体上练习自由旋转：练习球在身体各部位自由旋转，单手练习球在指尖上自由旋转。

【拓展内容】

具体动作见二维码视频。

由于球的表面是一个曲面，也叫作球面，通常用单手、双手或身体各部位来完成器械动作。在球的教学中，应注意球与身体的协调配合，如球与身体配合不协调运作，会降低器械动作规格和完成质量。教练员在训练过程中应从以下几点注重技术细节的要求。

（1）托球动作，手指尖以自然的方式贴在球面上，切勿出现“抓球”动作。

（2）对于用手持球进行的所有球类技术动作，球避免以接触前臂而形成手腕勾球的错误动作。

（3）在拍球、接球动作中迎球，不应出现球与手击球的声音。

（4）滚球技术应将球沿着身体或地面进行，避免出现停顿或跳球动作。

（5）两手持球做动作不是本器械的典型动作，因此，教练员不应过多编排这种动作。

（6）除特定屈臂动作外，其他动作手臂尽量伸展直臂，加大动作幅度。

（7）“8”字、拍球（弹跳）、身体部位的长滚动、单手接球这些动作属于球的基本组技术动作，因此，可以多使用这些类型的器械动作。

扫描二维码
观看视频

第四节　棒

棒，是竞技艺术体操五项轻器械中唯一的双器械，是由合成材料制成，长度为40~50 厘米，重量为每根棒 150 克以上。棒的结构是由棒头、棒颈、棒体，三部分组成。通过两手同时或依次运用两根棒，进行各种不同方向、同方向的摆动、绕环、大抛、小抛，产生对称或不对称的动作，以及滚动、敲击、转动等动作，既丰富了器械的变化形式，更增加了艺术观赏性。

一、持器械的方法

棒的动作类形多种多样，根据不同的动作技术特点，应采用不同的握棒方法，持棒方法主要有以下几种形式。

（一）动作描述

（1）紧握棒头：握棒头于手心，食指压于棒颈，大拇指、中指、无名指、小拇指扣住棒头（图 7-4-1）。

（2）松握棒头：棒头置于手心，大拇指、食指轻扣住棒头，棒颈贴于虎口处（图 7-4-2）。

图 7-4-1

图 7-4-2

（3）握棒颈：将棒颈握于手掌心中，虎口卡住棒颈前端（图 7-4-3）。

图 7-4-3

（4）单手持双棒：将一对棒头至于食指、中指、无名指指缝中，手指自然弯曲扣住棒头（图 7-4-4）。

图 7-4-4

（5）单手持一根棒，另一根棒放置于手腕内侧（或外侧）用另一根棒压在棒体中段（图 7-4-5）。

图 7-4-5

（二）技术要点

（1）握棒的方法取决于练习动作，棒在运用时，根据动作要求手指手腕要灵活多变。

（2）做大绕环时应采用紧握棒，固定棒颈使棒成为手臂的延长线，增大动作的幅度。

（3）松握棒多于用绕环、小五花等动作，松弛地握住棒头或棒颈，使棒的运动面准确。

（三）训练方法与手段

（1）完整练习各类持棒动作。

（2）可将不同的持棒动作编排成小组合，交替练习，以体会不同持棒、握棒的变化。

二、摆动

两手持棒，以肩为轴同时在360°以内两臂同时向前后方向、左右方向做钟摆式运动，以及两臂同时向不同方向、不对称方向做摆动。

（一）动作描述

（1）体前左右摆动：两手持棒左侧举，左腿直立右脚尖侧点地。双腿屈膝经半蹲移重心至右腿直立，左脚尖侧点地，同时，两臂由左侧举经体前摆动至右侧举（图 7-4-6）。

图 7-4-6

（2）体侧前后摆动：两手持棒侧举，左腿直立右脚尖前点地。双腿屈膝经四位半蹲移重心至右腿直立，左脚尖后点地，同时，两臂向下经体前摆动至前平举（图 7-4-7）。

图 7-4-7

（3）双棒体侧反向摆动：两腿屈膝弹动，同时，左臂向前，右臂向后摆动（图 7-4-8）。

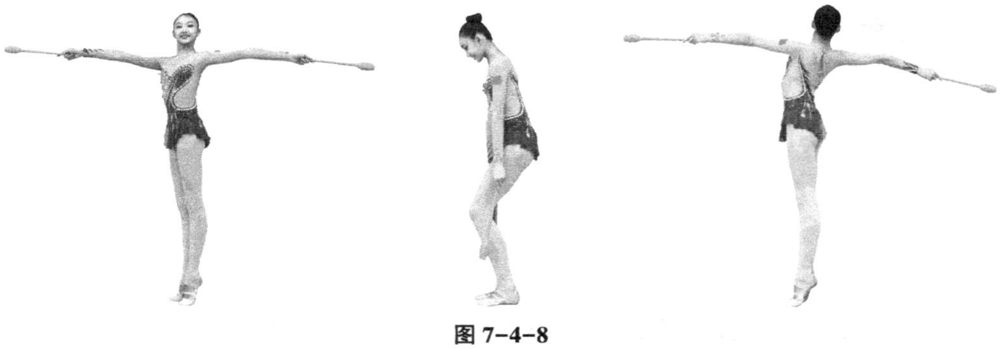

图 7-4-8

（二）技术要点

（1）两手握棒头，肩关节放松，在摆动过垂直线时加速发力。
（2）棒要成为手臂的延长，始终保持与手臂成一条直线。

（三）训练方法与手段

（1）单臂练习不同方向的摆动动作。
（2）双臂同时进行摆动动作练习。
（3）结合移动重心及各种步伐进行摆动练习。

三、绕环

（一）动作描述

1. 大绕环

两手持棒头，以肩为轴在矢状面、额状面进行圆周运动。绕环可在同方向、不同方向（对向）进行同时、依次的大绕环。

（1）体侧大绕环：两手握棒头，两臂由前向后做体侧大绕环（图 7-4-9）。

图 7-4-9

（2）体前大绕环：两臂侧举，两手持棒，由内向外做体前对向大绕环(图 7-4-10)。

图 7-4-10

（3）依次向后大绕环：双手持棒，两臂依次向后大绕环（图 7-4-11）。

图 7-4-11

2. 中绕环

单手握双棒或两手持棒，以肘关节为轴，在水平面，垂直面、斜面进行绕环（中绕环多用于过渡动作）（图 7-4-12）。

图 7-4-12

（二）技术要点

（1）两手紧握棒头，做大绕环时，肩关节放松，手臂尽量远伸，通过垂直线时加速发力。

（2）做大绕环时应采用紧握棒，固定棒颈使棒成为手臂的延长线，增加动作的幅度。

（三）训练方法与手段

（1）单手持棒进行各种绕环动作练习。

（2）两手持棒进行大、中绕环动作练习。

（3）结合各类步伐进行绕环动作练习。

四、“8”字

双手分持棒头，在相对应的不同位置连续做小绕环构成“8”字。根据手臂所处位置分为水平“8”字绕环和垂直“8”字绕环。

（一）动作描述

1. 侧举水平面“8”字

两臂侧举，手持棒头，同时向内各完成一次臂上小绕环和臂下小绕环（图 7-4-13）。

图 7-4-13

2. 垂直面体前、体后“8”字

两臂下举，左手持棒做体前、体后小绕环各一次，同时右手持棒做体后、体前小绕环各一次，形成相对应“8”字绕环（图 7-4-14）。

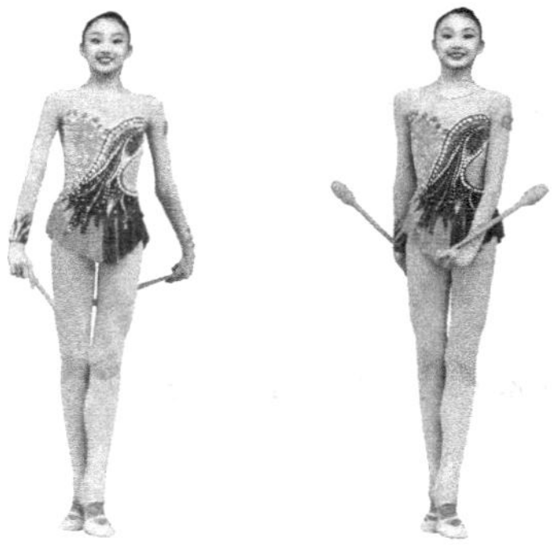

图 7-4-14

3. 上举垂直面“8”字

单臂上举，手持棒头，依次完成一次臂前小绕环和一次臂后小绕环。(图 7-4-15)。

图 7-4-15

(二) 技术要点

(1)“8”字绕环面要准确，绕环速度快，转动圆滑。

(2) 持棒松弛，腕关节转动灵活。

(三) 训练方法与手段

(1) 徒手练习腕关节的翻转，体会腕关节的运动轨迹。

(2) 单手持棒练习不同面的“8”字绕环，在此基础上进行两手同时练习。

(3) 结合屈膝弹动、步伐、身体难度动作进行练习。

【拓展内容】

“8”字绕环：两臂下举，由下至上“8”字小绕环。具体动作见二维码视频。

五、小五花

小五花动作是由一系列小绕环或“8”字小绕环组成。此类动作可在水平面、垂直面、斜面上进行。

（一）动作描述

（1）水平面小五花：右脚高提踵站立，左腿前巴塞平衡。同时两臂前举，腕部靠拢，手握棒头，右手领先做向内水平“8”字小绕环左手随之跟做向外“8”字小绕环，连续地做 3 次（图 7–4–16）。

图 7–4–16

（2）改变方向连续小五花：双脚高提踵并立，双膝微屈，原地足尖碎步踏转 360°，同时两手持棒头做垂直面小五花，由下经左至上向右转动至体前（绕垂直面一周）（图 7–4–17）。

图 7–4–17

（二）技术要点

（1）两手腕关节交叉重叠、上下翻转、双棒在同一个面上等距离依次连续快速地进行“8”字绕动。

（2）持棒手臂应充分伸展，绕环的运动轨迹应尽可能贴近手臂。

（3）小五花技术强调棒、腕、指参与部位协调配合，绕动速度快、绕环面准确。

（三）训练方法与手段

（1）练习单臂的不同面“8”字小绕环。

（2）两臂慢节奏进行不同面的小五花绕环动作练习。

（3）加快速度进行练习。

（4）结合身体动作练习各类型小五花。

【拓展内容】

体后小五花：两手持棒，于体后做小五花。

具体动作见二维码视频。

六、不对称动作

不对称动作是指两手持器械在同一时间内完成两个不同技术结构、不同方向、不同类型的动作，如不对称大绕环、不对称小绕环、不对称小抛、不对称大抛等。

（一）动作描述

不对称抛：左手握棒颈于体前屈臂，右手持棒头下举。双腿屈膝蹬地发力，左手腕关节向内旋转并向上推棒抛，同时右臂持棒摆臂向上做垂直面翻转高抛（图 7-4-18）。

图 7-4-18

（二）技术要点

水平旋转抛，手腕旋转要灵活，推棒迅速，指尖应最后离棒，接棒要点在于手臂外旋，掌心向上，随棒的旋转方向下落缓冲顺势接棒。

（三）训练方法与手段

（1）练习翻转一周的不对称小抛接动作，在此基础上将翻转增加到两周。

（2）原地练习中抛高度的不对称，如高低抛、接动作。

（3）练习抛高度的不对称，高低抛、接动作，结合身体动作练习。

【拓展内容】

（1）不对称小抛：体前不对称小抛，右手接一根棒，依柳辛动作过程中右手再次接另一根棒。

（2）视线外不对称抛：右手持棒，另一根置于左脚脚面，向后软翻同时左脚抛棒，软翻结束瞬间右手由背后向前抛棒。

具体动作见二维码视频。

七、棒在身体上的旋转和滚动

棒的滚动分两种，一种是在地面滚动，另一种是在身体各部位的滚动。棒放于地面上有两个支点，由于棒体的半径比棒小头大，因此棒在沿地面滚动时，行进的轨迹成扇形。而棒在身体上进行滚动时，是以棒颈作为支点，因此可保持短时间的直线运动。

（一）动作描述

（1）棒的自由旋转：两臂前举，手握棒头。手腕向内预摆，接着向外摆动，并展开手掌，棒头在掌心随惯性旋转（图 7-4-19）。

图 7-4-19

（2）棒的滚动：身体自然站立，右手握棒颈，左手做小五花（闪光），右手将棒置于右肩，右手拨动棒体，随后右臂快速伸展，给器械一个滚动的轨道，右手接棒（图 7-4-20）。

图 7-4-20

（二）技术要点

（1）棒的自由旋转是以棒头和棒体为轴心，在身体某一部位或地面做绕轴心的旋转。

（2）棒在手臂或身体其他部位上的滚动圆滑而又平稳。

（三）训练方法与手段

（1）将单棒放置于地面，手指拨动，练习地面棒的自由旋转，以了解棒自由旋转的技术原理。

（2）左、右手分别练习棒在手掌上的自由旋转，在掌握后两手同时练习。

（3）左手持棒体，将棒头置于右臂肩部，左手辅助练习单臂滚动棒。

（4）两手分别练习单臂滚动棒。

【拓展内容】

（1）棒在身体某一部位的滚动：左脚脚趾夹棒颈，做向后软翻，右腿并拢于左腿，脚松棒，棒顺两腿中间向下滚动，双腿落地后，手接棒。

（2）将一侧棒头插入另一根棒的顶端合二为一，右手持棒向左摆动，将棒绕置于颈部后侧，同时上体向右转动 180°，棒随惯性围绕颈部转动一周于体后自然下落，右脚踩棒。

具体动作见二维码视频。

八、棒的小绕环

双手持棒，以腕关节为轴的绕环称之为小绕环。小绕环是棒典型的动作之一。通过在不同面上，腕关节同时或依次快速地向前、后、上、下进行转动，构成不同类型的小绕环动作。

（一）动作描述

（1）垂直小绕环：双臂前举，自然伸展，两手松握棒头，以腕为轴向后转动棒（图 7-4-21）。

图 7-4-21

（2）水平面绕环：两脚提踵立，两臂侧平举，手持棒头，以腕为轴向内、向外做水平面小绕环（图 7-4-22）。

图 7-4-22

（二）技术要点

（1）持棒手臂应充分伸展，小绕环应注重腕部灵活转动，协调发力。

（2）通过手指拨动棒体，定时定点地加力，使棒头在食指与拇指间虎口部位转动，食指、中指、拇指抓握棒头在掌心内流畅地转动。

（3）灵活准确地掌握松紧握转换技术，操纵棒体自由、快速、圆滑、准确地转动。棒面始终要靠近手臂。

（三）训练方法与手段

（1）单臂持棒进行垂直面、水平面，向内、向外、向前、向后小绕环动作练习。

（2）双棒同时练习，完成上述动作。

（3）配合基本步伐练习各类小绕环。

九、抛和接

棒的形状决定了该器械抛接动作的多样性和复杂性。抛棒的形式包括单、双棒抛和依次抛等，棒在空中可转动也可不转动，可在垂直面上转动，也可在水平面上转动或在斜面上转动。抛双棒时可单手持双棒抛，也可两手各持一棒同时抛双棒，双棒可以向同一方向抛出，也可在不同轴面转动。根据抛的高低分为大、中、小抛；根据棒的旋转面分为垂直抛，水平抛；根据数量分为单棒抛、双棒抛。

（一）动作描述

1. 体前垂直面大抛

（1）抛单棒：两手体侧持棒，右臂向前上方摆动抛棒，棒在空中翻转 2 周，左手体侧做向后小绕环，右手接棒头（图 7-4-23）。

图 7-4-23

（2）抛双棒：右手持双棒，将棒头置于食指与中指之间。两棒下沉经摆臂向前上方抛出，双手接棒（图 7-4-24）。

图 7-4-24

2. 体前垂直面小抛

单手或双手持棒，向前摆臂，手腕下压，手指拨棒，使棒在空中翻转（图 7-4-25）。

（1）抛单棒

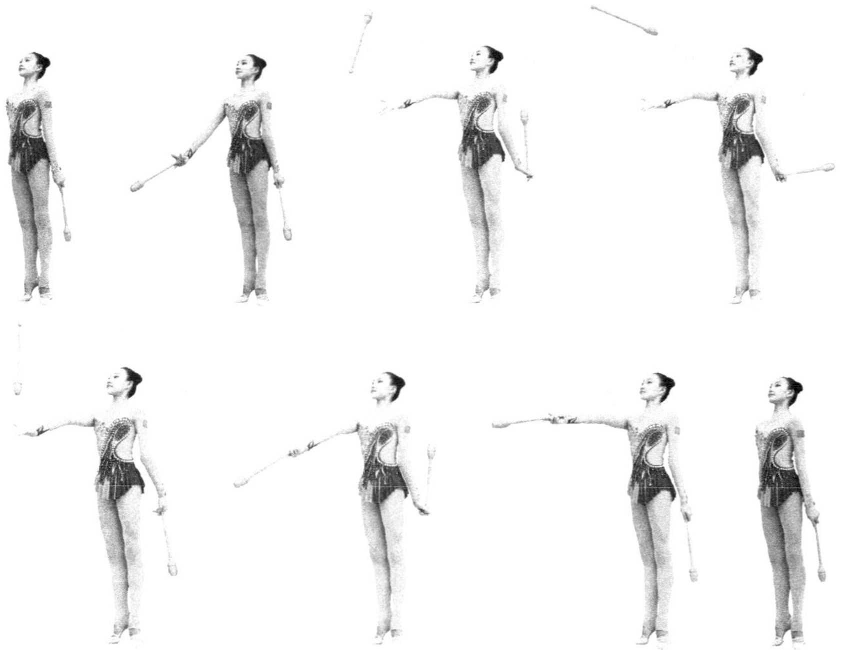

（2）抛双棒

图 7-4-25

3. 体前小抛

右臂体前水平屈肘，手握双棒，小臂向上摆动同时将单棒抛出，左手体前接棒（图 7-4-26）。

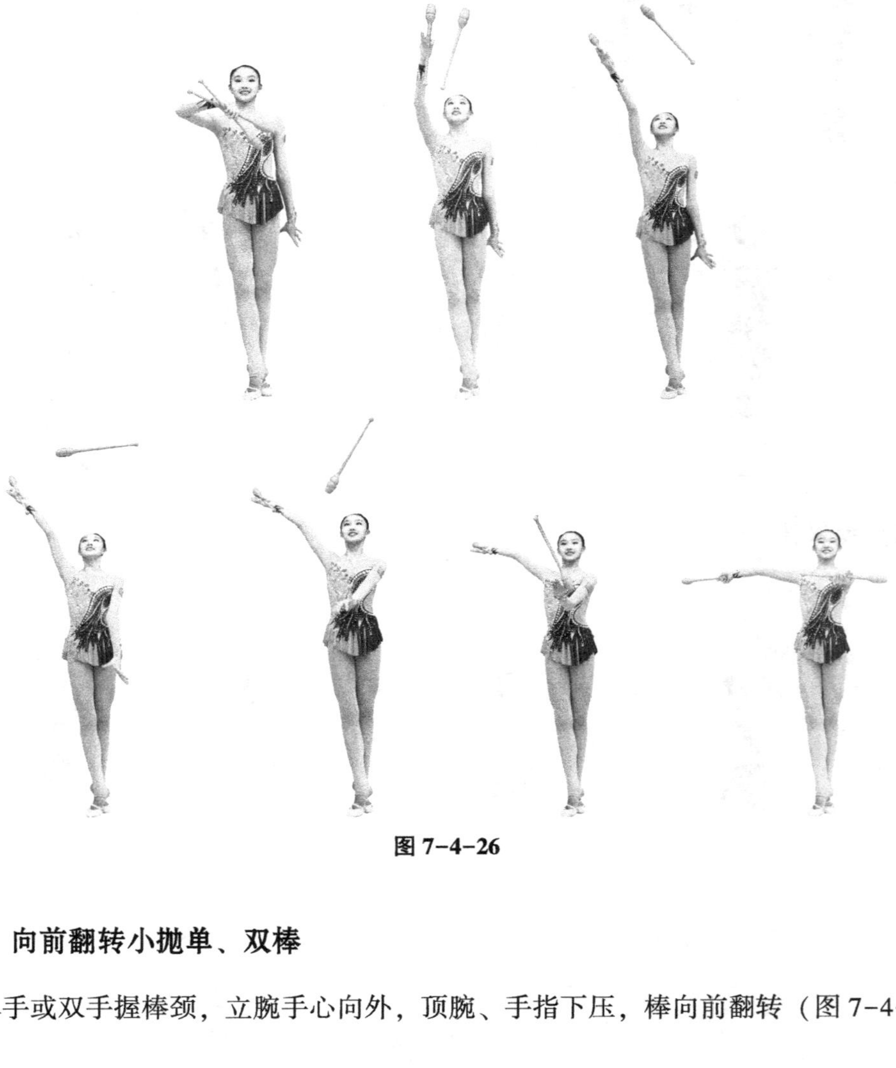

图 7-4-26

4. 向前翻转小抛单、双棒

单手或双手握棒颈，立腕手心向外，顶腕、手指下压，棒向前翻转（图 7-4-27）。

(1) 抛单棒

(2) 抛双棒

图 7-4-27

5. 视线外小抛

右手松握棒，右臂侧举，向下摆动至体后，腕关节上提，棒于额状面上自由翻转(图 7-4-28)。

图 7-4-28

6. 不用手的小抛

右手握棒体，左手持另一根棒将棒体置于右手棒颈上，右臂持棒向上挑腕将左手棒挑至空中（图 7-4-29）。

图 7-4-29

（二）技术要点

（1）肩关节放松，摆动前抛时臂充分伸直，手指最后离棒，将力量传递到棒的远端，使棒在空中翻转平稳、匀速。

（2）双棒在空中同步平行翻转，翻转面平稳、垂直于地面。

（3）小抛技术强调腕关节、手指协调配合发力，控制器械的转动速度及转动面。

（三）训练方法与手段

（1）原地练习抛单、双棒。

（2）抛双棒，同时加入身体动作练习，身体动作难度由简至难。

（3）练习不同面、方向的单、双棒小抛。

（4）练习单手持双棒小抛。

（5）结合身体动作练习各种小抛棒。

【拓展内容】

1. 不用手的接

（1）将一棒头插入另一根棒的顶端合二为一，双手持棒体做向上水平抛，随后前滚翻，双腿屈膝坐姿，腹部夹棒接。

（2）抛单棒，同时做跳转 360°接前滚翻，用手中的另一根棒将空中下落的棒压在地面。

2. 不用手的抛

（1）将一侧棒头顶在另一根棒的顶端，将棒顶端置于脚面，做向前软翻，同时用脚将棒抛向空中，单手接棒。

（2）两手各持棒头，左手棒置于右手棒上，右臂向上摆动，用棒颈将另一根棒抛向空中。

3. 视线外抛双棒

右手持双棒，右脚上步做前软翻，手离地瞬间将双棒抛向空中，平转 720°，两手接棒同时侧手翻。

具体动作见二维码视频。

十、传递

（一）动作描述

（1）腿后传递：右手持双棒，右脚上步，左腿后结环踢腿，同时右手于左腿后侧将棒传递至左手（图 7-4-30）。

图 7-4-30

(2) 反跨跳腿下传递：右手持双棒，右脚向前并步跳接反跨跳，同时右手于胯下将棒传递至左手（图 7-4-31）。

图 7-4-31

(二) 技术要点

(1) 器械传递迅速，与身体动作协调配合。

(2) 跳跃至空中最高点时，进行器械传递动作。

(三) 训练方法与手段

(1) 原地站立，右腿后摆，右手腿下将棒传递至左手。

(2) 练习向前大跨跳，腿下传递。

(3) 练习反跨跳腿下传递。

十一、器械的运用

(一) 动作描述

(1) 棒与棒敲击：两腿开立，左腿站立，右腿屈膝提踵前脚掌点地。两手握棒颈，敲击棒头，嗒、嗒、嗒哒哒，同时右脚跟随敲击接着下压（图 7-4-32）。

图 7-4-32

(2) 棒与地面敲击：俯平衡，同时两手持棒，依次敲击地面（图 7-4-33）。

图 7-4-33

(二) 技术要点

双手紧握棒，敲击节奏清晰、有力度。

(三) 训练方法与手段

(1) 播放不同节奏鼓点的音乐，跟随节拍进行练习。
(2) 结合身体动作练习敲击。

【拓展内容】

(1) 棒在身体部位上自由旋转。

（2）棒在地面的反弹。

具体动作见二维码视频。

在艺术体操五项器械中，棒是较难掌握的一项器械，要求运动员两手能够同时熟练地运用双棒，也正因为如此，对运动员的协调性、精准使用器械的要求也就更高。因此，教练员在训练过程中应从以下五点注重技术细节的要求：

（1）避免运动员习惯性手握棒颈，正确的方式应手持棒头。

（2）小五花动作，易出现双手距离加大、节奏过慢，应强调腕关节靠拢，棒头在手中灵活转动，形成连贯、流畅的小五花动作。

（3）小抛棒动作，要求不可屈臂，腕关节用力适度。

（4）双棒在空中的翻转面需一致。

（5）动作过程中，避免无谓的摆动。

扫描二维码
观看视频

第五节　带

带，又称为“彩带”，是艺术体操项目最具有代表性的器械之一。它是由带棍和带体两部分组成。带棍是由合成材料制成，有一定弹性。带体形状细而长，色彩艳丽，选手一般根据自身体操服的颜色来选搭彩带的颜色。带棍长度为 50~60 厘米，带体长度成年运动员要求 6 米以上，少年运动员不得少于 5 米。带与绳同属软器械，但不同于绳的是质地更软、更长，在空中运行时具有滞空性、运行稳定等特点。该项器械技术动作组主要有：螺形、蛇形、预摆、摆动、绕环、“8”字、抛、拉带抛、脱手小抛等。

一、持器械的方法

（一）动作描述

（1）单手持带棍：将棍端握于手心，食指贴于棍上，其余四指握住棍（图 7-5-1）。

图 7-5-1

（2）单手握带棍：带棍垂直于地面，将带棍置于掌心，食指压于带棍顶端，立腕（图 7-5-2）。

图 7-5-2

（3）两手持带：右手握带棍，左手握带尾（图 7-5-3）。

图 7-5-3

（4）屈肘托带棍：食指与大拇指握住带棍，带棍架于虎口及肘部位置（图 7-5-4）。

图 7-5-4

（5）双手持带棍：将带棍夹于右手虎口处，左手掌心压于带棍顶端（图 7-5-5）。

图 7-5-5

（二）技术要点

在做动作过程中，握棍要紧，腕关节松弛，使带的运动更为灵活。

（三）训练方法与手段

完整练习不同的握棍方法。

【拓展内容】

不用手的持带：将带棍夹在肘关节部位、膝关节部位或脚趾（图 7-5-6）。

图 7-5-6

二、摆动

单手持带棍，以肩为轴，通过弧形摆臂带动彩带在不同方向进行摆动。根据摆动部位可分为体前摆动、体侧摆动、头上摆动、水平摆动等。

（一）动作描述

（1）头上摆动：准备姿势双腿提踵并立。两腿经半蹲左右移重心，同时右手持带在头上垂直面做由右至左、由左至右的摆动（图 7–5–7）。

图 7–5–7

（2）体侧摆动：两腿并立，右手（左手）持带于体侧矢状面向前、向后摆动（图 7–5–8）。

图 7–5–8

（二）技术要点

持带手臂自然伸展，肩部放松，摆动时将力量传递至带尾末端，带形舒展。

（三）训练方法与手段

（1）原地持器械进行不同方向的摆动练习。
（2）结合步伐和身体动作进行练习

（3）左、右手交替进行练习。

三、绕环

（一）动作描述

（1）体侧大绕环：两腿直立，右（左）手持带棍，以肩为轴，手臂在体侧由前向后或由后向前，在矢状面做圆周运动（图 7-5-9）。

图 7-5-9

（2）体前向内、向外大绕环：两腿直立，右（左）手持带棍，以肩为轴，手臂在体前垂直面沿顺时针或逆时针方向做圆周运动（图 7-5-10）。

图 7-5-10

（3）头上水平大绕环：两腿并立，左臂侧举，右手持带棍以肩为轴，于头顶向内（向外）挥摆做水平大绕环（图 7-5-11）。

图 7-5-11

（二）技术要点

（1）手臂自然伸展，绕环圆滑、连贯、流畅。

（2）体侧绕环至上举部位时，向前上方加速用力，带棍与手臂成一条直线，当经过垂直部位，肩关节外旋，手心向外后绕。带呈圆弧形，没有波浪，不出响声。

（3）沿水平绕环，因加大绕环半径，持带手臂应尽量远伸，挥摆时加速，使带始终保持在水平面上进行运动。

（三）训练方法与手段

（1）原地持带进行各类型绕环动作练习，左、右手交替进行。

（2）结合步伐和身体动作进行练习。

【拓展内容】

不用手的大绕环：将带棍夹在脚趾部位，腿部由后向前大绕环。具体动作见二维码视频。

四、"8" 字

单手持带，分别以肩、肘、腕为轴，通过手臂的圆周运动及手腕向内、向外的转动，使带在不同方向、不同面上连续做两个对称的绕环，其运动轨迹形成"8"字图形。

（一）动作描述

（1）体侧"8"字：右手持带，于身体两侧做两个对称的大绕环，形成"8"字图形（图 7-5-12）。

图 7-5-12

（2）水平“8”字：右手持带棍，左手持带尾，右臂向左水平摆带经体前屈肘中绕环至右侧，左臂跟随右臂绕动路线行进（图 7-5-13）。

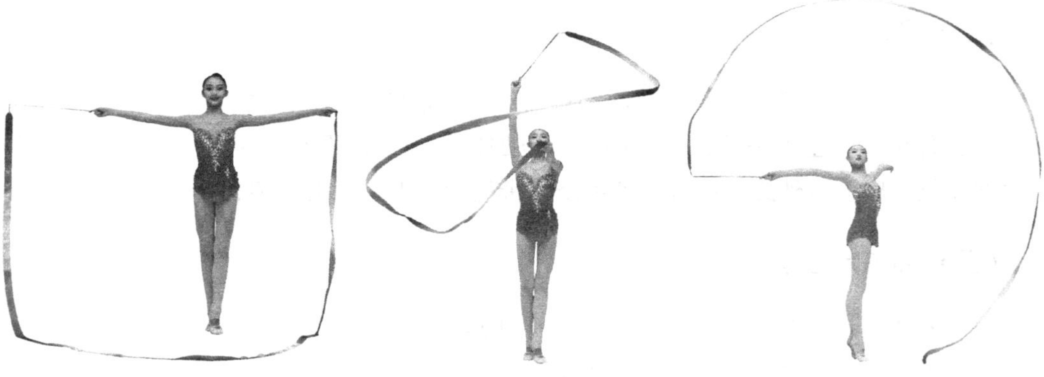

图 7-5-13

（3）小“8”字绕环：右手持带棍，以腕为轴，向左挑腕小绕环一次，翻转手腕于右侧小绕环一次，构成“8”字图形（图 7-5-14）。

图 7-5-14

（二）技术要点

（1）带呈环状沿各个面绕环，两圆均匀对称，带形连贯、流畅。

（2）体侧绕环至上举部位时，向前上方加速用力，带棍与手臂成一条直线，当经过垂直部位，肩关节外旋，手心向外后绕。带呈圆弧形，没有波浪，不出响声。

（三）训练方法与手段

（1）徒手进行大绕环练习，体会手臂行进路线。

（2）持带进行不同方向、不同面上的完整“8”字练习。

（3）结合步伐和身体动作进行练习。

（4）左、右手交替进行练习。

五、蛇形

单手持带棍，以手腕为轴，小幅度、快频率地进行左右或上下摆动，使带构成 4～

5 个相等宽幅的波形。

（一）动作描述

（1）体前垂直蛇：右臂上举，带棍向下，腕关节连续左右做小摆动，带形成垂直蛇形，左臂侧举（图 7-5-15）。

图 7-5-15

（2）腰间水平蛇：两脚提踵并立，右手持带棍于体前水平举臂，腕关节连续上下小摆动，左臂上举，抬头挺胸，收腹立腰（图 7-5-16）。

图 7-5-16

（二）技术要点

（1）整条带要构成幅宽相等，距离均匀的 5~6 个蛇形波纹图案。

（2）腕关节摆动应快速、连续、均匀。

（三）训练方法与手段

（1）持带原地提踵站立进行练习。

（2）结合步伐进行练习，如交叉步、弹簧步、足尖步等。

【拓展内容】

不用手的蛇形：臀部坐于地面，将带棍夹于右脚半跟鞋鞋带处，用左脚脚尖上下拨动带棍，同时臂部转动。具体动作见二维码视频。

六、螺形

单手持带棍，以手腕为轴，顺时针或逆时针在不同部位、不同平面上，向不同方向做连续小绕环，构成螺形。

（一）动作描述

（1）体前垂直螺形：以左脚开始原地做滚动步，右手持带棍，以腕为轴顺时针小绕环，左臂侧上举，抬头挺胸（图 7-5-17）。

图 7-5-17

（2）水平面螺形：两腿并立，上体经前屈、右侧屈、后屈、左侧屈绕环一周。同时右臂以肩为轴做水平面大绕环，右手持带棍做螺形，左臂侧举（图 7-5-18）。

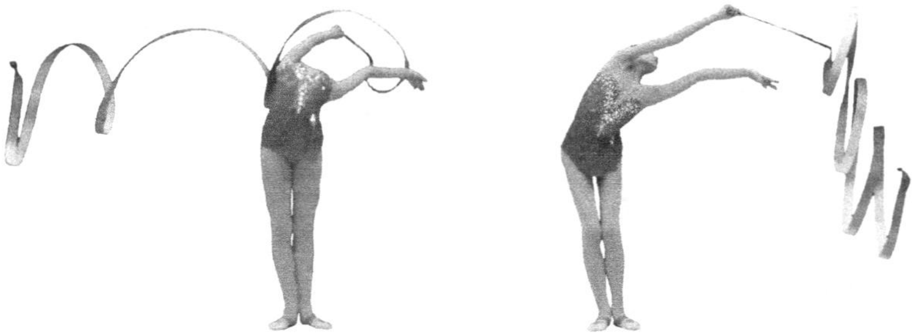

图 7-5-18

（二）技术要点

（1）右臂自然伸展，以腕为轴，灵活地快速转动。

（2）手腕转动均匀，使图形构成 5~6 个大小相等的环状。

（3）带形连贯、圆滑，带尾不拖地。

（三）训练方法与手段

（1）手持带棍的另一端，做腕关节的画小圆绕动，体会腕关节的转动。

（2）原地进行绕带练习。

（3）结合步伐进行练习。

【拓展内容】

进行不同面上的螺形绕环。具体动作见二维码视频。

七、脱手小抛

（一）动作描述

1. 体前脱手小抛：左臂侧举，右手持带棍于体前向内翻转手腕，当带棍翻转至左下方时，顺惯性将带棍抛起，带棍在垂直面翻转接近至水平位时，左臂快速迎向带棍手柄，用手背反弹带棍手柄部位，随后右手接带棍，还原直立（图 7-5-19）。

图 7-5-19

（二）技术要点

（1）要求在带棍的摆动、翻转和脱手动作时，应连贯、流畅、一气呵成，力量传递至带尾，避免带尾拖地。

（2）带棍由空中下落时，此时要根据器械的入射角度和预定的反弹轨迹来调整手背接触带棍时间，确保反弹动作顺利完成。

（3）接器械时主动伸手迎向带棍。

（三）训练方法与手段

（1）持器械慢速练习脱手小抛，体会腕关节不同方向的翻转技术细节。

（2）增加脱手小抛的高度，并结合不同的身体动作进行练习。

（3）完整练习右手翻抛，右手接，之后进行左手练习。

（4）进行左翻抛，右手背反弹带棍动作练习。双手交替练习。

（5）将不同方向、不同面上的脱手小抛串连在一起进行练习。

【拓展内容】

脱手小抛可结合身体动作，变换接器械的方式，如视线外的体后接、在翻转中抛器械等。具体动作见二维码视频。

八、从带中或带上通过

（一）动作描述

（1）从带中穿过（大绕环过带）。

第一步：右手持带棍做向内大绕环，在带棍绕至右下方时，右脚从环形中跃过。

第二步：右臂第二次大绕环时，左脚从环形中跃过。

第三步：左脚落地同时向右转体 360°，右臂绕至上举随身体转动，随后继续于体前做第三次向内大绕环，右脚跃过带（图 7-5-20）。

图 7-5-20

（2）从带上通过：左臂上举，右手持带由左向右做地面水平螺，右脚由带上通过成提踵立，左腿举腿（图 7-5-21）。

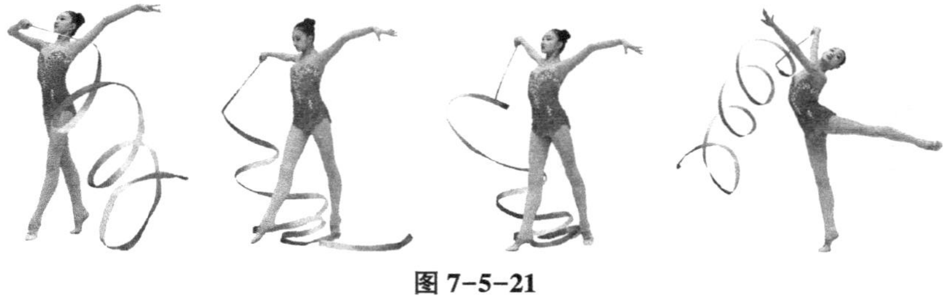

图 7-5-21

（二）技术要点

（1）紧贴身体进行绕环，环形垂直于地面。

（2）过带时机尤为重要，器械与身体默契配合。

（3）由带上通过时，带形应贴近地面，环形紧凑。

（三）训练训练方法与手段

（1）右手体前向内大绕环，足尖步过带。

（2）练习足尖步过带，速度由慢到快。

（3）完整练习，跳跃旋转中过带。

【拓展内容】

（1）从带形上通过：右手持带绕螺形，左腿在前跪立，由地面开始，左手单手支撑向前软翻，于螺形上通过。

（2）从带形中通过：右手持带棍，将带尾挂于带棍顶端做体前绕环，双脚依次小跳从带形中通过。

具体动作见二维码视频。

九、抛和接

对于6米长的带来说，带棍在运动中起着重要作用。由于重量集中（对于带体），带棍比带体重，在抛掷的运动中起到“引导”作用，下落时常常先于带体下落，便于接摆。因此在运动中，需全力抛带棍，以使其有足够的力量带动带体。

（一）动作描述

（1）脱手再握抛：两腿并立，右手持带体侧向后大绕环接中绕环脱手，右手于右侧上方反手再次抓握带头向前上方摆臂抛带，右手接带棍（图7-5-22）。

图 7-5-22

2. 连抛

（1）原地站立，左手持带棍由左至右水平摆动，右手于体侧握带头，左手松带棍，右臂由下经后摆臂向前上方抛带，随后右脚上步蹬地，左腿屈膝吸腿，向右跳转 360°接地面臀转，左脚上步站立起身，右手再次接带头顺势摆臂向左斜上方向二次抛带，左手抓握空中带尾，拉回带棍，右手接带棍。

（2）左手持带尾，右手持带棍。右臂向后上方提肘，松带棍，带棍顺惯性向后移动，随后右手快速抓握带头，手臂下沉由前经上向后摆臂抛带，身体左转 180°向前足尖跑 2~3 步，左腿站立，右脚踢带棍，左手将带拉回。

具体动作见二维码视频。

（二）技术要点

（1）助抛阶段是由握带棍绕图形，通过脱手再握或传递交换手，再以带棍为半径绕环，带棍下沉，接着快速挥臂抛带，带棍在蹬地挥臂转动惯性的合力作用下沿切线飞出。

（2）水平摆至体侧时，右手需迅速握住带头，借助带棍下摆顺势加速用力，向斜上方抛，在带呈抛物线飞行时，准确判断落点，于器械下方主动伸臂接带头再次发力向斜上方抛出，拉带用力适中。

（3）器械出手速度要快，方向正，连抛连贯，带形在空中充分伸展，接带棍准确。

（4）连抛要连贯，第二抛出手速度要快，方向正，拉带时间点要准确。

（三）训练方法与手段

（1）原地练习助抛动作，向后大绕环接脱手换握带头接摆臂动作。

（2）分解练习抛带和拉带，掌握后进行完整练习。

（3）分解练习连抛带动作，原地站立，左手持带尾，右手持带头摆臂抛带，左手拉带。

（4）完整练习连抛动作，在此基础上加入步伐或身体难度动作。

【拓展内容】

1. 不用手的抛

（1）将带置于地面，右手持带棍，左脚站立，右脚前脚掌踩于带头处，随后松开右手带棍，同时左脚上步做软翻，右腿摆动抛带，右手接带棍。

（2）两腿跪立，右手持带尾，左手将带棍放置于左脚脚心部位，双臂支撑于地面，两腿同时向上摆动（左腿直腿，右腿屈膝），将带抛向前方，右手将带拉回。

2. 不用手的视线外接

右手持带向后翻转抛，两臂支撑于地面，用小腿夹住下落的带棍。

具体动作见二维码视频。

十、传递

（一）动作描述

右手持带由左向右做水平螺，同时右脚支撑做阿提丢转体 720°，在旋转进入第二周时，右手于腿下将带棍传递至左手（图 7-5-23）。

图 7-5-23

（二）技术要点

器械在两手间传递需快速、准确，不影响传递后的带形。

（三）训练方法与手段

（1）原地练习腰间两手之间的传递。

（2）原地练习后举腿平衡的腿下传递。

（3）完整练习，在旋转难度动作中完成腿下传递。

【拓展内容】

带-腿下传递：右手持带棍，在阿提丢转体进过程中将带棍于腿下传递至左手。具体动作见二维码视频。

十一、器械的运用

下面以带棍在身体某一部位滚动为例进行讲解。

（一）动作描述

两脚提踵并立，做足尖碎步。右臂侧上举，手持带棍向内水平摆动，同时腕关节向内翻转带棍，随后右臂快速还原至掌心向下，带棍沿右臂向下滚动至背部，左手于体后接带棍（图 7-5-24）。

图 7-5-24

（二）技术要点

器械在人体上的滚动是身体与器械之间相互作用的结果，当带棍脱离手之后，应迅速调整身体姿势，使器械中心准确地进入预定滚动路线内，保持器械滚动的身体部位充分伸展，以减少摩擦阻力，使得带棍沿身体顺畅地完成滚动。

（三）训练方法与手段

（1）练习两臂前举滚带棍，在此基础上进行单臂滚带棍练习。

（2）延长器械滚动路线，两臂斜上举，带棍由手臂滚至背部，体后接。

（3）完整练习单臂滚带体后接动作。

【拓展内容】

此类动作可在身体不同部位进行滚动带棍，例如，用手臂、背部，小腿、大腿后侧结合身体动作进行滚动。具体动作见二维码视频。

带操动作柔美、飘逸、流畅，非常具有观赏性。但彩带因带体长、柔软，在运动中不易操控。良好的技术是从基础技术上获得的。因此，教练员在训练过程中应从以下五点注重技术细节的要求：

（1）持带手臂一定充分伸展。

（2）手腕力量不够导致带形不准确。

（3）绕带、接带时不持带棍底端。

（4）使用彩带中，力量不能传递到远端。

（5）在带形转换过程中出现短暂的器械停顿。

在艺术体操运动过程中，单纯的身体运动或器械运动都不能包含器械动作的完整概念，只有将身体动作与器械动作紧密结合，融为一体，才能构成完整的器械动作。器械动作受人的控制，只要满足了器械的力学条件便能产生完美的器械运动形式。在训练过程中教练员应注重讲解器械的特点及其在运动中的物理性、结构规格、质量等，使运动员充分了解和明白器械的有关特性，更好地掌握器械动作技术。例如，圈和球是两个具有一定性质的圆形器械，它们质量分布均匀，在空中运行时有一定的自转和翻转，不同的是翻转的轴不一样（圈具有多样化）。对于球来说，它的体积小，质量分布均匀，结构规则对称，在空中转动较快，所以，用力要适当，接球时要下落缓冲才不至于球脱离手掌。因此，在练习时应把握其运动特点，懂得球在空中转动的物理性，在练习中利用其特性来使用力量，不断体会，使其转动更适合动作的要求。

了解艺术体操器械的特性是学习器械技术的第一步，同时随着对动作技术的掌握程度，更应该不断加深对器械在不同的动作中运行特点的理解，提高动作技术，更好地完成艺术体操各项成套动作质量。

艺术体操的美在于身体动作与器械动作完美的结合，瞬间向观众传达出内心“情绪变化”。器械技术的发展是一个不断改进、持续向前的动态过程，艺术体操器械动作与身体动作的结合也是不断发展、创新的过程。教练员在训练中要培养运动员的器械感，只有通过反复不断地练习，加深对器械的理解，才能更好地体现出器械与身体动作的协调配合、娴熟操纵，充分展现艺术体操的自然美和如诗如画的意境美。

参考文献

［1］樊铭．艺术体操动作教程［M］．北京：北京体育大学出版社，2014.

［2］黄俊亚．艺术体操训练理论与方法［M］．北京：北京体育大学出版社，2010.

［3］王爱兰．艺术体操运动训练之研究．第1版［M］．北京：人民体育出版社，1991：42.

［4］洪小平．高等学校教材：艺术体操［M］．北京：高等教育出版社，2014.

第八章

艺术体操舞蹈动作训练

沈阳音乐学院（尹训燕）；北京体育大学（佘陶）

舞蹈动作基础练习是艺术体操辅助性训练的重要内容之一。舞蹈基本功训练从地面到扶把再到中间及跳跃，由简到繁，循序渐进，以其严谨科学有规律的训练方法，培养运动员良好的身体形态，优美、规范的舞姿和肌肉的控制能力，同时为提高动作质量，以及提高艺术体操运动员的身体表现力打下良好的基础。

本章将对艺术体操舞蹈动作的训练方法、手段及训练要点进行阐述，帮助教练员形成科学的训练理念，掌握有效的舞蹈动作训练方法。

第一节　地面动作训练

地面练习是以身体在无负担的情况下，对下肢开、绷、直及脚的勾、绷概念有针对性地认识，对身体平衡直立的要求有初步理解，并形成准确的肌肉记忆。

一、坐姿练习

（一）动作描述

1. 勾绷脚

准备时呈坐姿，双腿并拢伸直绷脚向前，两臂伸直于体侧；勾脚趾、勾全脚、绷脚背、绷脚趾，以上动作均可单脚交替或双脚同时练习（图 8-1-1）。

图 8-1-1

2. 勾绷脚外开

勾脚、外开、绷脚回准备姿态（图 8-1-2）。

图 8-1-2

（二）技术要点

（1）勾脚趾时，脚掌心向下，最大限度地勾脚趾；
（2）勾全脚时，脚跟尽量往远延伸并离开地面，膝盖用力压直；
（3）绷脚背时，先伸直脚踝，脚背向上顶，脚掌向远再绷脚尖向下至地面；
（4）外开时，要从髋关节向外旋开至小脚趾放在地面（图 8-1-3）。

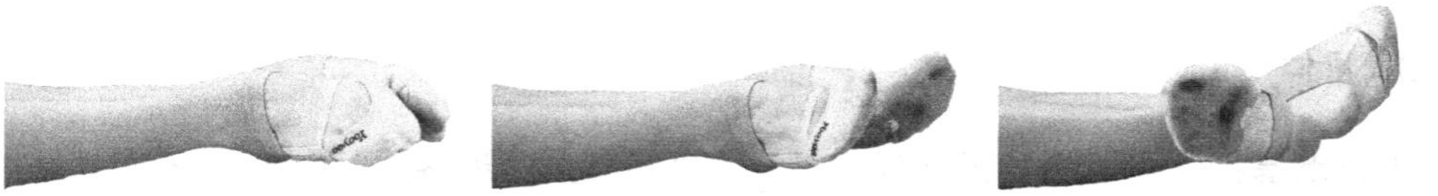

图 8-1-3

二、仰卧练习

（一）动作描述

1. 举腿

准备姿势，两腿伸直脚外开，两臂侧平放于地面、手心向下；一腿向上举至45°或90°，勾、绷脚（图8-1-4）。

图8-1-4

2. 开髋

①单腿开髋：一腿屈膝呈正巴塞，向侧外开呈侧巴塞使膝关节外侧贴至地面，再向下伸直。

②两腿开髋：两腿向上屈膝至脚尖点地、大腿与上体呈90°，膝关节向两侧外开贴至地面，保持外开向下伸直（图8-1-5）。

图8-1-5

3. 屈伸

①正巴塞：一腿屈膝呈正巴塞，向上伸直，脚尖向远落下（图8-1-6）。

图 8-1-6

②侧巴塞：一腿侧巴塞使膝关节外侧贴至地面，向上伸直，脚尖向远落下（图 8-1-7）。

图 8-1-7

4. 外开

侧巴塞：向上伸直 90°，向侧打开，再向下划回准备动作（同样反方向往内做）（图 8-1-8）。

图 8-1-8

（二）技术要点

（1）准备动作时，两腿外开、绷直，举腿时脚尖带动缓慢举起，脚跟向上端，放下时要有控制地轻轻落至地面；

（2）外开时，要从髋关节向外旋开至小脚趾，此要求要贯穿动作始终；

（3）动作过程中，腰部紧贴地面；

（4）髋骨在动作过程中保持平衡。

三、俯卧练习

（一）动作描述

准备动作：俯卧，两腿伸直外开、绷脚、前臂支撑。

（1）勾、绷脚练习（图 8-1-9）。

图 8-1-9

（2）直腿抬起 45°或 90°，勾、绷脚练习（图 8-1-10）。

图 8-1-10

(3) 侧巴塞45°或90°，屈、伸练习（图8-1-11）。

图8-1-11

(二) 技术要点

(1) 动作过程中，髋骨保持平衡，并紧贴于地面；
(2) 举腿时膝关节伸直，绷紧脚背用脚尖带动。

第二节 扶把动作训练

把杆训练，可以使全身的肌肉、关节、韧带及身体的稳定性得到全面的锻炼，通过循序渐进的训练，为原地练习及跳跃练习打下坚实的基础。

一、扶把方法

(一) 双手扶把

离把杆约一个前臂长的距离，面向把杆站立，屈臂，手心向下轻扶把（图8-2-1）。

图8-2-1

(二) 单手扶把

离把杆约一个前臂长的距离，侧对把杆站立，同侧手屈臂外展轻扶把（图8-2-2）。

图 8-2-2

二、脚的位置

（一）动作描述

1. 一位

两脚脚尖向两侧，脚跟并拢。两脚的外缘成为一条直线。

2. 二位

站法与一位相同，只是两脚脚跟之间相隔一脚的距离。

3. 三位

两脚脚尖向两侧，前脚跟的外缘紧贴后脚心的内缘，两脚成为两条平行线。

4. 四位

两脚脚尖向侧，两脚一前一后站在平行线上，两脚前后为一脚的距离，前脚跟与后脚尖在一条直线上。

5. 五位

两脚脚尖向侧，前脚的外缘紧贴后脚的内缘，前脚的脚跟与后脚脚尖对齐(图 8-2-3)。

图 8-2-3

（二）技术要点

（1）重心均匀地分配在两脚上，站任何一个位置，脚下均外开、放平。
（2）膝关节伸直，两腿肌肉收紧并外开。
（3）在三、四、五位时髋骨平行，上体正直。

（三）训练方法与手段

（1）双手扶把学习，一位、二位、三位、五位、四位。
（2）单手扶把学习，一位、二位、三位、五位、四位。

三、蹲

蹲的动作是将人体从地面推起的重要部分，也是跳的起始动作。蹲主要训练跟腱、踝关节、膝关节韧带的韧性和弹性，同时能有效增强腿部力量和控制身体的平衡。正确的蹲使动作及技术技巧赋有流畅性、柔韧性、弹性、稳定性。

（一）动作描述

1. 半蹲

准备时脚站一（二、四、五）位；两腿逐渐屈膝向下蹲至脚跟不离开地面的最低处，无停顿地逐渐推起至直立，二位下蹲至膝关节角度大于 90°（图 8-2-4）。

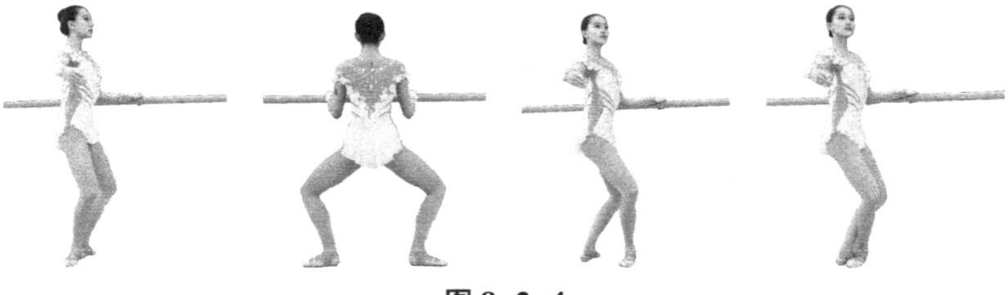

图 8-2-4

2. 全蹲

准备时脚站一（二、四、五）位；两腿在半蹲的基础上继续向下蹲至脚跟稍微抬起的最低处，无停顿，先落脚跟推起到半蹲继续推起至直立，二位全蹲脚跟不离开地面，膝关节弯曲小于90°（图8-2-5）。

图8-2-5

3. 立踵半蹲

准备时脚站一（二、四、五）位立踵，两腿逐渐屈膝向下蹲至膝关节角度大于90°，无停顿地逐渐推起至直立（图8-2-6）。

图8-2-6

4. 立踵全蹲

准备时脚站一（二、四、五）位立踵，两腿逐渐屈膝向下蹲至膝关节角度小于90°，无停顿地逐渐推起至直立（图8-2-7）。

图8-2-7

（二）技术要点

（1）在脚位准确的基础上两腿外开，两膝对准脚尖方向，尾骨对准脚跟，立髋、上体正直；

（2）重心均匀分布在两腿上，下蹲和起直动作柔和连贯；

（3）全蹲至最大幅度时不送髋、不掉臀。

（三）训练方法与手段

（1）双手扶把练习一、二、三、五、四位半蹲；

（2）单手扶把练习一、二、三、五、四位半蹲；

（3）双手扶把练习一、二、五、四位全蹲；

（4）单手扶把练习一、二、五、四位全蹲；

（5）双手扶把练习立踵的半蹲和全蹲；

（6）单手扶把将半蹲、全蹲、立踵蹲组合并加手臂配合练习。

四、擦地

擦地主要训练腿和脚的力量。练习整条腿在膝处、脚背、脚尖的收紧，同时发展腿部的力量。

（一）动作描述

1. 一位或五位擦地（前、侧、后）

重心由两腿移动到支撑腿，动力腿全脚沿地面擦出，脚跟、脚心、脚掌逐渐离开地面，用力推脚背至最远点成脚尖点地。经脚掌、脚心、脚跟全脚过程收回一位或五位（图 8-2-8）。

图 8-2-8

2. 擦地动作变化形式

(1) 擦地压脚跟的做法。

脚站一或五位，重心由动力腿移动到支撑腿，动力腿全脚沿地面擦出，至最远点成脚尖点地；先压脚掌再压脚跟成二位，迅速推起绷脚，再收回一或五位(图 8-2-9)。

图 8-2-9

(2) 擦地立脚踵的做法（前、侧、后）。

脚站五位，动力腿全脚沿地面擦出绷脚尖点地，支撑腿同时做半蹲；动力腿收回同时支撑腿直立，两脚五位立脚踵；再落下五位（图 8-2-10）。

图 8-2-10

(3) 擦地与蹲结合的做法。

①地与蹲结合。

一位或五位，动力腿全脚沿地面擦出绷脚尖点地，在收回一位或五位的同时两腿做半蹲，再两腿直立收回一位或五位（图 8-2-11）。

图 8-2-11

②地与蹲结合移动重心。

脚站五位，动力腿全脚沿地面擦出向前绷脚尖点地，两腿同时做四位半蹲；两腿直立的同时重心移动到前腿上，形成动力腿绷脚尖点地，收回五位（图 8-2-12）。

图 8-2-12

③擦地与蹲结合向侧移重心。

脚站五位，右腿全脚沿地面擦出向侧绷脚尖点地，两腿同时做二位半蹲；两腿直立的同时重心移动到右腿成左脚向侧绷脚点地，再以同样做法将重心移至左腿，右腿收回五位（图 8-2-13）。

图 8-2-13

（二）技术要点

（1）身体保持正确站立时的基本形态和稳定，注意两腿外开、伸直；

（2）向前擦地出时脚跟先领，回来时脚尖先领。向后擦地出去时脚尖先领，收回时脚跟先领；

（3）压脚跟动作要迅速并有弹性；

（4）擦地与蹲结合的动作要连贯、协调。

（三）训练方法与手段

（1）两手扶把一位向侧、前、后单一练习；

（2）两手扶把五位向侧、前、后单一和组合练习；

（3）单手扶把五位向侧、前、后单一和组合练习（节奏由慢到快）；

（4）与压脚跟、立脚踵、半蹲和重心的移动等形式相结合进行练习。

五、小踢腿

小踢腿是通过脚经擦地离开地面，训练动力腿在空中伸直和绷脚及脚背脚踝的力量。

（一）动作描述

1. 小踢腿动作分解做法

（1）脚站一位或五位，重心移至支撑腿，动力腿全脚沿地面擦出向前（侧、后）至绷脚尖点地；

（2）动力腿脚背用力上踢，制动到25°~35°的位置；

（3）向下经点地和擦地动作的全过程收回至一位或五位（图8-2-14）。

图 8-2-14

2. 小踢腿完整做法

(1) 脚站一位或五位，重心移至支撑腿，动力腿经过擦地动作的全过程向前（侧、后）快速踢起制动到 25°~35°的位置上；

(2) 向下经点地和擦地动作的全过程收回一位或五位（图 8-2-15）。

图 8-2-15

3. 小踢腿动作的变化形式

(1) 立踵形式。

五位，重心移至支撑腿，动力腿经过擦地动作的全过程向前（侧、后）踢出，同时支撑腿立踵，动力腿收回同时落下至五位（图 8-2-16）。

图 8-2-16

（2）五位高立踵。

五位高立踵，重心移至支撑腿上，动力腿脚掌擦地向前（侧、后）快速踢出，再经脚掌擦地的过程收回高立踵的五位（图 8-2-17）。

图 8-2-17

（3）点地形式。

五位，重心移至支撑腿，动力腿经过擦地动作的全过程向前（侧、后）踢出，快速用脚尖点地（在擦地的位置上），再快速抬起到踢腿的位置上，向下经点地收回五位（图 8-2-18）。

图 8-2-18

（4）向前后摆动形式。

五位，重心移至支撑腿，动力腿经过擦地动作的全过程向前（侧、后）踢出，向下经过一位向后踢出；在此基础上前后连续起来做 4~8 次（图 8-2-19）。

图 8-2-19

（二）技术要点

（1）遵循擦地动作的全过程，从最远点踢起和收回；
（2）支撑腿、髋部、上体要保持稳定；
（3）小踢腿点地的动作，点地要尖锐、迅速；
（4）向前后摆动的动作过程中，支撑腿、髋部、上体要保持平稳。

（三）训练方法与手段

（1）双手扶把一位向侧、前、后小踢腿单一练习；
（2）双手扶把五位向侧、前、后小踢腿单一练习；
（3）单手扶把五位向侧、前、后单一和组合练习（节奏由慢到快）；
（4）结合小踢腿动作的变化形式组合练习。

六、大踢腿

大踢腿动作对于增强腿部力量，增大动力腿活动的幅度、力度，以及最大限度地拉长大腿内侧韧带具有很重要的训练价值，同时对训练腹背肌的控制力及支撑腿和上体的稳定性有着重要意义。

（一）动作描述

1. 基本做法

脚站五位重心移至支撑腿，动力腿经过擦地和小踢腿的过程，更有力地向前（侧、后）上方踢起 135°~180°或以上，并有控制地轻落经点地收回五位（图 8-2-20）。

图 8-2-20

2. 变化形式做法

（1）点地形式：脚站五位重心移至支撑腿，动力腿向前（侧、后）上方踢起，轻落至脚尖点地再迅速向上方踢起，并有控制地轻落经点地收回五位（图 8-2-21）。

图 8-2-21

（2）五位高立踵形式：脚站五位高立踵重心移至支撑腿，动力腿经擦地向前（侧、后）上方踢起，并有控制地轻落经脚掌擦地脚尖点地收回五位（图 8-2-22）。

图 8-2-22

（3）向前后连续摆腿形式：脚站一位或五位重心移至支撑腿，动力腿向前上方踢起落下经过一位再向后上方踢起，在这个基础前后连起来做多次（图 8-2-23）。

图 8-2-23

（二）技术要点

（1）两腿外开支撑腿重心稳定，髋骨平行上立，上体正直；

（2）踢腿时用脚尖带动，当踢至水平部位利用惯性继续加速向上踢至最高点，方向准确。

（三）训练方法与手段

（1）腿部的柔韧性练习之后再练习大踢腿；

（2）背对把杆双手扶把向前单一练习，面向把杆双手扶把向侧、后单一练习；

（3）单手扶把前侧后组合练习；

（4）结合变化形式组合练习。

七、屈伸

屈伸动作分为两腿同时屈伸（单腿蹲）和动力腿屈伸（小弹腿）两部分。单腿蹲是双腿同时弯同时直，双腿要十分协调地在同一时间完成不同的动作。对于跳的起和落、转的稳定和结束都起了很重要的作用。而小弹腿则是训练动力腿快速屈伸的动作，主要锻炼膝关节和踝关节的弹性、灵活性，以及小腿和脚背的力量。

（一）动作描述

1. 单腿屈伸（小弹腿）

（1）小弹腿点地做法。

①五位，重心移至支撑腿，动力腿沿地面经擦地向侧擦出至25°的位置，动力腿屈膝，用脚掌包住支撑腿踝部的前面，脚尖向后，脚背和脚趾绷紧，膝关节外开；

②动力腿小腿迅速向前（侧、后）弹出至点地位置（图8-2-24）。

图8-2-24

（2）小弹腿25°做法。

①五位或五位立，重心移至支撑腿，动力腿沿地面经擦地向侧擦出至25°的位置，动力腿再屈膝，用脚掌包住支撑腿踝部的前面，脚尖向后，脚背脚趾绷紧，膝关节外开；

②动力腿小腿迅速向前（侧、后）弹出至25°的位置（图8-2-25）。

图 8-2-25

（3）小弹腿双击的做法。

①五位或五位立脚踵，重心移至支撑腿，动力腿沿地面全脚经擦地向侧擦出至 25°的位置，动力腿再屈膝，用脚掌包住支撑腿踝部的前面，脚尖向后，脚背脚趾绷紧，膝关节外开；

②动力腿小腿稍向侧打开再收回到支撑腿踝部的后面；

③动力腿小腿迅速向侧弹出至 25°的位置（注：此动作可先收回踝部后面再稍打开收回踝部前面）（图 8-2-26）。

图 8-2-26

（4）支撑腿压脚跟形式

①五位高立踵，重心移至支撑腿，动力腿脚掌沿地面经擦地向侧擦出至 25°的位置；

②在完成小弹腿动作的同时支撑腿压脚跟，动力腿快速用脚尖点地；

③支撑腿快速高立踵，同时动力腿快速抬起至 25°的位置（图 8-2-27）。

图 8-2-27

（5）腿的击打

①五位高立踵，重心移至支撑腿，动力腿脚掌沿地面经擦地向侧擦出至 25°的位置；

②动力脚带动小腿回到踝关节前面，快速击打（1~4 次），之后向侧或前伸直（图 8-2-28）。

图 8-2-28

注：以上动作向后做时，动力脚脚跟贴在支撑腿踝部后面。

2. 双腿屈伸（单腿蹲）

（1）单腿蹲点地做法。

①五位，两腿同时屈膝，动力腿小脚趾贴在支撑腿踝部前上方，同时支撑腿向下蹲；

②支撑腿伸直同时动力腿向前、侧伸直至脚尖点地（图 8-2-29）。

图 8-2-29

（2）单腿蹲 45°做法。

①脚站五位，两腿同时屈膝，动力腿小脚趾贴在支撑腿踝部前上方，同时支撑腿向下蹲；

②支撑腿伸直的同时动力腿向前、侧伸直至 45°的位置（图 8-2-30）。

图 8-2-30

（3）单腿蹲立踵做法。

①五位，两腿同时屈膝，动力腿小脚趾贴在支撑腿踝部前上方，同时支撑腿向下蹲；

②动力腿向前、侧伸直至 45°位置，同时支撑腿伸直并立踵（图 8-2-31）。

图 8-2-31

（4）单腿蹲 90°做法。

①五位，两腿同时屈膝，动力腿小脚趾贴在踝部前上方，同时支撑腿向下蹲；

②支撑腿伸直同时，动力腿小脚趾贴在踝部前面向上至侧巴塞；动力腿向前、侧伸直至 90°位置（图 8-2-32）。

图 8-2-32

注：以上动作向后做时，动力脚脚踝前面贴在支撑腿踝部后面。

（二）技术要点

1. 单腿屈伸（小弹腿）

（1）两腿外开；支撑腿、髋骨、上体保持稳定；

（2）动力腿以小腿带动屈膝、位置准确，向外伸出时以反弹的力量快速到达25°点地的位置上；

（3）支撑腿压脚跟动作要有弹性和力度，并与动力腿配合协调。

（4）小而快的打腿动作，活动范围要小、快速、平稳、均匀。

2. 双腿屈伸（单腿蹲）

（1）两腿外开，支撑腿、髋骨、上体要保持稳定；

（2）两腿同时屈伸，节奏均匀；

（3）动力腿绷脚向前伸出时以脚跟带动向前顶，向侧以脚背带动，向后以脚尖带动，无论哪个方向，伸出的位置要准确。

（三）训练方法与手段

1. 单腿屈伸（小弹腿）

（1）双手扶把先学习动力腿屈膝的正确位置；

（2）双手扶把向侧、前、后、点地25°单一练习；

（3）单手扶把向前、侧、后、点地25°单一练习，速度由慢到快；

（4）将小弹腿的动作与小而快的打腿动作组合练习；

（5）将小弹腿的动作与双的、立踵、支撑腿压脚跟等形式组合练习。

2. 双腿屈伸（单腿蹲）

（1）双手扶把向侧、前、后点地单一练习和组合练习；

（2）单手扶把向前、侧、后点地45°和90°单一练习和组合练习；

（3）单手扶把前、侧、后立踵单一练习和组合练习；

（4）双手和单手扶把单一练习支撑腿变化形式的做法（前、侧、后）；

（5）将单腿蹲的基本做法与支撑腿的变化形式并加上手臂的配合组合练习。

八、画圆

此类动作分为地面画圆、空中45°和水平或以上位置的画圆，主要训练髋部关节的自由活动。通过腿部画圆的多种变化形式训练，扩大腿部活动范围，同时锻炼支撑腿的平衡和稳定。

（一）动作描述

1. 地面画圆（前、后）

（1）脚站一位，重心移至支撑腿，动力腿向前擦地至脚尖点地，用脚尖沿地面向侧向后画弧至后点地，擦地收回经一位向前擦出至脚尖点地（图 8-2-33）。

图 8-2-33

（2）脚站一位，重心移至支撑腿，动力腿向后擦地至脚尖点地，用脚尖沿地面向侧向前画弧至前点地，擦地收回经一位向前擦出至脚尖点地（图 8-2-34）。

图 8-2-34

2. 空中 45°画圆（前、后）

（1）脚站一位，重心移至支撑腿，动力腿向前举至 45°，从前摆至侧，从侧摆至后，点地经擦地收回至一位（图 8-2-35）。

图 8-2-35

（2）脚站一位，重心移至支撑腿，动力腿向后举至45°，从后摆至侧，从侧摆至前，点地经擦地收回至一位（图8-2-36）。

图 8-2-36

3. 腿在水平或以上位置的画圆

水平或以上位置的画圆，与空中45°画圆做法相同，只是动力腿的高度变化（图8-2-37）。

图 8-2-37

4. 小腿在空中的画圆（此动作为“浮埃迪”的基础练习）

（1）45°位置的做法。

脚站五位，重心移至支撑腿，动力腿向侧经擦地上举至45°位置，小腿收回至支撑腿小腿肚上方，用脚尖带动小腿向侧前划弧线伸直至侧45°位置（图8-2-38）。

图 8-2-38

（2）90°位置上的做法。

脚站五位，重心移至支撑腿，动力腿向侧经擦地上举至90°位置，小腿收回至支撑腿膝关节位置（侧巴塞），用脚尖带动小腿向侧前画弧线伸直至侧90°位置（图8-2-39）。

图 8-2-39

（二）技术要点

（1）身体重心始终保持在支撑腿上，动力腿在做画圆动作时髋关节放松，腿伸直、外开，用脚尖带动由前向后画圆、用脚跟带动由后向前最大幅度的在地面或空中画圆，动作应圆滑流畅；

（2）小腿在空中画圆要遵循外开的原则，动力腿在画圆时大腿不动，小腿收回时膝关节松弛，画圆要清晰连贯，伸出时要有控制有力量，伸直到最远点并保持原有的高度。

（三）训练方法与手段

（1）双手扶把练习由前向后、由后向前；

（2）单手扶把练习由前向后、由后向前；

（3）单手扶把单一练习 45°和水平或以上位置的由前向后、由后向前；

（4）地面和空中画圆动作组合练习，节奏由慢到快；

（5）空中小腿画圆动作之前先做预备练习，即双手扶把动力腿从侧 45°或 90°直线收回、直线伸出；再双手扶把单一练习 45°和 90°位置的画圆；

（6）单手扶把加支撑腿立踵的画圆练习；

（7）画圆动作节奏由慢到快。

九、控制

控制动作的学习是循序渐进的，包括多种形式。控制，主要训练动力腿在空中的控制能力，同时进一步锻炼身体重心的稳定性和平衡能力。

（一）动作描述

1. 水平部位控制（前、侧、后）

（1）脚站五位站或起踵，重心在支撑腿上，动力腿擦地向前（侧、后），上举至水平控制 2~3 拍，经点地收回至五位（图 8-2-40）。

图 8-2-40

（2）脚站五位站或起踵，重心在支撑腿上，动力腿屈膝小脚趾贴在内踝关节处向上至侧巴塞，向前（侧、后）伸直至水平控制 2~3 拍，经点地收回至五位（图 8-2-41）。

图 8-2-41

（3）脚站五位或起踵，重心在支撑腿上，动力腿屈膝小脚趾贴在内踝关节处向上至侧巴塞，向前伸直至水平控制 2~3 拍，保持水平收回侧巴塞；向侧伸直至水平控制 2~3 拍，保持水平收回侧巴塞；向后伸直至水平控制 2~3 拍，经点地收回至后五位（图 8-2-42）。

图 8-2-42

（4）脚站五位或起踵，重心在支撑腿上，动力腿擦地向前，上举至水平，快速摆腿向侧水平不停顿再向前摆腿控制 2 拍，经点地收回；快速摆腿向后水平不停顿再向侧摆腿控制 2 拍，经点地收回（图 8-2-43）。

图 8-2-43

(5) 阿提丢（前、后）。五位，重心在支撑腿上高起踵，动力腿擦地向后（前）上举至水平，屈膝夹角大于 90°控制 2~3 拍，伸直经点地收回至五位（图 8-2-44）。

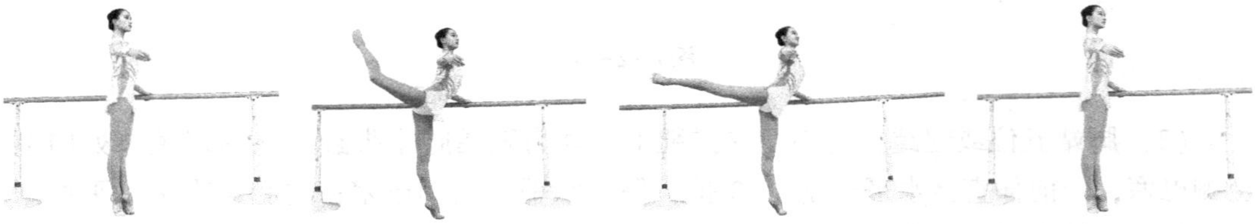

图 8-2-44

2. 高举腿控制（前、侧、后）有帮助或无帮助

(1) 经擦地上举。

五位，重心在支撑腿上，高起踵，动力腿擦地向前（侧、后），上举至 180°或以上控制 2~3 拍，经点地收回至五位（有帮助的、无帮助的）（图 8-2-45）。

图 8-2-45

（2）上步站立高举腿有帮助或无帮助。

①左脚上步站立或起踵立，右腿向前上方迅速踢起至 180°或以上控制，脚尖向上伸，同时上体稍后倾；

②右脚上步站立或起踵立，左腿保持旋外向侧上方踢起至 180°或以上控制，垂直部位脚尖向上伸，同时上体向右侧倾倒；

③左脚上步稍起踵，右后腿摆至垂直部位，脚尖向上伸，同时上体前屈胸贴左腿；

④单腿站立，另一腿屈膝后举腿，上体后屈，形成单腿结环（图 8-2-46）。

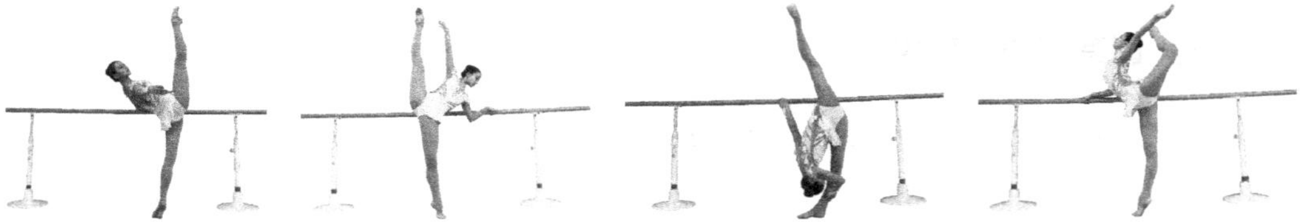

图 8-2-46

（3）经侧巴塞上举。

脚站五位，重心在支撑腿上，高起踵，动力腿屈膝小脚趾贴在内踝关节处向上至巴塞（侧），向前（侧、后）伸直上举至 180°或以上控制 2～3 拍，经点地收回五位（图 8-2-47）。

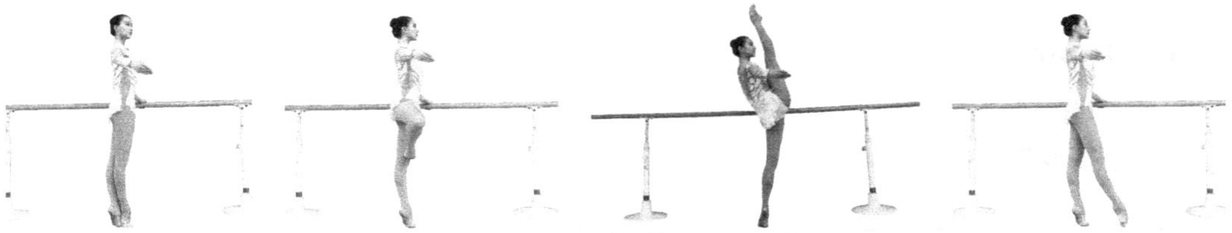

图 8-2-47

（4）上体水平位的高举腿。

①重心在支撑腿上，高起踵，动力腿上举至 180°或以上，上体向后至水平位置；

②重心在支撑腿上，高起踵，动力腿上举至180°或以上，上体向侧至水平位置；

③重心在支撑腿上，高起踵，动力腿上举至180°或以上，上体保持前水平位置（图8–2–48）。

图8–2–48

（二）技术要点

（1）动作过程中，注意两腿外开、伸直、身体方向放正，上体姿势固定；

（2）无论水平部位控制还是高举腿控制，都要注意以绷脚尖的力量牵引整条腿向前、侧、后上方运动；

（3）支撑腿充分伸直，使重心控制在支撑腿上，动力腿姿态固定。

（三）训练方法与手段

（1）双手扶把向侧、向后的单一练习；

（2）单手扶把向前、侧、后单一练习；

（3）单手扶把向前、侧、后组合练习；

（4）结合手臂变化练习。

十、碾转

碾转动作是指以支撑腿为轴，动力腿在巴塞和各种大舞姿上的慢转体，主要训练舞者的控制能力和稳定性，为大舞姿转体做准备。

（一）动作描述

1. 巴塞碾转

脚站五位，重心在支撑腿上，动力腿屈膝小脚趾贴在内踝关节处向上至侧巴塞，以支撑腿脚掌为轴，脚跟稍离开地面，向动力腿方向碾转180°~360°（图8–2–49）。

图 8-2-49

2. 动力腿在水平部位的碾转

（1）动力腿在前水平部位的碾转。

左手扶把，右脚在前站五位，重心移至左支撑腿，右腿举至前水平部位，以支撑腿脚掌为轴，脚跟稍离地面，向支撑腿方向碾转 180°（图 8-2-50）。

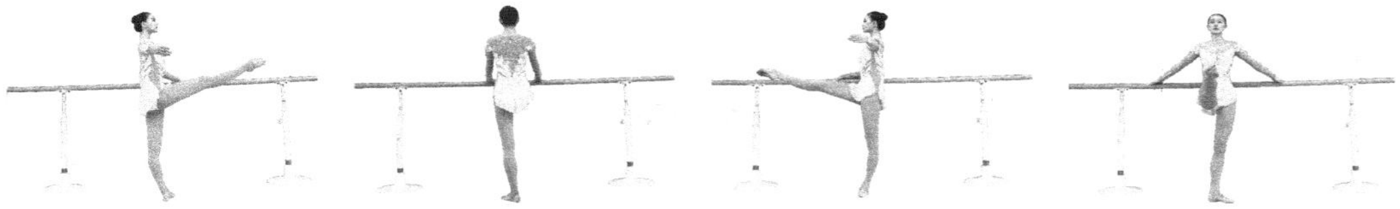

图 8-2-50

（2）动力腿在后水平部位的碾转。

右手扶把，右脚在前站五位，以右腿为支撑腿，动力腿举至后水平部位，以支撑腿脚掌为轴，脚跟稍离开地面，向支撑腿方向碾转 180°（图 8-2-51）。

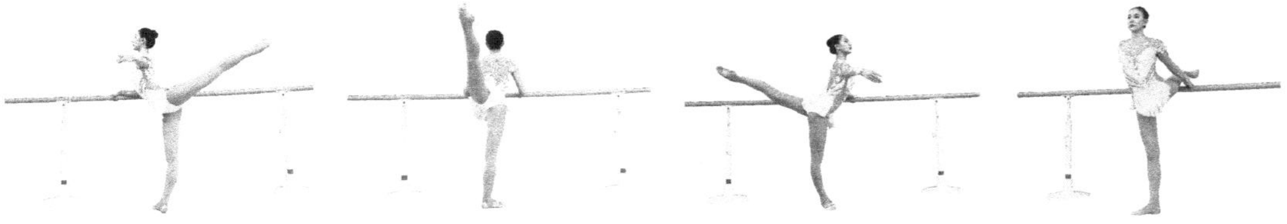

图 8-2-51

（3）动力腿在水平部位碾转的变化形式：

重心在支撑腿上，动力腿举至前水平部位，以支撑腿脚掌为轴，脚跟稍离开地面，向支撑腿方向碾转 180°。在碾转过程中，动力腿经侧水平部位至后水平部位（图 8-2-52）。

图 8-2-52

3. 高举腿有帮助或无帮助的碾转

重心在支撑腿上，动力腿上举至前（侧、后）180°或以上，以支撑腿脚掌为轴，向支撑腿方向碾转 180°或 360°（图 8-2-53）。

图 8-2-53

4. 俯平衡碾转

重心在支撑腿上，动力腿上举至后 180°或以上，上体向前呈水平状态，以支撑脚为轴，向支撑腿方向碾转 180°或 360°（图 8-2-54）。

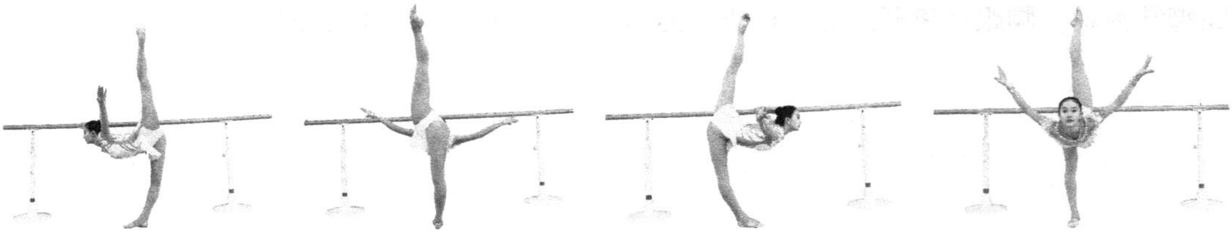

图 8-2-54

（二）技术要点

（1）身体重心在支撑腿脚掌上，立髋、背部肌肉收紧两腿外开；

（2）支撑腿在碾转过程中要平稳移动、速度均匀、连续不断，并始终保持舞姿的准确性。

（三）训练方法与手段

（1）支撑腿全脚和立踵，动力腿在侧巴塞、水平前（侧、后），高举腿前（侧、后），松把体会身体重心的控制感；

（2）单一练习巴塞和水平部位及大舞姿的碾转；

（3）练习碾转的变换形式；

（4）单一练习高举腿和俯平碾转 180°，再练习 360°；

（5）将水平部位碾转与碾转的变化形式组合练习；

（6）将高举腿位置的碾转与控制动作组合练习。

第三节　中间动作训练

一、手臂位置训练

手臂是舞蹈训练中构成各种舞姿的重要因素，正确掌握手的形态和手臂位置及手位的运行路线，不仅能使舞姿规范、舞蹈动作协调，同时还可以帮助完成身体平衡及相关的技术动作。

（一）动作描述

1. 基本动作

（1）一位：五指自然并拢，双臂放松下垂，肘关节、手腕、手指自然弯曲成弧线，放在身体的前面约 10 厘米处，手心向上、中指相对，双手之间的距离约 10 厘米。

（2）二位：保持一位形状抬起至肋骨的最下端（横膈膜）处，手心向内。

（3）三位：保持二位形状抬起至头部的前上方，头保持不动，眼睛向上能看到手的小指处。

（4）四位：一手臂在三位，一手臂在二位。

（5）五位：一手臂在三位，一手臂在七位。

（6）六位：一手臂在二位，一手臂在七位。

（7）七位：在二位的基础上，双臂同时向身体两侧打开，两肩稍前、手臂略低于两肩，手心向内形成一个延长的弧形（图 8-3-1）。

图 8-3-1

2. 变换动作

（1）双手一位经二位抬到三位，头稍微上抬并向后弯，上臂与身体成 45°，然后上体立直、两手向侧到七位，经呼吸同时手心向下收回一位。

（2）双手从一位经二位抬到三位，左手保持三位、右手下切到二位（四位手的运行路线）。

（3）左手保持三位、右手从二位打开到七位头随右手移动（五位运行路线）。

（4）左手从三位下切到二位头随左手成六位，左手再打开到七位，然后头看看右手、双手用指尖带动向两侧延长、手心向下，收回一位（相反手臂重复，这也是手位变化运行路线）。

（二）技术要点

（1）手形和手臂的形态及手臂的七个位置要准确、规范；

（2）手臂位置变化过程中要做到路线和位置准确，同时注重头、眼睛与手臂的协调配合（注：组合以右手运行时，头、眼睛随右手而动）；

（3）在手臂训练过程中两肩下沉，躯干要始终保持正直。

（三）训练方法与手段

（1）单一练习一、二、三、七位；
（2）练习四、五、六位；
（3）按照手臂位置变化的运行路线形式组合练习。

二、跳跃动作训练

通过在各脚位基础上的跳跃动作练习，增强腿部肌肉力量和弹跳能力，同时锻炼膝关节、踝关节、脚背到脚尖富有弹性的推地能力。

（一）双腿起落的小跳

1. 动作描述

（1）一、二、五、四位小跳的基本做法。

①准备姿势：站一位，手臂呈一位。

②节拍 1-半蹲、空拍 Ta-双腿推地跳起，2-落地至半蹲、3 和 4-双腿立直（也可连续做，二、五、四位相同）（图 8-3-2）。

图 8-3-2

（2）一、二、五位的小跳变换做法。

①准备姿势：站一位，手臂呈一位。

②节奏四拍一次：节拍 1-半蹲、空拍 Ta-双腿推地跳起的同时向前或后移动，2-落地至半蹲保持脚位，3 和 4-起直（注：二、五位相同）。

2. 技术要点

（1）起跳前的蹲要有韧性，双脚压住地面，力量平均在两腿上并外开；

（2）起跳通过膝关节和脚跟、脚掌至脚尖的全过程富有弹性地推地；

（3）在空中脚尖要绷至极限，并与地面垂直，脚跟向前顶；一、二、四位的跳脚不能向外踢，五位跳强调双脚并拢，从大腿处向里夹；

（4）落下时要通过脚尖、脚掌和脚跟落地的过程到半蹲；

（5）在移动跳的整个过程中控制住髋和后背，使上体保持正直。

3. 训练方法与手段

（1）两手扶把先做一位和二位的单一练习，再做五位和四位的单一练习；

（2）最初练习可用四拍做一次（与动作做法节奏相同），再用四拍节奏中跳两次，即：Ta、2 和 3-跳两次落半蹲，4-起直；

（3）中间练习时，照扶把顺序先按基本做法练习，节奏一拍一次、在准备节拍时蹲和起跳，可重复连续跳 8~16 次，并可逐渐加上手位配合练习（1、2、3、7 结束回 1 位）；

（4）变换做法，一位、二位、五位向前移动单一练习，各位置上做 4~7 次；

（5）基本做法与变化做法组合练习（一位做三个基本的一个向前移动的，同样做二位、五位的动作）。

（二）五位换脚跳

1. 动作描述

（1）基本动作（低）。

①准备姿势：站右脚前五位，手臂呈一位。

②节拍 1-五位蹲，空拍 Ta-跳起，双脚稍微分开，2-落地换左脚至左脚在前五位（连续重复做）（图 8-3-3）。

图 8-3-3

（2）变化动作（高）。

①准备姿势：站右脚前五位，手臂呈一位。

②两腿起跳在空中夹紧五位，落地瞬间换脚位（连续重复做）。

2. 技术要点

（1）低跳从五位起到换五位落蹲要准确，在空中换脚打开到能够换脚的程度即可；

（2）高跳在空中五位停留时间要长，落地瞬间换脚；

（3）无论低或高，跳的起落都要注意脚的过程，换脚时身体保持稳定。

3. 训练方法与手段

（1）在中间做低，先连续做三次，一拍一次做 1~3 拍，4-延伸，之后 5~7-起直，8-再蹲，空拍 Ta-跳起重复；

（2）一拍一次可连续做 8~16 次，和两拍做三次，并可加上手位的配合。（1、2、3、7 结束回 1 位）；

（3）做变化形式高的一拍一次重复 8 次。

（三）五位、二位换位跳

1. 动作做法

（1）五位换位跳。

右脚在前五位、手臂呈一位。动作前一拍五位蹲空拍 Ta-五位跳起，同时手臂呈二位，1-落二位蹲、手臂呈七位，Ta-二位跳起、两手向两侧延伸手心向下，2-落左脚前五位蹲、手臂呈一位（图 8-3-4）。

图 8-3-4

（2）五位换四位。

右脚站前五位、手臂呈一位。五位跳起同时手臂呈二位，落至右脚前四位半蹲手臂呈六位（左手在二位），再从四位跳起同时两手手心向下、落下仍到右脚前五位半蹲。

（3）从二位起跳到阿拉贝斯舞姿。

1–五位起跳落到二位半蹲、两手经二位至七位，2–二位再起跳同时向右转体四分之一右腿向前、左腿向后90°，右臂向前、左臂向侧的阿拉贝斯克舞姿，保持舞姿结束在右腿半蹲，3–右腿推地跳起的同时左腿向下与右腿靠拢落至左脚前五位半蹲，手臂呈一位（重复另一面）。

2. 技术要点

（1）五位起跳时双腿夹紧成锥形，落到二位要准确，蹲要开、膝盖对脚尖；
（2）从二位起跳时膝盖不能画圈，空中二位要有停留感；
（3）手位与跳的动作要协调配合；
（4）遵循五位、二位跳的原则；
（5）从二位起跳，双腿外旋、前腿脚尖绷紧用力向前踢，后腿绷直脚尖向远延伸；
（6）起跳同时要向前移动、身体重心在前腿上；
（7）起跳同时成舞姿，并有控制地保持落到蹲，舞姿要准确。

3. 训练方法与手段

（1）先两手扶把分解做：五位起跳落到二位蹲、起直，二位再蹲、起跳落回五位；
（2）练习从五位到四位的做法，四位蹲时手六位（如右腿在前四位、左手应在二位）；
（3）做完成体。重复多次练习；
（4）与变换做法结合：五位到四位回五位，再接五位到二位重复练习；
（5）与成阿拉贝斯克舞姿结合，可右、左重复4~8次或更多次。

三、风格性舞蹈动作训练

不同时期、不同地域、不同民族的舞蹈，均具有独特的风格特征。风格性舞蹈动作的训练不仅是艺术体操运动员基础阶段的主要训练内容，也是运动员进入高水平阶段之后，增强成套动作编排的艺术性，提高身体表现力，调整运动负荷的重要手段。

（一）训练内容

1. 民间舞

民间舞指广泛流传于各民族、各地区的民间传统舞蹈形式。我国五十六个民族均有自己独特的舞蹈艺术表现形式。由于各民族的民间舞蹈具有不同的风格特点，因此，学习民间舞蹈也逐渐成为提高艺术体操运动员身体表现力的重要手段。

常见的中国民族民间舞主要有汉族、藏族、蒙古族、维吾尔族、朝鲜族、傣族舞蹈。

（1）汉族舞蹈包括秧歌和花鼓灯两种，其中秧歌已被列入国家级非物质文化遗产名录。各地域秧歌各具特色，其中东北秧歌突出“稳中浪、浪中艮、艮中俏”的主体风格；胶州秧歌则以“拧、碾、抻、韧”为主要动作特征；海阳秧歌强调以气带动，气息的运用贯穿于节奏的“一惊一乍”及动律的“欲动先提”之中。

（2）藏族舞蹈的呈现形式和风格迥异。“堆谐”朴实自如，“踢踏”潇洒灵活，“谐”优美、流畅，“果谐”洒脱奔放，“卓”豪迈粗犷。

（3）蒙古族舞蹈在情感、形态、发力中体现出了“圆形、圆线、圆韵”的东方观念。舞姿的训练遵循“圆”的规律，如手、臂的圆润是肩部动作的延伸和波及。

（4）维吾尔族舞蹈突出“挺而不僵、颤而不窜”的动作特征，重视整套作品节奏的处理，切忌平淡无奇，努力达到极富表现力的表演方式。

（5）朝鲜族舞蹈强调动作的“呼吸感”，突出强、弱、快、慢对比鲜明，松弛有度、蓄放有度、流动畅达的动律特征。

（6）傣族舞蹈具有丰富多彩的舞蹈语汇和富于雕塑性的舞姿造型，具有严谨的程式和固定的步法、方位，甚至每个动作都具有固定的鼓语伴奏。

因此，对于民间舞风格、姿态、节奏、韵律的把握，对艺术体操运动员艺术鉴赏的能力、情感表达的能力，以及身体表现的能力都具有重要作用。

2. 古典舞

古典舞是一种具有独特风格特征的表演性舞蹈种类，是在民间传统舞蹈的基础上形成的。世界古典舞依据不同地域可分为中国式古典舞、欧洲式古典舞及印度式古典舞。按照不同流派又可将中国古典舞分为：由李正一和唐满城为代表的传统古典舞流派，即“身韵”流派；以高金荣为代表的敦煌古典舞流派；以及以李颖为代表的汉唐古典舞流派。不同种类的古典舞具有不同的美学特征。

中国古典舞动作元素主要体现在“身韵”及基本功两部分中。中国古典舞“身韵”是中国古典舞蹈的“核心”，它所倡导的“形神兼备、内外统一”主要体现在形、神、劲、律四个元素中，而古典舞基本功除各种手、眼、身、法、步的训练外，还包括跳、转、翻、控四大类技巧动作。因此，古典舞的练习为艺术体操运动员提高动作张力，增强技术水平提供了可能。

3. 现代舞

现代舞是19世纪末20世纪初兴起于西方的一种与古典芭蕾相对立的舞蹈派别。它反对古典芭蕾的因循守旧、脱离现实生活和单纯追求技巧的形式主义倾向，主张摆脱古典芭蕾过于僵化的动作程式的束缚，以合乎自然运动法则的舞蹈动作，自由地抒发人的真实情感，强调舞蹈艺术要反映现代社会生活。主要包括六大训练体系。

（1）玛莎·格莱姆训练体系。

以“收缩与延展”为其动作原理。技巧训练重视下腹部肌肉收缩以凝聚动力，再将此动力延伸至更远、更高、更长；地面训练包含坐姿、跪姿及躺姿三部分；站立训练则以重心转换、平衡及延展为主；流动组合以走、跑、跳、转及三拍子的变化为主。

（2）多丽丝–韩芙丽训练体系。

以“跌倒与爬起”为其动作原理。技巧训练以摆荡与重心转换时所产生的动力为主，形成“起动、滞留、落下、再起”的弧形动作循环。

（3）李蒙训练体系。

强调动作的圆滑顺畅，以及肢体各部位的分解动作练习。视肢体各部位为单一乐器，当全身运动时，犹如一场交响乐，多种乐器共同演奏出动人的旋律。

（4）何顿训练体系。

着重肢体线条的延伸与拉长，试图挑战人体的平衡能力，因此多有单点着地而其他部位朝反向伸张的动作训练。

（5）放松式训练体系。

强调肢体的动力既不过度使用，也不全然放松，而是任其形成一股延续不断的力，使得肢体从某一动作延展至下一个动作，这样可使肢体在最省力的情况下，让全身的骨骼、肌肉贯连合一，完成一连串的肢体动作。

（6）自由式训练体系。

自由式的肢体训练包含对于时空及能量的探索，通常是从最基本的走、跑、跳、转、蹲、滑等延伸而来的。

因此，现代舞对艺术体操运动员肢体控制能力的提高，具有一定的意义。

4. 体育舞蹈

体育舞蹈也称“国际标准交谊舞”，包含两个项群共十个舞种。其中摩登舞项群含有华尔兹、维也纳华尔兹、探戈、狐步和快步舞，拉丁舞项群包括伦巴、恰恰、桑巴、牛仔和斗牛舞，每个舞种均有自身独特的艺术风格。

（1）摩登舞。

摩登舞主要特点是步法具有严谨的程式，上体和髋部保持相对稳定挺拔，以便完成各种前进、后退、横向、旋转等舞步动作。具有端庄典雅的绅士风度，舞曲大多抒情优美，旋律感强。

（2）拉丁舞。

拉丁舞主要特点是步法灵活多变，各舞种通过对髋部及身体摆动等不同的技术要求完成各种舞步，表现出各种风格。舞姿妩媚潇洒，婀娜多姿；风格生动活泼，热情奔放；曲调缠绵浪漫，活泼热烈，节奏感强。

在艺术体操舞步训练时，也会包含体育舞蹈的内容，比如华尔兹组合等；在艺术体操成套动作编排中，有时为了突出成套动作的风格性，也会以拉丁舞曲作为伴奏乐，或直接使用拉丁舞的动作，比如恰恰和桑巴舞步等。因此，体育舞蹈舞步的练习，对艺术体操运动员提高运动成绩也具有一定的意义。

（二）训练要点

（1）把握各舞种的风格特征，是风格性舞蹈动作训练的基础，也是达到训练目的的根本。

（2）重视各子舞种之间训练的衔接性与顺序性。

（3）重视与芭蕾基本功训练相结合，在全面提高运动员身体能力的同时，重视提高身体表现力。

参考文献

[1] 隆荫培，徐尔充．舞蹈艺术概论［M］．上海：上海音乐出版社，2008.
[2] 潘志涛．中国民间舞教材与教法［M］．上海：上海音乐出版社，2007.
[3] 巴景侃．古典芭蕾基本功训练教学法［M］．沈阳：万卷出版公司，2005.
[4] 洪小平．舞蹈对现代艺术体操发展的影响［J］．成都体育学院学报，2014（3）：49-52.
[5] 王连起，白梅．艺术体操舞蹈课训练内容及程序［J］．北京体育大学学报，2007，30：266-267.
[6] 冯百跃．从古典芭蕾舞审美观中诠释艺术体操运动的发展［J］．体育科学，2007，27（6）：82-87.

第九章 艺术体操表现能力训练

成都体育学院（洪小平）；北京体育大学（黄俊亚）

在现代艺术体操的训练理念中，表现力不仅仅是基于美的修饰，还是一种能力，是与身体素质能力、艺术素质能力并驾齐驱的素质能力。本章从现代艺术体操表现能力训练发展理论的角度，阐述了现代艺术体操表现力训练的特征、分类及方法，以此激活教练员基于现代艺术体操表现力训练理念与方法的创新潜质。

第一节　艺术体操表现能力特征

表现力即表现能力的简称，是运用身心媒介释放、渲染、演绎和驾驭基于意念、内涵、气质、情绪与技艺的特殊能力。表现力的定义域极其广阔，如身体表现力、情绪表现力、自我表现力、综合表现力等。同时，表现力还具有依附专业属性的特点，如艺术表现力和竞技表现力等。

在现代艺术体操发展理念与训练体系中，艺术体操表现力始终以竞技难度与艺术美韵完美结合为宗旨，2017 版国际规则中强调："完成的动作在审美和技术上达到完美"，即竞赛中在难度水准相同时，表现素质与能力的强弱就成为评判的关键因素。同时，在各类艺术体操表演中，精准优美、唯美流畅、高贵高雅的表现力更是感染和吸引人们的重要元素。

与其他体育项目相比，技能主导类表现难美性项群（难美项群）都具有基于美的表现力特征，而作为难美项群中起源较早的艺术体操，表现力更是影响、支撑其从起源乃至未来发展的核心要素之一。例如，在艺术体操起源和发展的"自然体操""音乐体操""韵律体操"时期，艺术体操先驱裴斯泰洛奇、德尔沙特、达尔克罗斯、博德等就论述了用表现力改变传统体操的诸如"是躯体、思想和心灵的自然表现艺术""重视美感和富有表现力""体姿优美与气质优雅"的理念。而精准优美、唯美流畅、高贵高雅则是在现代艺术体操表现力创新中有别于难美项群其他项目的重要特征。

一、动作精准优美的特征

精准优美是艺术体操表现能力的动作特征。精准是基于竞技动作完成的要求，而优美则是在动作完成中，运用表现能力对动作乃至身心美的修饰、渲染、升华。

早在艺术体操起源时期，用富有美感的表现力改变欧洲女子体操机械、呆板、僵化及千篇一律的枯燥格局就是艺术体操脱颖于欧洲女子体操项目的支撑理念。在现代艺术体操的发展中，延续并强化了在动作精准完成的过程中，对动作优美的极致追求。正是在这种始终不懈的追求、探索与创新中，逐步形成了艺术体操训练与创新体系中精准优美的动作特征。如阿提丢转体、哥萨克跳、巴塞平衡等都是在动作设计时就融入了舞蹈表现元素，使动作难度与美感表现得以凝练与升华。同时，又影响并带动了其他体育项目对这一特征的推崇与借鉴。

二、情绪唯美流畅的特征

对唯美流畅情绪的准确把握与释放，是艺术体操项目本质赋予表现力的重要特征。德国体操家博德在创造出具有永恒价值的波浪动作时就指出，情绪“是躯体、思想和心灵的自然表现艺术”。在 2017 版新规则中又明确规定：完成的动作在审美和技术上达到完美。因此，唯美是基础，流畅是要求，无论是在激昂、奔放、含蓄还是典雅的旋律与身体律动中，始终对唯美流畅情绪的把握、表达与渲染，是艺术体操表现力基于审美客体的要素与特征。例如，2015 年世锦赛上俄罗斯运动员雅娜的球操、乌克兰运动员戛纳的带操、韩国运动员孙妍在的棒操，都经典地演绎并诠释了艺术体操表现力唯美流畅的情绪特征。

三、气质高贵典雅的特征

高贵高雅是内涵与气质的折射。艺术体操先驱梅顿在将手持轻器械赋予韵律体操练习体系时就提出重在突出“姿态优美，气质高雅”的理念，由此推动并升华了艺术体操表现力高贵高雅的气质特征。

2017 年新规则中对表现力的诠释是：力量、美感和优雅的结合。力量和美感辗转于形体，优雅则是高贵高雅气质特征的释放与彰显。在艺术体操矫健柔美的身体表现中，始终洋溢着一种与众不同的特有气质。这种特有气质首先是源于对古典芭蕾艺术的学习、推崇与融入；源于对世界各种不同种类、风格、特点和不同民族的艺术精粹的借鉴与汲取。在学习与训练的过程中尤其注重对其高雅内涵与高贵气质的理解、提炼和积淀，潜移默化地陶冶了“艺术体操表现力基于美”的高贵高雅的气质特征。

第二节　艺术体操表现能力训练分类

依据 2017 版新规则对表现力的诠释，结合艺术体操项目训练实践，参照动作训练内容的类别特征，可将艺术体操表现力训练划分为竞技表现能力训练和艺术表现能力训练两大类。两类不同的训练类型既相辅相成又相对独特，各自都涵盖、涉猎着不同却又相互关联的学科领域、训练内容及方法（图 9-2-1）。

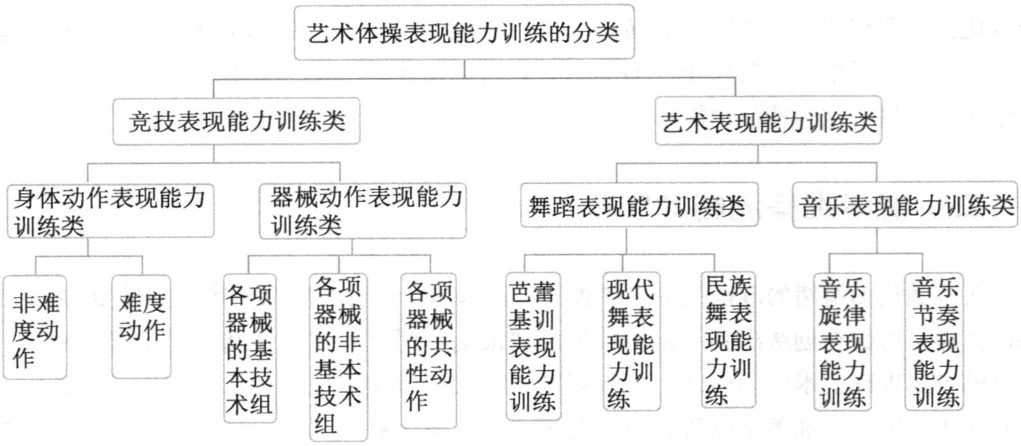

图 9-2-1　艺术体操表现能力训练的分类

一、艺术体操竞技表现能力训练

难度动作是技术与竞技水平高低的体现，竞技表现力是指在难度动作完成的过程中基于审美客体的动作表现能力。依据国际规则中对难度动作的规定，竞技表现能力训练可分为身体动作表现能力训练和器械动作表现能力训练两类，核心要素是确保动作完成的精准、优美。

（一）身体动作表现能力训练

艺术体操所有的身体动作均依附于艺术体操专项身体素质之上。身体素质训练的主要内容有：柔韧性、协调性、灵活性、力量、速度和耐力等，这些都是动作完成最为重要的素质基础。例如，柔韧性是动作大幅度完成与表现的基础；协调性是动作精准完成与表现的基础，灵活性则是动作矫健流畅完成与表现的基础；而力量、速度、耐力等素质是柔韧性、协调性、灵活性的支撑和保障。因此，身体动作能力的训练首先要依附在柔韧性、协调性和灵活性的训练中，即在身体素质训练过程中要灌以心理素养、肢体表像与表情控制等表现力要素，借以直面交流和镜面对照与纠正等方法，将动作美感表现的理念贯穿训练过程的始终。在身体表现能力专项训练中，重点强调动作完成过程中对体姿、体态、体美的纠正、修饰与升华，培养基于审美客体的情绪、气质及内涵素养的把控与表现的能力。

例如，阿提丢旋转动作，难度是基础，需要身体素质能力的支撑。同时，在完成过程中从躯干、四肢、头部、颈部至脚背、手型乃至指尖的优美修饰与表现是表现力专项训练的要素。基于成套编排对旋律、节奏与风格的定位，身体动作表现力训练还需要渗透在身体素质训练的相关训练阶段中。包括身体动作的定位练习、行进间练习、垫上练习、把杆练习等环节，随时随地灌输、培养、纠正动作完成过程中的体姿、体态、体美和情绪表现等。

（二）器械动作表现能力训练

手持轻器械是艺术体操的项目特征，器械动作的难度与技术含量极高。因此，器械基本动作的规范化训练是奠定器械动作表现力的首要条件。器械动作表现力训练的方法也不外乎是表现力专项训练、涉及专业表现力要素的单项训练和将表现力训练渗透在完整的器械动作训练体系中的训练等。应针对器械动作训练的基本规律和特点，选择可达到训练要求与效果峰值目标的训练方法。

例如，对各种器械动作中诸如摆动、绕环、“8”字、抛接等共性动作的表现力训练，可使用将表现力培养渗透在各类器械基础动作训练中的方法，在强化对持器械方法、器械运用要领和器械动作的理解与训练中，辅以身体姿态、情绪把控、韵动美感等表现力元素。在成套编排的节奏、风格、时空布局、器械运动轨迹等设计确定后，器械动作表现力训练要渗透在成套训练的环节和阶段中。同时，还应该对具有特殊要求的内容进行专业性的表现力单项训练，如涉及不同风格的舞蹈表现力、不同节奏与旋律的音乐感表现力和不同器械特性的身体表现力等。在器械表现力专项训练中，重点是要系统地、精益求精地灌输、培养、纠正器械动作完成过程中的体姿、体美和情绪表现等规律性及普遍性等难题。

二、艺术体操艺术表现能力训练

竞技表现能力训练的基准点是基于审美客体的体韵表现，而艺术表现能力训练的基准点则是基于艺术美韵的内涵及气质的彰显。在现代艺术体操表现力专项训练科目中，将艺术表现力训练归纳为舞蹈表现能力训练和音乐表现能力训练两类，核心要素是确保成套动作完成得精准、优美。常用的训练方法包括表现力专项训练、涉及专业表现力要素的单项训练、将表现力训练渗透在完整的训练体系中的训练等。

（一）艺术体操舞蹈表现能力训练

芭蕾基训、现代舞和民族民间舞蹈训练是舞蹈表现能力训练的核心内容，隶属于严格、系统、精益求精的艺术体操表现能力专项训练科目。根据艺术体操规则导向和项目自身发展的需要，艺术体操在体现“舞蹈化”层面上更凸显出舞蹈表现力训练的创新特征与重要性。

难美项群理论奠基人田麦久教授认为：舞蹈表现能力训练可分为一般性训练与结合专项特点训练两类。一般性训练主要是对舞蹈基本能力的培养，例如，运用芭蕾基训的方法修饰高贵典雅的体姿体态，运用不同民族风格的舞蹈律动练习和掌握不同舞蹈韵律的节奏感和表现素材，运用现代舞训练流畅的情感及体表能力等；结合专项训练的要点是有的放矢，例如，在艺术体操训练中表现力训练需要贴切地融入在身体动作及器械动作的训练中，同时，还要根据编排成套动作的需求进行针对专项特点的训练。

艺术体操舞蹈表现力训练理念的创新之处是推崇基于艺术美韵的内涵及气质的熏陶与培养。其方法是在发展“一般性训练、结合专项特点训练”的基础上，将内涵及气质的培养有针对性地渗透在芭蕾基训、舞蹈训练和各种舞步等训练的环节中。例如，在芭蕾基训阶段，从脚的五位、外开、垂直等体表训练中，渗入对古典芭蕾中所蕴含的法国古典美学原则及经典内涵的领悟和理解；在体验学习古典芭蕾精湛的表现技巧与方法的同时，融入对法国宫廷舞蹈中所蕴含的高贵高雅的气质和内涵的感受与灌输；在肢体舞蹈化训练与心智的陶冶中，潜移默化地培养和积淀出高贵高雅的内涵、素养和气质。

同样，在艺术体操成套编排及训练中，会极其广泛地感受到全世界各种不同种类、不同表现特点和不同民族的舞蹈，包括古典的、现代的、流行的、民间的等。在对其借鉴、学习、训练与运用的过程中，会更刻意地提炼并理解其深刻的文化与精神内涵，从中汲取、凝铸基于表现能力的内涵、素养和气质。包括健康的、愉悦的、欢快的、淳朴的、开朗的、向上的、真善美的等。

（二）艺术体操音乐表现能力训练

在艺术体操项目中，选择音乐作品的核心要素是旋律和节奏。因此，音乐表现力训练也分为音乐旋律表现力训练和音乐节奏表现力训练两类。核心要素是在音乐旋律与身体律动完美的协调与吻合中，激活对主题、内涵、境界的表现、释放与渲染。

1. 音乐旋律表现力训练

2017 版新规则中明确规定：音乐要有主题表现。主题蕴含在音乐作品的旋律中，对旋律主题的感受、领悟、提炼与挖掘的深浅，极大地影响着音乐表现能力的强与弱，就像经典音乐作品美如诗画的旋律一样，准确完美的音乐表现力也一定基于自身艺术素养及对旋律的感受、领悟、提炼与挖掘。因此，音乐旋律表现力训练的内容及方法不能只局限在表现力专项训练中，更多的是要融入在训练中与训练外对自身艺术素养刻意、精心的熏陶与培育中。

例如，在俄罗斯、乌克兰、意大利等国家的表现力训练体系中，对艺术素养培养和训练的理念之新、力度之大、方法之多、涉猎之广不胜枚举。有专门的舞蹈教练、音乐教练、韵律节奏教练，有系统规范的表现力专项训练体系。对艺术素质的培养更是着重至极，不仅渗透在整体训练的每一个阶段的每一个细节中，连宝贵的休息日和大赛的余暇，都会沉浸在莫斯科国家大剧院、乌克兰基辅大剧院、意大利圣卡洛大剧院等世界最高艺术殿堂之中。之所以如此，是源于她们不断创新的训练理念和视野，她们深深地懂得：艺术素养是艺术表现力的灵与魂，卓越的艺术表现力是决定胜负的重要因素，是广泛涉猎、熏陶、培养与训练的结果。

艺术素养的培养是潜移默化更是无处不在的，对艺术表现力的培养也绝非是一蹴而就，它需要一个全面、系统、长期熏陶、培养和训练的过程。因此，对艺术表现力培养与训练的理念一定要新、境界一定要高、视野一定要广、方法一定要多，绝不能仅仅局限在模式化的训练与赛事中。

2. 音乐节奏表现力训练

在音乐理论中，节奏是音乐时间运动规律的一种表现形式，它决定着整首作品的曲式结构、旋律风格和音乐情绪等。在艺术体操音乐节奏表现力训练中，重点是要在舒缓不同且变化万千的音乐作品中，精准地提炼出节奏变化与旋律主题的表现要素，突出音乐节奏与动作律动的高度协调、身体动觉与音乐听觉完美的吻合。

对音乐节奏的感悟与练习要贯穿在音乐节奏表现力专项训练中，核心是对不同节奏及节奏变化规律的正确把握，训练内容和所采用的形式及方法的设计，最终是要服从并以成套动作的演绎为目的。因此，有必要从成套演绎的视角去诠释音乐节奏练习的视野、思路及方法。

例如，俄罗斯运动员卡纳耶娃在2012伦敦奥运会上个人全能决赛中的带操，就是将音乐节奏与旋律中所蕴含的主题、境界、情感和谐并准确地外化为身体律动的传神之笔。卡纳成套选用了肖邦的《幻想即兴曲》，其节奏变换复杂，旋律像泪珠一样纯洁，倾诉着迷离、徬徨、忧郁中的肖邦对美丽世界的梦幻、憧憬与向往。

卡纳从肖邦故乡华沙美人鱼般坚贞优美的塑型开始，追随升c小调右左手急速交合弹奏的不同节奏，用快速的摆动、环绕、前软翻接伊柳辛转体、大舞姿转体连阿提丢转体、高抛后连续3个高难的反跨跳，表现出肖邦挣脱心中迷离、徬徨、忧郁的重重困扰，奔向充满光明、自由和希望的梦想世界的主题。

伴随降D大调优美舒缓的旋律与节奏变换，卡纳又以低姿滚动接连续8周的浮埃迪转体与肖邦一起来到了一个完全不同的崭新世界，在卡纳舒缓优美的大舞姿转体结合身体波浪的拉带抛的韵动中，肖邦惊诧了：原来，幻想的世界是那样的清新、那样的自由、那样的美丽，那样的令人憧憬、令人向往……

尾声反复在中段旋律的低音部，余韵袅袅，幻想中美丽的世界时隐时现的微露在希望的曙光中，快速的后搬腿3周、柔软舞步接连抛的起伏后，卡纳如梦初醒，眺望、呼唤的优雅造型，仿佛天际间依然沉浸在魂驰梦想却飘然远去的梦幻中的肖邦……

如此优美、婉转、震撼的旋律与急缓交错的节奏，却如此和谐、准确地外化为卡纳耶娃摄人魂骨的律动表现，而对肖邦幻想主题的透析更是深深地触动着人们飘摇的思绪和喷涌的心泉。

由此可以看到，现代艺术体操对音乐节奏表现力训练理念和方法的创新与突破，它没有停留在依靠提高音乐理论和知识与音乐鉴赏及审美能力去设计音乐节奏表现力训练的内容与方法的阶段，而是跨入了准确提炼音乐节奏与主题表现的要素，依据这些要素设计成套动作，依据成套动作与演绎的要求设计音乐节奏表现力训练的内容及方法的创新。因此，艺术体操音乐节奏表现力训练的核心要素，就是要感知并掌控不同曲式结构的旋律风格和音乐情绪的节奏特点及变化规律，将音乐节奏中蕴含的境界、情感和谐准确地外化为身体动作的律动表现。在音乐节奏与动作律动高度协调、身体动觉与音乐听觉水乳相融的韵美中，释放并渲染出舒缓不同且变化万千的节奏风格与旋律主题。

第三节　艺术体操表现能力训练方法

技术素质、身体素质、心理素质、艺术修养及素质等是表现力发展的基础要素，系统的表现力专项训练涉及表现力要素的单项训练，将表现力培养渗透在完整的训练体系中。在现代艺术体操的训练理念中，表现能力不仅仅是基于美的修饰，它还是一种与身体素质能力、艺术素质能力并列且极具创新潜质的素质能力。因此，表现能力的训练方法也需要在原有训练方法的基础上不断探索、不断总结、不断创新。经过多年的实践，在表现力训练方面还可结合以下具体方法进行。

一、专项身体素质训练

提高表现能力的专项身体素质训练内容主要有：柔韧性、协调性、灵活性、力量、速度、耐力等。身体各关节的柔韧性是大幅度完成动作、提高表现力的基础；身体协调性可使运动的表现方式更为丰富；良好的灵活性使动作表现更为灵动；速度能力为动作提供更多节奏、频率变化的空间；力量能力为完美的表演保驾护航；耐力能力确保练习者在成套动作的任何时段从容演绎优美与自信。只有具备了这些基础能力，结合高规格的动作，才有可能使动作优美、舒展、带有丰富的情感，并充满活力和生命力。

二、舞蹈训练

通过芭蕾舞、现代舞、民间舞等多形式的身体训练，提高身体动作多种演绎方式。借助于舞蹈故事情节的表演，培养练习者思维、想象及运用动作表达情感的能力，同时，将学会的舞蹈剧目，创造条件积极参与演出，在演出中使表现力得到提高和升华。可以先进行以下的组合训练，进而达到表现能力的整体性提升。

（1）腿部表现能力训练组合。

（2）手臂表现能力训练组合。

（3）躯干表现力训练组合。

（4）表现能力训练组合。

三、面部表情训练

面部表情是动作表现力的重要组成部分，练习者面部表情是对组合或成套动作情绪的体现、自信的流露，以及对音乐、动作的领悟后呈现出的状态。练习方法主要为：

（1）对着镜子进行专门性表情肌训练；

（2）编排有故事情节的剧目，专门性训练面部的喜、怒、哀、乐变化。特别是结合艺术体操项目特点所需的面部表情进行夸张的训练；

（3）对组合或成套动作的主题、意境深入理解后，在完成动作时面部表情结合身体动作进行统一训练，协调地表达主题与情节。

艺术体操面部表情带有强烈的感性色彩，但又是以比较虚拟化的表现形式呈现，主要以欢喜、兴奋、优雅、深邃、激情等状态展示。

四、模仿性训练

练习者通过对有兴趣的人物、喜欢的动物及物品的形态、运动方式进行模仿，用夸张的表情和动作展现被模仿的事物，提高练习者的表现能力。

五、激情表演性训练

在每周选择一个较为固定的时间，如在训练课后用30分钟左右的时间，教师播放几首不同风格且练习者有兴趣的音乐，鼓励练习者随着音乐自由发挥、纵情表演，教师以鼓励为主，激发和提高练习者的热情、表现欲和创造能力。

六、艺术素养培养

优美的动作必然要求运动员具有一定的思想深度和完美展现艺术的能力，而思想深度的来源、艺术展现的把握和完美的演绎必然要求练习者拥有丰富的、宽口径的知识结构。为使综合联想更丰富，需营造更多刺激心灵的触发点。必须多看、多听、多观察，并长期坚持积极捕捉能够提高艺术鉴赏力、表现能力的事物。在日常的学习生活中，创造条件并鼓励练习者了解、欣赏音乐、舞蹈、美术、戏剧、文学等相关知识，拓宽和完善知识结构，同时多观看高水平艺术体操运动员的表演或比赛，提高练习者感受力、理解力、认知力、观察力、注意力和想象力。在表现力的培养过程中应以鼓励为主，使练习者克服羞怯、自卑心理，正确引导运动员的表现欲望，挖掘其最大表现能力，树立自信并培养完善的人格。

七、节奏感与音乐感的训练

（1）动作和音乐的节奏类型。

首先要了解动作的节奏类型和音乐的节奏类型，动作的节奏类型大致可分为抒缓类、中庸类和轻快类三种。

抒缓类动作是指幅度大，速度较为缓慢的动作。这样的动作节奏不是很紧凑，呈现出很平稳的动作类型。而用于这类动作的音乐，旋律线条也比较长，音乐的流动性也相对抒缓。因此，不论是音乐的节奏还是动作的节奏都是平稳的，在这种节奏中，音乐表现为柔和而连贯，而动作表现为大幅度的躯干及肢体的起伏。

中庸类动作是指幅度不大不小，速度不快不慢，始终保持在一个稳定的中等速度上的动作。相对于音乐来说，节奏也是一板一眼的中速，旋律线条既没有抒缓类的线条长，也没有轻快类的跳跃性与短促性。因此，动作的节奏也是平稳的。

轻快类动作是指频率快、连接紧凑、跳跃性强、幅度小的动作，多集中于小部分肢体活动。这种动作节奏所用的音乐节奏也是轻快的，律动很快，旋律线条短，音符的排列也很集中，并充满跳跃和动感。

（2）节奏感的训练。

要想培养出好的节奏感，首先要懂得音乐的节拍。在音乐中，最多用的节拍有4/4拍、3/4拍、2/4拍三种，这三种节拍正好与以上所论述的三种动作的节奏型相吻合。

4/4拍是指在乐曲中，每一个小节要数四拍，一般一个乐句是由两个小节组成，而这两个小节在动作上就是一个八拍。这一个八拍也许只能做一个大幅度的动作，如一个身体的前或后的波浪。所以，这个动作一定是幅度很大且动作舒缓的。但由于音乐旋律线条长，有时音符相对比较少，这样的节奏就比较难于把握。所以，在遇到这种情况时，第一要细听音乐旋律的进行，一般在每两个小节结尾处，另有一个长音来进行乐句的分割；第二在听到这种节奏很慢的乐曲时，要首先考虑用大幅度抒缓的动作来表现。

3/4 拍是指在乐曲中，每个小节要数三拍，一般一个乐句是由四个小节或八个小节组成，这八个小节就构成了一个八拍。但是，在动作的节奏上，可就不是用一个八拍去表现动作了，由于 3/4 拍的音乐速度是中速，所以，动作的节奏应该为一个小节一个动作，如华尔兹的动作。这种匀速的动作构成了匀速的节奏，在这种 3/4 拍的匀速节奏中，每三拍的第一拍应该是个较重的音，能听到并感觉这个重音，就能很好地掌握音乐的节奏及动作的节奏。

2/4 拍是指在乐曲中，每个小节有两拍，一个乐句基本上由四个小节组成，这四个小节组成了一个八拍。由于音符短小精炼，而且节奏比较快，通常一个动作的节奏是一个小节或两个小节，也就是两拍或者四拍，如小跳。由于 2/4 拍的音乐节奏比较清晰，是最为容易听懂的节奏，因此，动作的节奏也很容易和音乐的节奏取得一致。

综上所述，节奏感的训练首先要能听懂乐曲最基本的三种节拍，用不同的节拍来规范不同类型的动作，这就需要多听各种不同节拍的乐曲；其次要掌握不同速度的动作节奏，熟悉人身体的各部分肢体运动的节奏速度及不同动作类型的节奏，在心中树立一种很明确的韵律感，并通过这种韵律感达到对动作节奏的把握，使这种动作节奏和音乐节奏形成一种默契。这也需要了解和多做各种不同类型的动作，清晰每部分肢体的运动节奏，以及它适合的音乐节奏。同时借助于音乐的节奏，把各种肢体动作有效地表现出来。最后通过不断的训练，使肢体动作不但能和音乐节奏很好的配合，同时也能加深动作的韵律性和节奏感。

八、音乐感的训练

音乐感是指一个人对音乐乐曲所感受的敏锐程度和对乐曲的表现力水平。音乐感好的人是指她们对音乐的理解到位、节奏准确、想象力丰富及表达力强。音乐感虽然与一个人的天生素质、所受教育、生长环境及专业知识有很大的关系，但在不断地学习中也是可以得到改善与发展的。音乐感训练的手段如下。

（1）掌握基础的音乐节拍。

首先要能听懂每首乐曲的节拍，这可以在听乐曲时用口数拍子或用手或脚随着乐曲的进行打拍子，训练分辨每首乐曲的类型。在能分辨出前面所论述的那三种不同速度的拍子后，就可以在拍子相同时，变化不同的节奏来打。同时根据不同的节奏类型，在头脑中构想符合这些节奏的动作有哪些。这既在训练节奏感的同时熟悉了动作，也培养了动作的节奏感，同时也有助于把音乐的节奏和动作的节奏完美地统一在一起。

（2）锻炼听音乐的能力。

音乐的范围很广，并且包罗万象。从大的交响乐、协奏曲，到小的小型乐曲，无不展现出音乐世界的缤纷色彩。良好的听音乐能力，不但能使人正确地找到音乐的节奏，同时更能受到音乐的感染，从而激发内心的想象力和感受力，能很好地把这些能力运用到相应的动作的编排和表现当中去。但是，要想具备这种良好的听音乐能力。则需要在一定程度上理解音乐的思想内容及所表现的情绪。艺术体操的音乐由于时间的局限，不可能去深刻地表现音乐的思想内容，但是却可以把音乐的情绪用相应的动作表现出来。虽然不能因为这一点就不去了解音乐所表现的思想内容，但至少要能够大致地了解乐曲的年代及那个年代所风行的音乐特点，从而使动作的编排更具有特点。

（3）增强内心对音乐的感受能力。

良好的阅读习惯、广博的知识和反应能力、联想能力的培养是增强内心对音乐感受能力的最有效的手段。每个人虽然由于生活环境与教育程度的不同，对音乐的感受能力也有所不同，但是通过后天的培养，通过对非智力因素的强化，在增加知识的同时也会增强音乐的感受能力。音乐的感受能力是动作表现力的根基，能去感受音乐的美妙之处、动人之处，才有可能去表现它。因此，内心对音乐的感受能力，应该源于每个人自身的素质、文学修养、文化知识及理解能力。这些除了先天具有的之外，还需要大量的后天学习与掌握。只有这样，才能感受到音乐的内涵、共鸣到音乐的情绪、掌握到音乐的节奏，才能很好地运用于动作中，并有效地表现出来。

参考文献

［1］洪小平．高等学校教材：艺术体操［M］．北京：高等教育出版社，2014.

第十章

艺术体操音乐能力训练

北京体育大学（张梦瑶）

艺术体操需要在音乐的伴奏下进行，音乐是艺术体操的灵魂。艺术体操运动员应具备良好的音乐素养，掌握充足的音乐知识，才能在艺术体操项目上取得优异的成绩。本章将阐述音乐在艺术体操中的价值、艺术体操运动员应掌握的音乐基础知识、教练员应如何训练艺术体操运动员的音乐能力，以及艺术体操音乐如何选择四个方面的内容。帮助教练员了解和掌握有关艺术体操音乐与训练的内容与方法。

第一节 艺术体操中音乐的价值

一、音乐在提升艺术体操运动员艺术素养中的价值

运动员的个人情操、艺术素养的层次与高度，往往决定了其运动成就的高度。在国际体坛中，我国艺术体操运动员与俄罗斯、意大利等艺术体操强国运动员的差距，很大一部分因素是艺术素养的欠缺，因此，提高艺术体操运动员的艺术素养是运动员培养过程中的重要环节。

提高音乐素养是提高艺术素养的有效途径，音乐素养也是一个人艺术素养的重要组成部分。音乐是美的艺术，具有感化人的作用，伴随着人类的起源而产生。在漫长的历史发展中，音乐具备了多种价值功能，包括社会功能、审美功能、认知功能、教育功能、娱乐功能等。学习音乐知识、培养音乐素养对于提升艺术体操运动员的艺术素养能够起到以下作用。

（一）净化心灵、陶冶情操

音乐用音响的形式作用于人的情感，引起听者的联想、想象、共鸣，以潜移默化的方式使人接受某种道德情操、精神品质、意识观念的熏陶，从而使人达到崇高的思想境界。

（二）调节情感、振奋精神

音乐可触发人们内心积极的情感，使消极的情感得到宣泄，在运动员紧张的训练和比赛中，优美舒缓的音乐能放松心情、调节情绪，而高涨昂扬的音乐则可以激发斗志，鼓舞士气。

（三）提升审美能力

艺术体操是一项表现难美的体育项目，是美的化身，艺术体操运动员需要具有很高的艺术审美能力，通过聆听音乐，获得判断和辨析美好声音、美好事物的能力。

（四）提高艺术表现力

对运动员音乐表达能力的培养，是提升运动员动作表达艺术性的重要途径，使运动员能够具备更强的艺术表达能力，从而将艺术体操的“力”与“美”淋漓尽致地展现出来。

（五）丰富知识，提高竞技水平

艺术体操是奥运会项目，世界各国文化交融荟萃，成套音乐的选用也呈现出丰富多彩、百花争艳的趋势。运动员应在日常学习中了解西方古典音乐的经典与永恒、中国民族音乐的传承与独特、世界民族民间音乐的绚烂与婀娜、流行音乐和现代音乐的激情与澎湃，这样才能更加充分理解音乐的内涵，更好地配合成套动作，提高竞技水平。

二、音乐在艺术体操比赛中的价值体现

音乐对人体的神经、肌肉发生作用，主要是通过节奏的刺激。人的听觉系统对乐音旋律、节奏律动能够产生强烈的共鸣，是因为人体活动和音乐具有相似的律动性、节奏性，因此，音乐能够对人体运动产生良好的影响。

艺术体操是奥运会比赛项目，音乐是艺术体操重要的组成部分。在艺术体操成套动作中，优美和谐的音乐可以提高运动员大脑皮层的兴奋性，使运动员能够承受较大的身体和心理负荷，轻松自如地完成动作；音乐作品的艺术形象可以丰富运动员对动作的想象力，从而塑造出更加美的形象；通过音乐激发情感，增强运动员的动作表现力及艺术感染力，使之更加充分地进行自我展示；在音乐的烘托下，可使现场气氛达到最佳，给观众美的享受，给裁判留下深刻的印象。

国际艺术体操评分规则明确指出：成套动作必须在音乐的伴奏下完成；在编排上，音乐的特点应该符合编排的主题思想，运动员应该从始至终向观众传达这个主题思想；

成套动作中的舞步组合需要根据音乐的节奏和韵律，出现韵律和音乐特点及身体与器械动作之间的联系不紧密、欠和谐等情况，舞步组合将无效；动作和音乐应该完全呼应，完成时应与拍子、节奏和音乐重音相结合，如成套动作中部分动作与音乐的节奏和特点之间缺乏和谐将会扣除相应分数。不难看出，音乐在艺术体操成套动作中起着重要的导向作用。

同时，评分规则也对艺术体操的音乐做出了明确的规定：个人项目每套动作时间为1分15秒~1分30秒，集体项目每套动作时间为2分15秒~2分30秒；音乐必须保持一致性和完整性（允许改编现有的音乐），不允许出现几个音乐片段不连贯拼接，如编排需要，允许短暂的、有意的停顿，如果只在一套动作开始和结束时配合音乐，被认为使用“背景音乐”；音乐可以使用一种或者几种乐器，嗓音也可以作为一种乐器，只要该乐器能够演奏出符合艺术体操动作特点的音乐，完全禁止不能表现艺术体操特点的音乐（如汽笛、汽车引擎等）。若音乐不符合以上规定，将会被扣除相应分数。

由此可见，在艺术体操比赛中，对音乐的要求及对音乐与动作配合的要求十分严格，教练员应清楚地了解和掌握比赛规则，科学严谨地选择音乐、运用音乐，充分发挥音乐在艺术体操训练和比赛中的价值和作用。

第二节　音乐知识简介

音乐（英文名称Music，法文名称Musique，意大利文名称Musica），意为用组织音构成的听觉意象来表达人们的思想感情与社会现实生活的一种艺术形式。根据《简明牛津音乐史》的介绍“音乐本是言之不足而后嗟叹之的产物，它拒绝文字的解释，超越语言的规范。”它是以声音为表现手段而又最能即时打动人的艺术形式，是人类精神的伟大结晶，承载着时代的理念、民族的心声和个人天才的创造。

一、音乐的艺术特性

（一）声音艺术

音乐以声音为表现手段，以有组织的音为材料来完成。这种声音与自然界的其他声音不同，一定是带有创造性因素的，是由旋律、节奏、调式、和声、复调、曲式等要素所构成的。

（二）听觉艺术

音乐以人类的听觉系统为渠道，并由人类大脑将这种来自于声音的刺激转化为多种感官体验，如视觉、触觉的联觉反应，从而产生丰富生动的联想和想象，进而引起强烈的感情反应，获得美感，并为之感动。

（三）情感艺术

音乐是所有的艺术形式中，最擅长抒发情感、最能拨动人心弦的艺术形式之一，通过声音的传递将创作者、表演者、欣赏者的情感叠加在一起，从而产生强烈的情感共鸣。

（四）时间艺术

雕塑、绘画等艺术形式凝固在空间，使人一目了然。而音乐要在时间里展开、在时间里流动，作为听觉艺术的音乐意象是在时间中展开的，是随着时间的延续在运动中呈现、发展、结束的。当艺术体操动作与音乐相结合时，二者的艺术特性相互叠加，表现为动作与声音艺术、视听觉艺术、情感艺术、时间艺术，运动员应将其充分展现与表达。

二、音乐的基本分类

音乐在人类社会漫长的发展过程中，逐渐形成了丰富多样的风格与种类，因此，音乐的分类很难从单一角度、用单一方法明确划分，应根据研究内容的需要多角度、多标准地进行划分，以下将简单介绍两种分类方法。

（一）按表达方式分类

音乐按表达方式可分为声乐、器乐、戏剧音乐三类。其中声乐作品又可根据其形式、风格的不同，分成歌曲、说唱音乐、戏曲音乐等；器乐作品可分为独奏曲、合奏曲、重奏曲、协奏曲、交响曲等；戏剧音乐包含歌剧音乐、舞剧音乐、戏剧配乐等。

（二）按风格分类

音乐按风格可分为经典音乐、民族音乐、流行音乐、现代音乐。

1. 古典音乐（Classic Music）

广义的古典音乐是指自西方中世纪开始至今，在欧洲主流文化背景下创作的西方古典音乐，具有复杂多样的创作技法和所能承载的厚重内涵，具有普遍性、永恒性的艺术价值，能作为同时代、后时代的典范而有别于流行音乐和民间音乐。狭义的古典主义音乐是指 1750—1820 年间欧洲主流音乐，以海顿、贝多芬、莫扎特三位著名的音乐家为代表人物。

2. 民族音乐（National Music）

广义的民族音乐指浪漫主义中后期兴起的富有民族色彩的音乐，或是宣扬民族主义的乐派。狭义地讲，是指中国民族民间音乐，包含民间歌曲、民族器乐曲、民间说唱音乐、民间戏曲音乐、民间歌舞音乐等。

3. 流行音乐（Popular Music）

流行音乐泛指一种通俗易懂、轻松活泼、易于流传，拥有广大听众的音乐。这些乐曲和歌曲植根于大众生活的丰厚土壤之中，因此，又有“大众音乐”之称。流行音乐种类繁多、形态多样，如爵士音乐（Jazz）、灵魂音乐（Soul）、蓝调音乐（Blues）、雷鬼音乐（Reggae）、说唱音乐（Rap）、嘻哈音乐（Hip-Hop）、迪斯科音乐（Disco）、新世纪音乐（New Age）等。中国流行音乐的风格与形态既受到欧美音乐影响，又融合了本土音乐元素形成了独特的中国流行音乐风格。

4. 现代音乐（Modernist Music）

现代音乐泛指19世纪末、20世纪初采用非传统作曲技法，以非功能和声体系作为理论支撑的音乐作品。在创作技法上表现出有别于传统音乐创作的诸多特点，如和声结构复杂；调性模糊，以多调性、泛调性、无调性为主；节奏、节拍自由多变；旋律不规则；配器寻求新音色、新的发声器械等。

三、音乐基本要素

音乐基本要素是指构成音乐的各种元素，包括音的高低、音的长短、音的强弱和音色。由这些基本要素相互结合，形成音乐常用的“形式要素”，例如，节奏、旋律、力度、速度、和声、调式、曲式、配器等。

（一）音

1. 音、乐音与噪声

（1）音，物体振动时所产生的声波传送到人们的听觉器官而形成的一种感觉。
（2）乐音，有规则的震动。
（3）噪声，无规则的震动。

2. 乐音体系、音列、音级、基本音级

（1）乐音体系，在音乐中使用的，有固定音高的音的总和。

（2）音列，乐音体系中各音按照音高次序排列起来。

（3）基本音级，在乐音体系中七个具有独立名称的音级。音名为 C、D、E、F、G、A、B，唱名为 do、re、mi、fa、sol、la、ti。

3. 音名、唱名、音的手势、音的分组

（1）音名、唱名（表 10-2-1）。

表 10-2-1　音名、唱名

简谱	1	2	3	4	5	6	7
音名	C	D	E	F	G	A	B
唱名	do	re	mi	fa	sol	la	ti

（2）音的手势（图 10-2-1）。

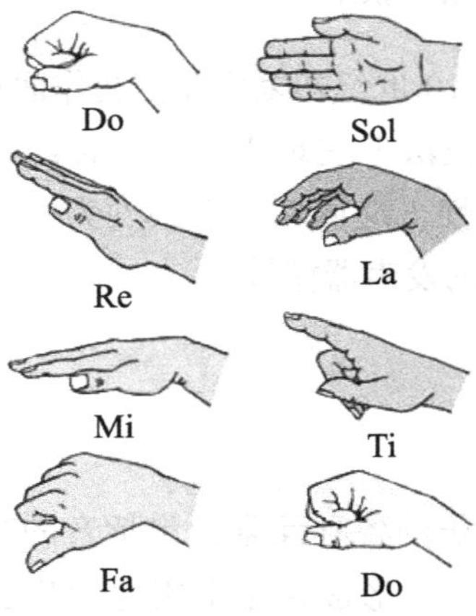

图 10-2-1　音的手势

（3）音的分组。

一个完整的 C、D、E、F、G、A、B 循环，称为"音组"。在钢琴的 88 个键上，一共有 9 个音组，其中大字二组和小字五组是不完全音组（图 10-2-2）。

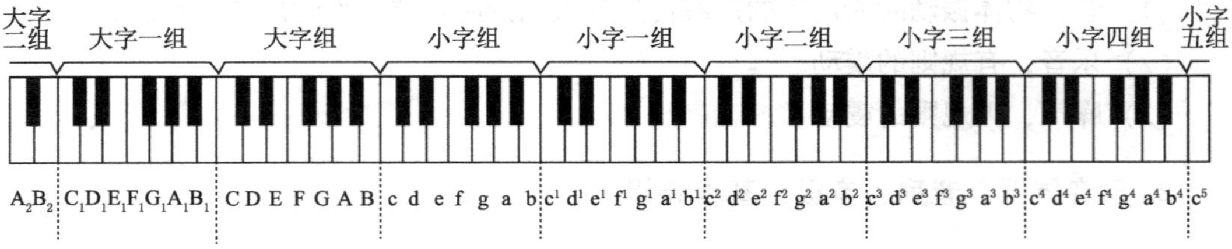

图 10-2-2　音的分组

4. 记谱法

记谱法是指用符号、文字、数字或图表将音乐记录下来的方法，它所产生的记录即称为乐谱。记谱法因国家、民族、时代的不同而有很大差异，包含简谱、文字谱、五线谱、字母谱、音位谱、奏法谱、图像谱等。近现代在中国使用比较普遍的是简谱和五线谱。

（1）简谱，又名数字谱，它用 1、2、3、4、5、6、7 代表音阶中的 7 个基本音级，休止以 0 来表示。

（2）五线谱，世界上使用最广泛的记谱方法，在记写音域宽广、声部众多、转调频繁的大型乐曲时，五线谱比简谱更有优势，因此，它广泛应用于专业音乐领域。五线谱识谱歌：把手打开来，五指上下排，一线 mi 二线 sol，下加一线就是 do，一间 fa 二间 la，下加一间就是 re。

（3）字母谱，以唱名首个字母来标记每个音 d、r、m、f、s、l、t，升高时一律加 e，降低时一律加 a，高八度在右上角标 1，低八度在右下角标 1。

（二）节奏与节拍

1. 节奏

节奏是指音乐在时间上的组织，分为自由节奏、灵活节奏、有量节奏、韵律节奏等，其中韵律节奏即轻重律节奏，自 16 世纪沿用至今。音乐的节奏常被喻为音乐的骨骼。表 10-2-2 为音符的名称与时值。

表 10-2-2　音符的名称与时值

名称	音符	时值	简谱
全音符	𝅝	4 拍	X - - -
二分音符	𝅗𝅥	2 拍	X -
四分音符	♩	1 拍	X
八分音符	♪	1/2 拍	$\underline{X}$
十六分音符	𝅘𝅥𝅯	1/4 拍	$\underline{\underline{X}}$
三十二分音符	𝅘𝅥𝅰	1/16 拍	$\underline{\underline{\underline{X}}}$
六十四分音符	𝅘𝅥𝅱	1/32 拍	$\underline{\underline{\underline{\underline{X}}}}$

2. 节拍

节拍是按拍号要求相隔一定时间反复出现重音的模式，即音乐中的重拍和弱拍周期性地、有规律地重复进行。常见节拍有2/4、3/4、4/4、3/8、6/8拍等。

（三）旋律

旋律又称曲调，通常指若干乐音经过艺术构思而形成的有组织、有节奏的序列。旋律的性格和效果决定于其调式、节奏及其音高布局。它能够塑造音乐的形象，陈述乐曲的主题思想，能最直接引起人的共鸣和想象并给人以感受，是音乐的灵魂。

（四）和声

和声指和弦的结构、功能和关系，以和弦为基本单位，以大小调式为基础。它包含：①和弦，是和声的基本素材，由3个或3个以上不同的音，根据三度叠置或其他方法同时结合构成；②和声进行，指调性音乐中和弦在一定和声范围内的连接。和声的处理是音乐创作的重要写作技巧，也是对位、配器、曲式等其他作曲技法的基础。

（五）配器

配器是作曲法的组成部分之一，为管弦乐队作曲的艺术，讲究乐器的音色、技术性能和有效音域，以及乐器的组合、运用和总谱部署。乐器种类繁多，欧洲的传统分类法把乐器分为管乐器、弦乐器、打击乐器。常见的管乐器有长笛、单簧管、双簧管、长号、圆号、大号等；弦乐器有小提琴、中提琴、大提琴、低音提琴等；打击乐器有大鼓、小鼓、定音鼓、木琴、马林巴琴、响板、三角铁等。中国乐器分类法主要依据材质的不同把乐器分为金、石、丝、竹、匏、土、革、木八类。常见民族乐器有二胡、琵琶、古筝、扬琴、笛子、箫、埙、大鼓、钵、锣等。

（六）调性

调性是调的主音和调式类别的总称。例如，在西方大小调体系中，以C为主音的大调式，其调性即是“C大调”；以a为主音的小调式，其调性就是“a小调”等。大调式的调性色彩比较明亮，小调式的调性色彩比较暗淡。常用的24个大小调有：C大调、a小调；G大调、e小调；D大调、b小调；A大调、#f小调；E大调、#c小调；B大调、#g小调；F大调、d小调；♭B大调、g小调；♭E大调、c小调；♭A大调、f小调；♭D大调、♭b小调；♭G大调、♭e小调。在中国民族调性体系中，常用调式有宫、商、角、徵、羽，以及它们所派生出的七声音阶调式。

（七）速度

音乐进行的快慢叫速度，是一个非常重要的音乐元素，它影响了作品的情感、性格与演奏难度，音乐的速度是用文字或速度记号标记的，写在乐曲开端的上面，常用速度标记（表 10-2-3）。

表 10-2-3 音乐的速度

慢速	中速	快速
Largo 广板	Andante 行板	Allegro 快板
Lento 慢板	Moderato 中板	Presto 急板
Adagio 柔板	Allegretto 小快板	Prestissimo 最急板

（八）力度

表示强弱变化，利用力度变化来有力地塑造音乐形象。常用力度记号：ff——很强、f——强、mf——中强、mp——中弱、p——弱、pp——很弱，“Cresc”或“<”表示渐强；“dim”或“>”表示减弱。

第三节 音乐能力训练

音乐能力有三种：音乐节奏感、音乐感受力、音乐表达能力。具备良好的音乐能力是优秀艺术体操运动员的必要素质之一，但音乐能力的培养是无法一蹴而就的，需要在艺术体操运动员从事艺术体操运动之初就开始进行专门的学习和训练。

艺术体操的创始人之一、瑞士日内瓦音乐学院教师——埃米尔·雅克·达尔克罗兹（Emile Jaques-Dalcroze），在体育和音乐领域都作出了杰出的贡献，不仅创编了韵律体操，成了艺术体操的雏形，同时在音乐教育领域创立了“体态律动音乐教学体系”，即用身体语言、体验、参与、实践表达音乐的教学方法。这套教学体系，对欧美音乐教育和舞蹈教育产生了重大的影响，它为音乐的节奏感和动作之间的协调提供了依据。根据同源的道理，我们借鉴达尔克洛兹的体态律动教学法来训练艺术体操运动员的音乐能力是行之有效的方法。同时，结合世界三大音乐教育体系之一的柯达伊音乐教学法中的节奏、视唱方法，能取得更好的教学和训练效果。

一、节奏感训练

节奏感是人的一项基本能力，走路的节奏、生活的节奏、歌唱的节奏、舞蹈的节奏，每个人都有自己独特的节奏感，节奏感良好的人动作协调性强、音乐律动感强。在艺术体操中，音乐的节奏与艺术体操的动作韵律是合二为一的，没有音乐节奏就没有艺术体操的美和魅力。在各种艺术体操的表演和比赛中，如果音乐的节奏没有和艺术体操的动作韵律融合在一起，其表演效果和比赛成绩就会大打折扣。因而，对艺术体操运动员音乐节奏感的培养是一个非常重要的环节。

培养节奏感是一个由浅到深、由简单到复杂的过程，艺术体操运动员需要掌握第二节中所提到的基础乐理知识，在此基础上才能进行专门的节奏感训练。培养节奏感分为三个阶段。

（一）单一的节奏基础训练阶段

在这个阶段，利用跟随音乐绘图示的方法，初步感受音乐节奏的律动，掌握 2/4、3/4、4/4、6/8 拍的重拍规律，同时借鉴柯达伊教学法中对于节奏的训练方法，进行节奏名的拍读。

（1）跟随音乐打节拍。

①2/4 拍：以四分音符为一拍，每小节有 2 拍。重拍规律为强、弱，具有进行曲风格，代表作品《义勇军进行曲》《拉德斯基进行曲》（图 10-3-1）。

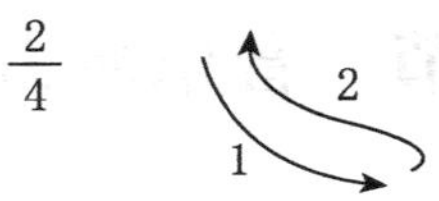

图 10-3-1

②3/4 拍：以四分音符为一拍，每小节有 3 拍。重拍规律为强、弱、弱，具有优雅抒情的圆舞曲风格，代表作品《雪绒花》《白桦林》（图 10-3-2）。

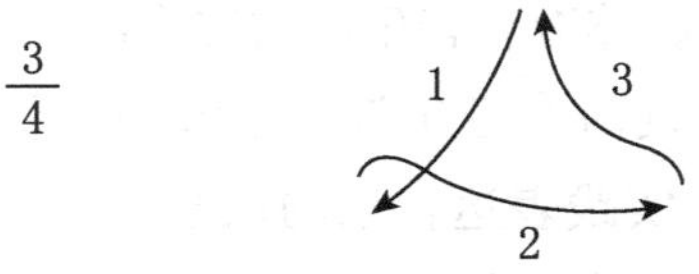

图 10-3-2

③4/4 拍：以四分音符为一拍，每小节有 4 拍。重拍规律为强、弱、次强、弱，具有舒展宽广、富于变化的多重风格，代表作品《我和你》《北京欢迎你》（图 10-3-3）。

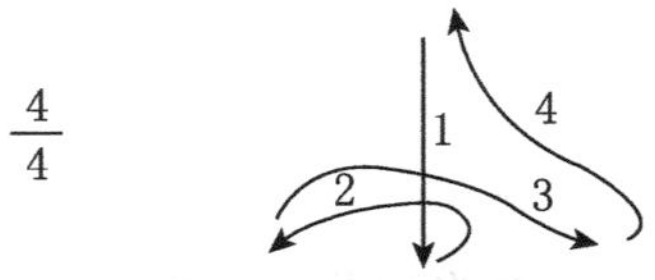

图 10-3-3

④6/8 拍：以八分音符为一拍，每小节有 6 拍。重拍规律为强、弱、弱、次强、

弱、弱，具有摇曳的、较快的圆舞曲风格，代表作品《乘着那歌声的翅膀》《春之歌》（图 10-3-4）。

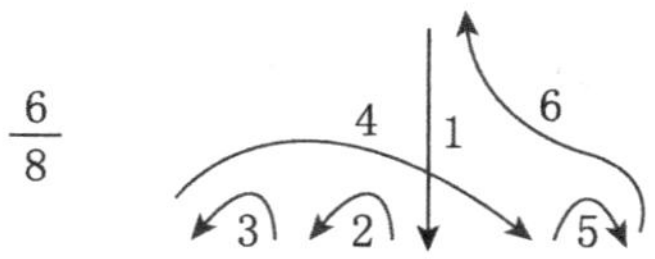

图 10-3-4

（2）学习柯达伊节奏名，拍读各类节奏型组合，感受和了解音乐节奏语言的形成过程。

①学习基本节奏型（表 10-3-1，表 10-3-2）。

表 10-3-1 基本节奏型

名称	音符	简谱写法	节奏名读法
全音符	𝅝	X - - -	ta-a-a-a
二分音符	𝅗𝅥	X -	ta-a
四分音符	♩	X	ta
八分音符	♫	XX	ti-ti
十六分音符	♬♬	XXXX	li-li-li-li

表 10-3-2 常用节奏型组合

常用节奏型组合	五线谱写法	简谱写法	节奏名读法
前四分附点	♩. ♪	X. X	ta-me-ti
后四分附点	♪♩.	X X.	ti-ta-me
前八分附点	♪.♬	X.X	ti-me-li
后八分附点	♬♪.	XX.	li-ti-me
大切分	♪♩♪	XXX	sin-co-pa
小切分	♬♪♬	XXX	

②拍读训练：在拍读节奏的过程中，除了要遵循拍号的重拍规律外，还要注意各类节奏型的重拍规律，如切分音“♪♩♪”中间四分音符为重拍，附点音符“♩. ♪”“♪♩.”中带附点的长音为重拍等。这类训练既能够让人熟练掌握节奏知识，又能感受到恒拍、重拍的律动性。每一条节奏可用两种方法进行拍读（图 10-3-5，图 10-3-6）。

例 1：

方法一：

口念节奏名 ta ti -ti | li-li-li-li ta | ti-li-li ti-ti | ta-a ‖

手挥2/4拍图示

方法二：

手拍节奏

口念恒拍 1 2 | 1 2 | 1 2 | 1 2 ‖

图 10-3-5

例 2：（方法同例 1）

节奏名：li-li-ti ta ta | sin-co-pa ti-ti ta | ti-me-li ta-a | ta-a-a ‖

图 10-3-6

③声势练习：是指将身体各个部位作为乐器，进行节奏的拍击。这类练习训练手脑配合，调动全身各部位参与律动，是巩固节奏知识、训练节奏感的进一步练习（图 10-3-7）。

图 10-3-7

④节奏卡农练习：卡农原意为规律，即一个声部的曲调自始至终追逐着另一声部，直至结束。例如，将学生分成两组，当第一组拍完两拍后，第一组继续往下拍并多遍反复，而第二组从头开始拍，形成一种模仿的效果（图 10-3-8）。

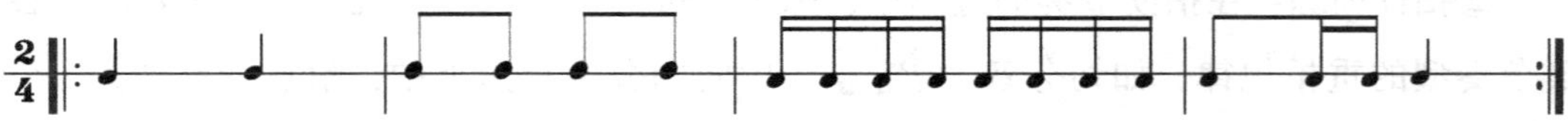

图 10-3-8

⑤多声部节奏拍读：可进行即兴创作，将学生分成多个组，每组负责一个声部，用多种音色表达每个声部的节奏，如口念、拍手、敲击桌子、演奏简单乐器（响板、

沙锤、三角铁等），将会听到一首非常美妙的打击乐合奏曲（图 10-3-9）。

图 10-3-9

（二）节奏与动作合成阶段

达尔克洛兹的体态律动教学法要求学习者把身体作为乐器，把听到的音乐再现出来，即通过身体动作来表现节奏，体态律动的动作一般分为原地动作和空间动作两类。原地动作包括拍手、指挥、摇摆、弯腰、说话、歌唱等；空间动作包括走、跑、爬、蹦、跳、滑等，可以和身体的高、中、低部位结合，也可以用身体的头、身、臂、手、脚等各个部位相互配合，以表示不同的节奏。在训练中，我们可将上述动作与波浪、跳步等艺术体操动作相结合，将个人表演和集体表演相结合。同时，要用身体动作力度的强弱、幅度的大小来表现节奏的重拍规律，尽量使动作符合节奏特点，并体现动作美。例如，教师用鼓来敲击节奏，一人或多人用身体动作表达节奏，“ > ”为重拍记号（图 10-3-10）。

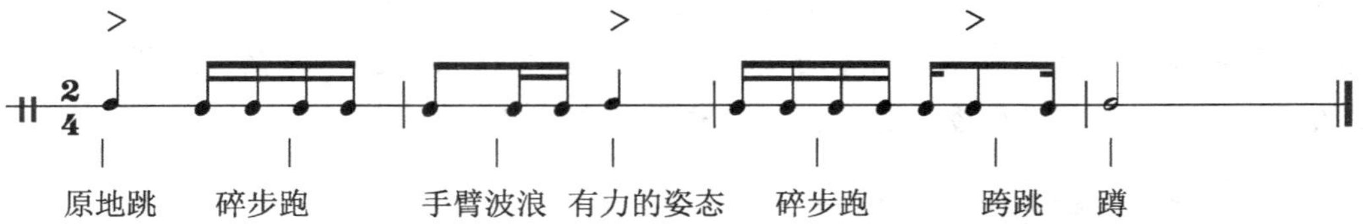

图 10-3-10

（三）节奏、动作与旋律合成阶段

完成一套完美的艺术体操动作，需要音乐的节奏、旋律和动作达到高度统一，因此，在第三阶段除了能够用身体动作准确地表达节奏外，还能用丰富的身体动作展现音乐旋律的起伏变化。具体方法为：用五线谱或字母谱（在节奏下方标记字母谱）记写旋律，画出旋律线（旋律线即旋律起伏、走向的线条），试唱旋律，并用身体动作表现旋律。可多人分工完成整套节奏表演，为音乐表达能力的训练打下基础。例如，五线谱记谱（图 10-3-11）。

字母谱记谱

图 10-3-11

练习步骤为：

- 拍读节奏；
- 按节奏试唱旋律；
- 教师演奏或播放旋律，学生根据旋律线的起伏有感情地做动作。

二、音乐感受能力训练

音乐感受力训练，广义指对音乐情绪的获取能力，通过聆听音乐，感受到喜、怒、哀、乐等情绪。狭义是指通过对音乐要素的获取和分析，准确感受音乐的风格，包括音乐节奏、旋律、调性、配器等，需要经过系统的学习。音乐感受能力训练以引导学生聆听各类风格的音乐作品为主，了解作曲者的创作背景、创作风格，边听边分析，先从音乐要素出发，进行逐一定位，而后发挥想象力构思出音乐形象。

（一）音乐感受能力训练方法

1. 聆听与感受音乐要素

（1）感受音乐节奏。节奏律动的快慢体现了不同的音乐风格：快而急促的节奏常表达激动的情绪，或喜悦或悲愤或恐惧；慢而舒缓的节奏常表达平和的情绪，安宁、恬静。

（2）感受音乐旋律。随着音乐旋律的流动，在脑海中画出旋律线，平直的旋律线常表达平和的情绪，而起伏不定、大起大落的旋律线常表达思绪的激动。持续上扬的旋律线常表达情绪逐渐高涨，而持续下滑的旋律线则常表达情绪逐渐的暗淡与低落。

（3）感受调性色彩。大调性乐曲风格常欢快、明朗，小调性乐曲风格常暗淡、忧伤。

（4）感受音乐配器。配器方法多种多样，风格多变，要结合乐曲旋律、节奏等因素综合分析。如乐曲以弦乐器为主奏乐器，旋律线悠长，节奏律动慢，常表现优美抒情或悲伤忧郁的情绪；如乐曲以打击乐器为主奏乐器，节奏律动快，常表现兴奋激昂的情绪。

2. 构思音乐形象

音乐是抽象的，每一首乐曲都是作曲家、演奏家和聆听者三度创作的结果，音乐艺术之所以能与听者产生共鸣，是因为聆听者会结合自身性格、环境背景等因素产生丰富的想象。在训练学生构思音乐形象的过程中，要引导学生发挥想象力、开拓思路、结合自身理解音乐，切不可形成思维定势。

（二）音乐感受能力培养途径

在日常的学习、训练生活中，除了多听多看优秀音乐作品的音频、视频资料，教练员还应鼓励运动员走进音乐厅欣赏音乐、感受音乐，从交响乐、歌剧、舞剧、演唱会到小型室内乐等，身临其境，感受音乐艺术独特的魅力，学习表演者二次创作的艺术想象力与艺术感染力。

三、音乐表达能力训练

音乐表达能力是以具备良好的音乐节奏感和音乐感受力为前提的，是音乐素质培养的高级阶段，也是艺术体操运动员进行音乐学习和训练的最终目标。俄国著名作家托尔斯泰在《艺术论》中写道：“艺术活动就是建立在人们能够被他人的情感所感染的这种能力上”。当人们在观看艺术表演的过程中，总是期盼表演者能够碰触到自己的内心深处，并享受这个被感染、被打动的过程。因此，培养运动员的音乐表达能力是至关重要的，力求通过平时的学习和训练，能在比赛或表演之际，精准地配合音乐节奏、准确地把握音乐风格、达到忘我的境界，最终将成套动作完美地展现出来。

（一）情绪表达训练

情绪表达训练是培养音乐表达能力的基础环节，通过练习使运动员能够大胆、准确地将各类情绪用面部或肢体语言展现出来。包括以下两个方面。

1. 面部表情训练

在成套动作表演或比赛过程中，运动员的面部表情是其对成套动作主题形象、音乐情绪、动作风格充分领悟后所呈现出的状态，要自然、自信、有情节又不夸张地表露出来。这需要平时进行专门的训练，如对着镜子进行表情肌控制训练；编排有故事情节的剧目，训练面部的变化。

2. 肢体表情训练

在艺术体操表演过程中，运动员的面部是不允许有极为夸张、过分渲染性表情的，因此，整套动作喜、怒、哀、乐等情绪的表达，主要由运动员的肢体承担。为提高身体某部分或全身动作的表现力，可按照身体部位划分为手臂动作练习、腿部动作练习、躯干动作练习、全身练习等。具体方法为：在音乐伴奏下进行“走、跑、跳”的练习，全体学生按照音乐速度走路或摇摆，然后加上喜、怒、悲、惧等感情，同时探索不同的方向感、探索紧张和放松的感觉、探索不同的方式，如跑跳、并步跳等，启发运动员肢体语言的表达能力和想象力。

（二）即兴表演训练

达尔克洛兹认为：即兴活动既是促使音乐思维发展的手段，也是验证音乐思维水平的手段之一。在即兴创作或表演中，不仅需要具有一定的乐感，还必须有流畅的音乐思维，要对同时出现的音高、节奏、音色、力度等问题给予权衡和处理，其中最重要的是锻炼听觉判断、灵敏度和创造性。练习方法：给定不同风格的音乐，首先静坐聆听，感受音乐并分析音乐要素，构思音乐形象，再进行动作表演；也可根据音乐直接表演，边做动作边分析音乐。

（三）音乐创作与表演训练

培养学生进行简单的音乐创作并表演，有利于学生综合音乐能力的提升。训练方法多样，如团队协作。首先，构思音乐形象，定位音乐风格；其次，创作节奏，并为节奏设定简单的打击乐器伴奏；再次，编配旋律，可由学生哼唱旋律，请教师帮助谱写旋律；最后，由教师或一组学生演奏、演唱旋律部分，一组学生进行打击乐器伴奏，一组学生进行动作表演（图 10-3-12）。

图 10-3-12

（四）音乐剧目创编与表演

音乐剧（Musical theater，简称 Musicals），又名歌舞剧，是一种通过歌唱、对白、表演、舞蹈等多种艺术形式将故事情节及其蕴含的情感表现出来的综合舞台表演形式。培养运动员创编、表演音乐剧，是对其文学、音乐、舞蹈及专项知识能力的融合与贯通，对提高运动员的综合素养有很大帮助。

剧目创编程序：①创编剧本，选定主题，撰写剧目情节；②选择表演方式，在歌唱、对白、表演、舞蹈等多种艺术形式中，选择符合剧本和训练需要的几种表演方式，如对艺术体操运动员而言，更多的是要将表演和舞蹈进行结合；③选择音乐、剪辑音乐，根据剧情需要选择不同风格的音乐，并根据表演时长剪辑音乐；④根据剧情和选定的音乐，进行歌唱、对白、表演或舞蹈动作的创作和编排；⑤经过反复修改与磨合，最终将音乐剧目生动灵活、富于激情地表演出来。

综上，在音乐表达能力的训练培养过程中，教师应以鼓励为主，激发运动员的练习热情、表现欲和创造力，引导他们克服羞怯自卑的心理，树立自信心，并为培养和塑造运动员完善的人格而努力。

第四节 艺术体操训练音乐与比赛音乐

一、艺术体操训练音乐

艺术体操训练是由多个要素组成的训练系统，包含身体训练、技术训练、舞蹈训练、心理训练等。日常训练又由多个训练环节组成，如热身训练、单个动作训练、组合动作训练、成套训练等。其中，热身训练是开始环节，是将身体技术训练、器械技术、舞蹈训练等，依据训练计划统筹安排的综合训练环节，起到重要的开启和铺垫作用。在艰苦的热身训练中融入音乐伴奏，不仅能够激发运动员的训练热情、缓解训练疲劳，达到更好的训练效果，还能培养运动员的动作节奏感和音乐表现力。运动员如若能在单动作或组合动作中听懂音乐意境、配准音乐节奏，那么，在成套动作中就会游刃有余，达到事半功倍的效果。因此，在艺术体操热身训练中融入音乐伴奏，可使训练效果与音乐能力同步提高，一举两得。

（一）热身训练中身体基本动作训练的音乐

艺术体操身体动作是器械动作训练的基础，一般包括身体摆动、绕环、波浪；各种走、跑、步伐；跳、旋转、平衡等动作。这些单动作是构成动作组合及成套动作的基础，因此，音乐的选用也要符合其基础性的特点，易选用体裁短小、结构简单、通俗易懂的音乐。同时，音乐要素要在各个方面与动作达到匹配。

1. 身体动作训练音乐的总体要求

（1）音乐节奏与动作节奏相一致。

如行进间走与跑的训练，音乐就要体现出走与跑在节奏、速度上的差别，走的训练适宜选择 4/4 拍，庄严、气宇轩昂的行板或中板音乐；而跑的训练适宜选择 2/4 拍、有激情的快板或急板音乐。又如，小跳与大跳训练，小跳腾空时间短、速度快，音乐也应是 2/4 拍或 3/8 拍，轻快、有跳跃感的小快板；而大跳腾空时间长，动作幅度大，适合 3/8 拍或 6/8 拍的音乐。

（2）音乐乐句长短与动作幅度大小相一致。

如双臂在肩部的小绕环与双臂在腰部的大绕环，动作运行直径、幅度差异大，小绕环适宜 2/4 拍或 3/8 拍、律动快的音乐，可一小节或两小节音乐伴随手臂绕一圈；大绕环动作舒展，绕身体 360°，适宜 3/4 拍或 4/4 拍、舒缓优美的音乐，可两小节音乐伴随手臂绕一圈。

（3）音乐重拍与动作发力点相一致。

如踢腿训练，其中扶把踢腿和地面踢腿，多选用 2/4 拍或速度较快的 6/8 拍、铿锵有力的音乐，运动员随音乐“强、弱”规律，“强”踢、“弱”收，反复进行；行进间踢腿形式多样，发力点间隔出现，音乐应根据动作发力点出现的频率选择音乐。

（4）音乐风格与动作风格相一致。

波浪动作是体现艺术体操美的特征性动作，无论是手臂波浪还是身体波浪，都要选用风格优美抒情、速度徐缓的音乐，慢板、柔板的 4/4 拍或 3/4 拍音乐最为适宜。

（5）音乐旋律、伴奏织体能形象描述动作姿态。

如旋转类动作，音乐中常用回旋式的音型或音阶短句的模进来描绘旋转、眩晕的姿态，形象生动、惟妙惟肖。同时，需要注意的是艺术体操旋转类动作都是有明确发力点的，因此，音乐的伴奏织体需要用明确的强弱音来体现动作的发力规律，才能为运动员的动作起到最好的辅助与引导作用。

2. 身体动作训练音乐举例

（1）步伐组合音乐（表 10-4-1）。

表 10-4-1　步伐组合音乐

步伐名称	音乐类型
柔软步	4/4 拍，中板速度，抒情优美又略带庄严的音乐

续表

步伐名称	音乐类型
足尖步	2/4 拍，快板速度，活泼明朗略带跳跃感的音乐
变换部	4/4 拍，中板速度，伴奏织体可采用x. x x x的节奏
弹簧步	2/4 拍中板速度或 6/8 拍快板速度，强弱交替进行
华尔兹	3/4 拍，中板/快板，轻盈活泼、典雅优美的圆舞曲
波尔卡	2/4 拍，快板/小快板，轻快跳跃的波尔卡音乐

（2）地面动作音乐。

地面训练动作灵活多样，每项练习都有不同的针对性、目的性，应根据练习的部位、动作力度、速度来选择合适的音乐。如勾绷脚，常选用乐句短小、轻快活泼的 2/4 拍音乐，中板速度；体前屈，根据其动作的舒展程度，选择旋律伸展、悠扬的 3/4 拍音乐，中板速度；腿屈伸，适宜选择舒展悠扬的 3/4 拍或 4/4 拍音乐，中板速度；搬控，适宜选择舒缓优美、放松愉悦的 4/4 拍音乐，慢板速度，同时，为使练习者搬控部位得到较长时间的保持和停留，音乐伴奏织体应尽量饱满充盈；踢腿，应选用顿挫有力、积极向上的 2/4 拍音乐，快板速度；跪地波浪，适宜选择运动员喜爱的、优美抒情的 4/4 拍音乐，慢板速度。

（3）把杆动作音乐（表 10-4-2）。

表 10-4-2 把杆动作音乐

动作名称	音乐类型
扶把站立	4/4 拍，中板/慢板，抒情优美的音乐
擦地	2/4 拍，快板，欢快的音乐
蹲	3/4 拍，中板/慢板，深沉优美的圆舞曲风格音乐
小踢腿	2/4 拍，快板，明快有力的音乐
划圈	3/4 拍，中板/慢板，旋律线成抛物线状为宜，符合动作类型
单腿蹲	3/4 拍，中板/慢板，深沉优美的圆舞曲风格音乐
小弹腿	2/4 拍，快板/急板，节奏点快速、有力的音乐
搬控	4/4 拍，慢板，伴奏织体充盈饱满的抒情音乐
踢腿	2/4 拍，快板，顿挫有力、积极向上的音乐

（4）行进间动作音乐。

行进间动作训练也体现出多样化的特点，依据动作类型，大致分为走跑类、跳步类、旋转类、平衡类等，其统一的特点为动作轻快且有爆发力，因此，应以明快有力、节奏感强的大调性音乐为主。同时，抓住动作的发力点，依据发力点出现的频率、力度来选择音乐的节拍、风格类型是行进间音乐选配的关键要领。如滚动步和高抬腿跑的对比，滚动步双脚交替频率更快，在音乐的选择上，应选择律动最快的3/8拍、急板音乐，而高抬腿跑则需要预留抬腿空间，因此，音乐以2/4拍的小快板较为适宜。又如大跳、跨跳类动作，每个动作发力力量大，音乐风格也应雄壮有力、明亮向上，同时，又因其腾空时间长、发力频率慢，因此，律动较慢的3/4拍音乐最为适合。

(5) 动作组合音乐。

动作组合往往是上述各类身体动作训练的结合体，是将几项单动作通过连接动作结合起来的练习，因此，在音乐的选用上也要在单个动作音乐的基础上，巧妙地加入连接乐句，使乐曲速度、节奏协调地过渡与融合，达到更好的伴奏效果。

（二）热身训练中舞蹈训练的音乐

艺术体操是一项表现美的项目，要求运动员具有表现美的能力，舞蹈训练是必不可少的内容，是培养运动员身体姿态规范性、控制力、美感的有效方法，也是培养运动员音乐节奏感、表现力的重要途径。

舞蹈训练包含了芭蕾舞、古典舞、现代舞、民间舞等多种舞蹈类型，每一种舞蹈类型都有其特定的伴奏音乐，在音乐的使用上，应遵循其特有的音乐选用规则。如芭蕾基训，多选用钢琴音乐，这是因为钢琴独奏音乐音色纯净通透，能营造出安宁静谧的气氛，使练习者屏气凝神、更加投入，同时也体现出芭蕾艺术的高雅与唯美。又如民族舞，多选用民族器乐或歌曲来伴奏，常用乐器如唢呐、笛子、二胡、鼓、镲等，充分体现了民族特色。现代舞音乐的选择就较为宽泛，在结合训练计划的同时，根据运动员的喜好，选用年轻人喜爱的流行音乐，能够达到更好的练习效果。

二、艺术体操比赛音乐的选择与制作

在艺术体操比赛中，音乐需要与动作紧密结合，将运动员成套动作的效果与气氛烘托到最佳，同时调动和渲染裁判和观众的情绪。音乐选用的恰当与否，是决定艺术体操成败的关键因素之一。当代艺术体操的发展呈现出难度质量越来越高，编排越来越新颖的趋势，在世界高水平比赛中，运动员在成套动作难度相近，组织编排各有所长的情况下，艺术体操音乐是否具有独特的魅力和鲜明的风格就愈发重要了。因此，教练员在选用音乐、制作音乐这个环节，更要悉心谨慎。

（一）艺术体操比赛音乐选择的参考因素

1. 符合规则中有关音乐的规定

(1) 时间限制：艺术体操比赛音乐有严格的时间限制，在有限的时间里，音乐要主题明确、节奏清晰、结构分明，既要保持风格的完整统一，又要有出人意料的变化对比，因此，艺术体操音乐具有短小精干、丰富多彩的特性。

（2）配器限制：在艺术体操项目开展的初期，规则规定成套动作的音乐只允许使用一种乐器，随着项目的发展需要，逐渐过渡至允许使用两种乐器。近年来，为了使艺术体操的表演能够与时代接轨，感染力更强，评分规则对音乐伴奏的要求有了突破性变化，即可以使用一种或者几种乐器，包括嗓音也可以作为一种乐器，这样就为艺术体操伴奏乐曲的选择提供了广阔的空间。

（3）主题风格限制：规则规定成套动作音乐必须保持一致性和完整性（允许改编现有的音乐），不允许几个音乐片段的不连贯拼接。这就要求整套音乐必须突出一个主题，如果选择了一首音乐，又感到音乐从头到尾缺乏变化而过于平淡，可将两首或几首不同的音乐剪辑成一首成套动作的音乐，但是这几首音乐的主题、调性风格、节奏律动等必须存在联系，整体风格和谐统一。

2. 符合器械特点

艺术体操包括绳、圈、球、棒、带 5 种不同的器械，每一种器械都有自身的特点，在编排中应依据各种器械的特点，选择易于表现器械特性的乐曲。

绳是软器械，绳的动作类型包括各种不同类型的小跳、大跳、放绳等。在速度上，较适宜快板或急板、情绪欢快的音乐，这类音乐易于提高整套动作的气氛；在配器上，多选用打击乐器、人声、电子乐、音效等音响效果热烈的现代音乐；绳的音乐风格多样，流行感、现代感十足的音乐和异域风情的音乐等均可选择；在调性上，多采用明朗欢快的大调式。

圈是硬器械，是几个项目中面积较大的器械，圈的动作类型包括圈在身上或地上的滚动、圈上动作、从圈中穿过等，圈的形状和动作类型决定了它操控起来有一定的困难。因此，在速度上不适合节奏律动太快的音乐，应选用力度较强、旋律欢快大气、热烈雄壮的音乐；在配器上，有气势的交响乐、打击乐都较为适合；在调性上，多采用明亮的大调式。

球呈圆形，具有圆润、柔软的特点，球的动作类型包括在地上或身上滚动、拍球、抛球等，给人以柔和、舒展的感觉。应以中速或慢速，抒情、柔美的音乐为主；在配器上，突出主旋律的器乐独奏曲、协奏曲、弹拨乐或独唱曲都较为适合，如独唱、钢琴曲、小提琴曲等；在调性上，细腻、略带伤感的小调式较为适宜。

棒是唯一一个双手同时使用器械的项目，棒的动作类型包括小绕环、小五花、不对称动作及棒在空中转动等，具有运动速度快的特点。因此，棒的音乐也应是几个项目中节奏律动最为快速的，具有节奏点清晰有力，融速度和力度于一体的特点；在配器上，以鼓、响板、马林巴、沙锤、钹等打击乐较为适宜，此外，人声、音效、电子音乐也被广泛运用；在调性上，以明亮的大调式为主。

带是最长的器械，质地是丝绸制品，属于软器械，由于彩带在空中具有各种不同的运动形式，流动性较大。因此，适用的音乐类型最为灵活，选择自由度较高，根据成套动作风格的不同，既能是柔美、抒情、略带忧伤的小调式音乐，也能是欢快、激昂的大调式音乐；在配器上，人声、管弦乐、打击乐等都可选用。

以上是各项器械选用音乐的一般规律，并非完全的固定模式，随着音乐文化的多元化发展，会有更多的音乐风格和音乐元素作为选择，需要不断地探索、创新与突破。

3. 符合运动员特点

由于个人性格和生活环境的不同，每名艺术体操运动员都有其自身的形象、个性和特点，因此在选择音乐的时候要充分考量上述特点，以达到扬长避短的作用。如一个性格内向、修长漂亮、动作柔美，但力量较差的运动员，使用旋律线条悠长、抒情优美的乐曲，将会突出她柔美的优点；而对于一个性格活泼、开朗热情、技术娴熟、弹跳力强的运动员，选择节奏欢快、调性明亮的音乐，则会充分地展示出她的技术亮点。但无论哪种风格的音乐，都应注重其内部的变化与对比，以做到旋律富于起伏，结构层次鲜明。

因为艺术体操项目表演性强的特点，所以运动员每项成套动作都应具有不同的风格，才能给裁判和观众留下更加深刻的印象，因此，音乐也应根据比赛项目安排，做到风格多样，不能仅依据运动员的个人风格而千篇一律。

4. 符合集体与个人项目差异性特点

艺术体操集体项目与个人项目存在一定的差异性：集体项目比个人项目时间长，场上运动员多，手持相同或不同器械，各类抛接、难度、动作配合都体现出集体项目在成套动作编排上较个人项目更加复杂、多变且形式庞大。因此，集体项目的音乐也应表现出更加复杂的曲式和调性变化，更为庞大的气势以及宏大、有震撼力的音响效果。个人项目无论在动作编排上还是音乐选择上都要以展现运动员个人风采为目的，音乐的风格、气场及音响效果都要在运动员能够完美驾驭的范围内，切不可喧宾夺主。

5. 符合音乐文化多元化特征

在世界文化极速发展的今天，音乐领域日趋多元，音乐风格交叉融合：古典音乐与现代音乐相互渗透、中国民族音乐与异域音乐相互碰撞、流行音乐与传统音乐相互结合，使得音乐风格更加多样；和声器的使用、现代配器手法的时尚与新颖，使得音乐色彩更加丰富。因此，在艺术体操音乐的选择上要做到既不排斥新生音乐，又不遗弃经典音乐，包罗万象、为我所用。

（二）艺术体操比赛音乐的选择程序

创编成套动作时，选择音乐的程序有以下三种情况：第一种为先编排成套动作，再根据动作谱写或选择音乐；第二种为先选择、剪辑或创编音乐，然后根据成套音乐编排动作；第三种为先选择或创编音乐，然后根据音乐编排动作，再根据编排的需要修改音乐，不断修整。由于第一种需要专业的作曲家来进行创作，而这种跨界的作曲人才又非常稀缺，所以，并不常用。最为常用的是第二种和第三种方法，尤其是第三种方法，音乐与编排相互磨合、不断完善，最终能够达到完美的效果。

（三）艺术体操比赛音乐的剪辑制作

艺术体操音乐受到时间限制，较为短小，根据编排的需要，可将精心选择好的一首或几首乐曲利用音乐编辑器进行剪辑制作，需要熟练掌握音乐编辑器的使用方法，使音乐衔接天衣无缝，音响效果浑厚，音色纯净。同时，还要做到音乐的曲式结构安排合理，音乐的调性和谐统一，这样才能制作出一首出色的艺术体操成套音乐。

1. 熟练使用音乐编辑器

音乐编辑器是一种操作方便的数码音频编辑软件。它可对 MP3 等音频文件进行任意的编辑、裁剪和合并。它支持 MP3、WAV、OGG 和 AIFF 多种文件类型。我们常用的音乐编辑器有：Magic Music Editor、Cool Edit Pro、Gold Wave、Audacity 等，编辑方法请参照软件说明书。

2. 合理安排音乐的曲式结构

曲式是指音乐作品适合于一定逻辑的结构，由每首作品的内容所决定，并努力与内容取得统一。曲式结构又指音乐在“时间上的结构”，是因为一部音乐作品，无论是长篇巨制，如交响曲、歌剧，还是短小如艺术体操一分多钟的音乐，都要在时间的延续中一点一点地铺展，这种在时间上的延续，正是音乐艺术的一大特点，而音乐在时间上的延续，无论长短（两三分钟或两三小时），都必须有一个结构框架，有个章法，不能是混沌一片。

因此，艺术体操的音乐虽然短小，但是并不能只是乐句的简单罗列或几首作品的随意拼凑，必须与成套动作整体的编排布局、主题形象相吻合，要有明确的曲式结构。常见的曲式结构有：小型曲式所包括的一部曲式、二部曲式、三部曲式、复二部曲式、复三部曲式；大型曲式所包括的变奏曲式、回旋曲式、奏鸣曲式、套曲曲式、自由曲式。在此以艺术体操音乐最为常用的小型曲式——单二部曲式和单三部曲式为例。

（1）单二部曲式：单二部曲式由两个乐段构成，又称“二段体”，用 A+B 图示表示。其中第一个乐段在音乐上具有鲜明的初步陈述性质，材料简单，结构方整，情绪稳定，具有进一步展开的要求和发展的可能性；第二个乐段可以是再现性，也可以是对比性，无论是再现性还是对比性，都应在此乐段将音乐完美地推向高潮。

（2）单三部曲式：单三部曲式由三个乐段构成，又称三段式。分为带再现的单三部曲式 A+B+A’和无再现的单三部曲式 A+B+C。

①A 乐段为呈示部，将整首乐曲的旋律、节奏及风格特点一一展示出来。

②B 乐段为发展部，是整首乐曲的展开、变奏的部分，需与 A 乐段形成对比，常见对比方法有：第一，B 乐段是 A 乐段性格的强化发展，如 A 乐段性格较为开朗活泼，B 乐段则会在调性上采用离调、转调等手法，同时在配器上融入更多的乐器，渲染出更为热烈开放的音乐色彩；第二，B 乐段是 A 乐段性格的反向发展，如 A 乐段风格较为激烈欢腾，则 B 乐段可稍平缓抒情，反之亦然。

③第三乐段可为再现乐段 A’，也可是新乐段 C：A’为再现乐段，音乐元素与乐段 A 基本相似，交相呼应，从听觉角度上体现了乐曲的稳定与归属感；而乐段 C 则是又一个新元素的注入，给人以出乎意料之感，往往在结束之际掀起新的高潮。

3. 音乐调性和谐统一

在音乐剪辑过程中，要仔细分析需要拼接在一起的音乐的调式调性，如果两首乐曲调性相同，则可根据旋律和节奏等特点找到截点进行拼接，如果调性不同，则不能直接拼接，需要进行调性处理，方法如下。

（1）利用音乐编辑软件，将音乐升调或降调至相同调式，再根据旋律与节奏特点进行拼接。

（2）调性拼接，音乐材料的陈述可以用一个调性，也可用几个不同的调性，在一个调之后引入另一个调的方法就是各种调性连接或调性关系，调性连接有转调、离调和对置三种基本类型。

转调是指音乐结构转移到一个新调并在新调上结束，转调的过程需要通过合理的和声来完成，转调的方法与类型有许多种，如同音列转调、同主音转调、近关系转调、远关系转调、自然和弦转调、等音和弦转调、突然转调、换调等。

最简单的转调方法就是在第一乐段的结尾直接转换调性，称为换调。除换调外，任何转调都需依靠共同因素作为过渡。共同因素包括和弦、单音以及片断的旋律或和声：以和弦为共同因素时，可有自然和弦转调、变和弦转调、等和弦转调 3 种转调方法；以单音作媒介的转调称共同音转调，常用前、后调主和弦的和弦音作为媒介；以片断的旋律作媒介的转调称旋律转调，主要用于转调模进，亦称经过转调。

离调是指在一个完整的单调性乐段或转调乐段中，短时间地进行到副调的和声进行过程，分为经过的离调与终止的离调。经过的离调在乐段内部，不用终止；终止的离调出现在乐句或者乐句一个部分的结尾，一般为下属功能和属功能组的半终止。对置是指在两个音乐乐段的分界处，在句逗之后，不用转调的过渡也不用离调的过渡即出现新调，对置的两个乐段可用主题材料上的其他共同点统一起来。

无论选择哪一种调性关系处理方法，都是音乐作品和声发展的重要手段，可以丰富乐曲的表现力，使乐曲在力度和色彩上增加变化，并在发展乐思、构成曲式方面起到重要的作用。需注意的是，在进行剪辑拼接的过程中，要遵循其对应的创作方法与规则，首先分析两首乐曲的原调性，判断调性关系类型，再制订拼接的方案，找到拼接的媒介，最后利用编辑软件将两首乐曲合二为一，从而使新的乐曲和谐悦耳、色彩丰富、完整统一。

参考文献

[1] 汪启璋．外国音乐辞典［M］．上海：上海音乐出版社，2015.
[2] 李重光．音乐理论基础［M］．北京：人民音乐出版社，2011.
[3] 孙从音，付妮．基础乐理教与学实用教程［M］．北京：中央音乐学院出版社，2010.
[4] 吴祖强．曲式与作品分析［M］．北京：人民音乐出版社，2003.
[5] 迈克尔·肯尼迪，乔伊斯·布尔恩．牛津简明音乐词典［M］．北京：人民音乐出版社，2002.
[6] 斯波索宾．和声学教程上下册［M］．北京：人民音乐出版社，2008.
[7] 国辉，孟昭鑫．体育舞蹈音乐制作［M］．北京：人民音乐出版社，2005.
[8] 李芳．体育音乐选配与创编［M］．北京：高等教育出版社，2011.

第十一章

艺术体操成套动作编排

北京体育大学（黄俊亚）

艺术体操竞赛是以完整的成套动作形式呈现的。艺术体操成套动作编排是运动训练过程重要的组成部分。本章主要介绍了成套动作编排的依据、成套动作的构成、编排原则、编排的方法与程序，以及编排主体应具备的能力结构。本章内容有助于教练员较为系统地掌握成套动作编排的理论与实践操作方法，提高创编者的基本技能和创编水平，拓展艺术体操专业领域的知识面。

第一节　艺术体操成套动作编排的依据

艺术体操成套动作编排是最大限度地挖掘运动员潜能，编排出符合规则要求、运动员特点、时代特征、具有高竞技性和观赏价值的成套动作，在激烈的竞争中最大效益地展示运动员的优势和竞技水平，并获得优异运动成绩。

艺术体操成套动作编排应依据评分规则和项目发展趋势、运动员特征、器械特点、时代审美等因素，对成套动作编排的最优化形式进行抽象概括，构建适应现代艺术体操运动技术发展趋势、符合评分规则精神、满足观赏者审美需求的艺术体操成套动作，以提高艺术体操成套动作的编排价值和艺术性。

一、依据艺术体操评分规则编排

艺术体操是评分类运动项目，规则是评价成套动作质量和运动成绩的刚性标准，同时引导着艺术体操运动项目发展的方向。在成套动作的编排中必须依据评分规则中显性的定量化指标标准合理地编排动作，如身体与器械动作的类型、形式；难度动作的数量；音乐的时间、场地面积；加分因素与分值等。同时，必须对隐形的指标与标准（如在规则中指出的丰富多样性、艺术性、风格与特点等提法）高度重视，深度理解规则评价标准，提高教练员、运动员专业理论知识和技术水平、艺术素养，编排出既能符合规则要求又能展现运动员之美的成套动作。

二、依据编排对象的特点创编

在编排时，应依据编排对象的年龄、身体形态、技术水平、体能状况、心理素质、个性特征等因素，设计编排能够充分彰显出运动员优势，规避其弱点的动作。例如，年龄较小的运动员，在编排时以基础动作，具有趣味性的动作为主，选择活泼欢快的音乐；对成年运动员选择与其技术水平相一致的动作，编排具有明显风格特征和个性特点的动作。

三、依据不同器械的特点创编

艺术体操器械丰富多样，形态各异，质地不同，各种器械具有不同的特性。编排器械动作时应充分利用和发挥器械特点，形成风格和表现形式的多元化。

编排必须依据评分规则中对每项器械的基本技术组和其他技术组动作的具体要求，充分展示器械特点，并突出运用各项器械特性的基本技术组动作。例如，绳，大跳或小跳过绳、接绳的两端、脱手小抛或自由螺形等特性动作；圈，利用其形状完成两个部位以上的滚动、从圈中通过、绕手旋转圈、围绕圈的轴旋转等；球，该项器械呈圆形并有弹性，因此应充分反映其特性，多选择滚动、拍球、单手接和单臂大幅度的“8”字动作等；棒，由于棒是双器械，它的特性动作为小五花、双棒小绕环、不对称动作、小抛双棒等；带，依据带外形的特点，其特性动作为在带形中穿过或上方越过、螺形、蛇形、脱手小抛。同时，抛接、摆动、绕环、不稳定平衡等动作是各项器械共性技术动作，在各项器械编排中均可运用，以丰富器械运用的形式。在编排中应重视器械动作与身体动作的完美结合，任何无器械动作参与的身体难度动作将不被认可。因此，艺术体操成套动作编排中，器械不能静止，其运用应丰富、合理、流畅，不能作为装饰品。

四、依据时代发展的审美需求编排

艺术体操是一项具有时尚元素及优美特点的运动项目，无论在动作风格、技术特征、服饰特点等方面都体现出时代的烙印。在选择音乐时虽然不必追逐时髦，但应与时代同步，能够满足观赏者的审美需求，同时能推动艺术体操项目的发展。在编排中对于经典乐曲不能因为时间的久远而排斥，对于流行音乐也不能因为时尚就刻意追逐。关键是音乐的选择应符合运动员和器械的特点，能创造出和谐、优美、符合竞赛需要和能够引起观赏者共鸣的成套动作。

第二节　艺术体操成套动作编排的基本原则

艺术体操成套动作编排是一项创造性的工作，同时又是一项有计划、有步骤的工作，在成套的动作编排过程中应遵循以下基本原则和要求。

一、科学性原则

艺术体操成套动作编排是将丰富多样的身体动作、器械动作与音乐完美的进行结合，形成具有竞争能力的个人或集体成套动作。所谓编排的科学性就是在编排过程中动作的难易程度应与运动员的能力相适应；大强度的动作在成套动作中的数量和分布合理；身体与器械动作的方向、时空变化应符合运动规律的特点，从而使运动员能够轻松、流畅地完成成套动作。编排的科学性是保证运动员顺利完成成套动作的基础。

二、统一性原则

从成套动作各部分的完整性和从属性来看，成套动作所表现的主题和风格应统一，具有一致性；成套动作的编排与评分规则的要求相一致；成套动作中采用的技术应与艺术体操的发展方向相一致；成套动作的音乐选择应与运动员特点、动作特点、器械特点相一致；各部分难度动作的比例在成套中应具有统一性，避免成套动作出现难度动作堆积、造成不均衡的现象。

三、对比性原则

对比性原则是指运用事物对立矛盾的规律来强化成套动作表演的效果。运用对比性原则能够有效地提高成套动作的艺术效果。在艺术体操成套动作编排中，运用音乐节奏的强弱、快慢，以及旋律的起伏变化是表现对比的重要手段之一。同时，动作的动静、快慢、高低、急缓的变化，在动作幅度、速度及肌肉紧张度等方面引起的反差形成鲜明的对比效果，常常能给裁判和观赏者留下深刻的印象。

四、个性化原则

个性化是产生艺术美的重要来源，运动员只有充分发挥出自己的动作特点和表演风格，才能产生强烈的艺术感染力并给人们留下难以忘怀的美感和记忆。艺术体操成套动作编排是在遵循评分规则的各项条款的基础上，每一名运动员都追求表现出与众不同的动作，以独特的编排显示个人的优势和个人特色。同时，评分规则对运动员动作表现方式的个性化有着积极的导向性，倡导和鼓励运动员在遵循规则基本要求的基础上充分展现自我，创造出丰富多样、风格各异的成套动作。

五、协同性原则

艺术体操运动员的身体动作与器械动作是组成成套动作的两个方面。人与器械的协同是成套动作编排的基础和基本要求。艺术体操集体项目成套动作是多名运动员协作完成的，因此，在集体项目中要求每名运动员要有集体协作精神，和谐一致地完成成套动作。编排过程中应充分考虑每个运动员的特点，在器械交换、队形变化、集体造型等方面达到流畅、协调，形成运动员之间的最佳协同。

第三节　艺术体操成套动作编排的主体及能力结构

一、艺术体操成套编排的主体构成

艺术体操成套动作的编排过程是由教练员、运动员和音乐教练员、舞蹈教练员等依据规则和运动员的竞技能力水平选择音乐与动作，编排出符合艺术体操发展趋势及运动员能力、风格的成套动作。

编排主体教练员、运动员、音乐和舞蹈教练员等构成了编排人力资源的主要因素。教练员、运动员、音乐和舞蹈教练员是成套动作的研究者、设计和实践者，研究、设计和实践对象是成套动作，而成套动作是教练员、运动员、音乐和舞蹈教练员进行实践和认识的客体。艺术体操成套动作编排要求运动员在具有一定运动能力储备的基础上，实践教练员、运动员、音乐和舞蹈教练员所进行的创造性活动，为使所编排的成套动作能够体现出运动员的优势并使运动员的完成能够实现编排的意图，对编排主体的知识和能力便提出了较高的要求。

二、艺术体操成套动作编排主体的能力结构

（一）教练员的能力结构

艺术体操成套动作编排是在教练员、运动员、音乐和舞蹈教练员的协作下共同完成的，但在成套动作编排过程中，无论在编排的总体构思，还是在编排的具体计划制

订等方面，教练员都始终处于主导和支配的地位。这种主导和支配主要体现在以下三个方面：第一，教练员是整个动作编排活动的控制中心。成套动作编排是教练员依据运动员竞技能力特征和艺术体操项目发展趋势而进行的创造性活动。第二，教练员是编排群体的“统帅”，是包括教练员、运动员、音乐和舞蹈教练在内的创编主体的领导中心。第三，艺术体操成套动作的最终操作执行者是运动员，运动员在完成成套动作的过程中，教练员是编排风险的承担者。教练员在成套动作编排中发挥着一般管理者的决策、组织、调整等职能。

在成套动作编排的决策上，教练员把握着成套动作编排的整体结构及风格、动作和音乐的选择、艺术效果的处理、服装款式及色彩的搭配等方向性的问题。在与运动员和音乐、舞蹈教练员的协同活动中，教练员不仅要履行上述管理作用，还起着支持、协调、评估的作用。艺术体操项目的快速发展，以及科学化程度的不断提高，对教练员各方面知识和能力的要求不断提高。因此，教练员的能力结构是影响成套动作编排质量的重要因素之一。

艺术体操教练员的能力结构是教练员个体所具备的认知能力和实践操作能力等组成的多序列、多元素、多层次的动态综合体，主要包括知识结构的广度和深度、专项技能、创新能力、组织协作等能力。艺术体操教练员能力结构内在综合效应的高弹性，决定了各种能力结构的组成必然是复杂、多序的，但各种能力结构并不是杂乱无序的，而是体现了以专项能力为主线的多种能力的综合。

1. 知识结构

知识的掌握是智力发展的基础，运用各种知识的综合能力构成了智力结构。知识构成包括：第一，较高的、广博的科学文化知识。第二，深厚的专业知识。第三，与本专业相关的交叉学科、横断学科和边缘学科的跨学科知识。现代科学各学科之间交叉渗透并高度融合。合理的多学科知识结构，其“整体大于部分之和”。科学证明：一门学科只有与其他学科交叉产生交互作用，才能得到发展，并发挥更大作用。在竞技运动水平的突破和提高中，多学科知识和成果的引进及运用发挥了重要作用。

渊博的知识是教练员运动训练活动的基石，一个具有完善知识结构的教练员能给有才能的运动员带来理想的成绩。教练员的知识结构是指组成教练员知识系统的各学科之间组合方式及其比例关系。通过一定中介形式，使各学科的知识组合为创新型教练员体系中的“元素”。就艺术体操教练员的知识结构“元素”来说，首先是扎实的基础知识，这种基础知识是多元的，既包括教育学科知识，又包括人体科学知识。教育学科知识包括教育学、心理学、管理学等学科知识；人体科学知识包括运动解剖学、运动生理学、运动生物力学、运动生物化学、运动医学等。基础知识既是指导艺术体操训练和编排的基础，也是解决在编排中遇到难、新问题的工具。同时，教练员应具备高而深的专业知识，高而深的专业知识是知识结构的核心部分，是从事艺术体操训练与编排所必备的知识元素。专业知识包括：深入了解艺术体操技术发展和编排规律、训练特点和规则；能够迅速获取与训练、动作编排相关的各种信息，把握技术发展趋势和方向；不断掌握和更新编排理论和方法，熟悉编排创新的保障体系即物质保障、科学研究、医学生物学保障（学会医务监督、防伤、急救、营养、恢复措施等）。如此才能保证编排活动的顺利进行。

2. 专项技能

成套动作编排的能力是艺术体操教练员从事训练实践工作非常重要的能力之一，成套动作编排伴随在艺术体操运动训练的各个阶段，教练员对成套动作编排方向的控制和把握是决定编排质量和运动成绩的关键。教练员在编排方面的专业技能主要体现在以下三点。

第一，全面、客观地分析运动员的身体素质状况、个性心理特征、动作技术水平及特点、年龄及身体形态特征、文化知识及艺术修养等因素，并依据运动员的特点设计、选择、创造符合运动员竞技能力特征的动作、音乐、风格、动作表现形式，以及运动员各项竞技能力的水平及它们的协同关系。

第二，具备较优美地完成艺术体操基本技术动作和舞蹈动作的能力及准确、丰富的语言表达能力。教练员能够对所设计的动作通过简单的示范和准确形象的语言表达出来，使运动员正确理解编排的意图，同时能够启发运动员在此基础上发挥自身的优势积极参与编排活动之中，引发运动员自己喜爱的和有创意、新颖的构思及动作。

第三，教练员在从事艺术体操训练过程中逐步获得了必须具备的知识、能力和技能。但是随着艺术体操的发展，原有的实践知识是不能满足时代进步的需要的，教练员应具备在工作中不断学习、探索新的技术、新的方法与手段、进行自身的充实和提高的能力，这样才能保证动作编排的先进性，为获取优异成绩奠定良好的基础。

3. 敬业精神

教练员的敬业精神，是无形的力量，在运动队这个集体中，更是一笔宝贵的精神财富。教练员对事业的执着追求是与强烈的爱国主义精神融合在一起的，这两种精神融为一体所产生的巨大的精神动力，会对教练员和运动员产生极大的激励作用。有了这种崇高的思想境界，教练员可以表现出非凡的毅力和超出常人的顽强，努力钻研业务，探讨先进的训练方法及补充、收集编排所需的素材，以保证动作编排的顺利完成。概括地说，强烈的敬业精神能给教练员产生为国争光的荣誉感；对运动员高度负责的责任感；身负重任的使命感；面对竞争、挑战的紧迫感；与竞技体育发展保持同步的时代感。

4. 创新能力

艺术体操的发展历史，就是一个不断的以新的动作技术、动作难度和动作组合代替旧的动作技术、动作难度和动作组合；以新的训练和编排理论、方法取代旧的训练和编排理论、方法的过程。随着当今科技的迅猛发展，艺术体操的训练与编排过程中推陈出新的速度越来越快，创新的范围越来越广。创新已成为艺术体操项目发展的原动力，而教练员的创新能力直接影响着艺术体操训练和成套动作编排的创新。艺术体操教练员的创新能力主要由以下五方面能力构成。

第一，观察分析能力。教练员应善于敏锐地把握住艺术体操项目和动作技术的发展趋势，准确地观察到艺术体操训练和成套动作编排中存在的问题和缺陷，及时地分析出影响成套动作编排的因素和问题的关键所在。

第二，创新思维能力。创新思维能力是人类思维的最高形式，是整个创造活动的实质和核心，也是构成创新能力的最重要的因素。创新思维能力是由想象力、多向思维能力、联想思维能力及灵感捕捉能力组成。

第三，创新设计能力。创新设计能力就是将有价值的构思变成实物，并付诸实践的才能。在艺术体操编排创新活动中，创新设计的方向主要是对整套动作的结构、动作风格、单个动作及接连、动作表现形式的创新与设计等。

第四，前瞻预见能力。前瞻预见能力是根据客观事物的已知因素及其发展变化规律，凭借知识储备与逻辑思维能力，预先推断未来的能力。艺术体操成套动作编排中的前瞻性主要体现在两个方面：一是善于预测竞争中编排的潜在需要，然后针对需要的潜在趋势做出科学预测，这对创造性的编排活动来讲是至关重要的。二是当一个新事物刚刚出现萌芽状态时，就应具有预见其生命力和发展趋势的能力。能预测出艺术体操动作技术与编排未来发展变化的趋势、期限与特点是创新活动所必备的能力。

第五，获取信息和分析、利用信息的能力。艺术体操是一项由多学科共同作用而发展的运动项目，其成套动作的编排需要大量的信息来导航。为此，加强情报信息的收集和应用是艺术体操编排科学化的重要环节，也是教练员训练工作的重要组成部分。在情报信息收集方面，既要吸收本运动项目领域内的各种情报，又不可忽略其他运动项目领域和其他学科领域中的信息。因为信息是创新活动的“营养源”，取得的信息范围越广，“营养”就越丰富，就越有利于相互借鉴、学习和移植。艺术体操训练与成套动作编排过程中教练员应具备并不断提高获取信息和分析利用信息的能力，有效运用综合、移植、改造、重组等创新方法。

5. 组织协调能力

编排是一个复杂的过程，会涉及各个部门，需要得到各个部门支持。同时，编排主体之间也需分工协作，因此，组织协调能力也是编排过程必备能力之一。

在当今训练工作中，随着训练科学化程度的提高，教练员专业化过程的推进，与其他社会工作联系的加强，教练员善于与人合作与共处的技能显得十分重要和必要。善于与人合作是一门学问，是一种协调内外关系使事业获得成功的技能。因此，教练员必须具备控制自己情绪和感情的能力、取得他人信任的能力、协调人际关系的能力和与他人共同工作和思考的能力。促进相互了解、相互适应、相互协调，使整体保持着有机的秩序，向同一目标行动。教练员为完成动作编排及训练任务必须善于与运动员、其他教练员、科研人员、医务人员、营养师、管理人员、后勤人员及各类技术人员合作。为促进技术水平的提高、争取多方面的支持，需要与领导、艺术体操专家、裁判员等建立联系并处理好各种关系。

（二）运动员的能力结构

运动员通过与教练员、音乐伴奏、科研人员等配合，运用自身优势与能力编排并完成具有个体性的、能表现出独特风格的成套动作。影响运动员动作编排的因素为运动员竞技能力水平、文化知识程度和艺术修养水平。

1. 艺术体操运动员竞技能力的构成

（1）艺术体操运动员竞技能力的要求。

竞技能力是运动员有效地参加训练和比赛所具备的物质条件。竞技能力是运动员参加竞技比赛，创造运动成绩必须具备的能力。竞技能力由具有不同表现形式和不同作用的体能、技能、战术、心理能力和竞技智能构成，并在运动训练和竞赛中综合地体现出来。体能又可分为形态、机能、素质三个方面。艺术体操动作编排应依照运动员的竞技能力合理地将动作、结构、风格融入成套之中。

（2）艺术体操运动员竞技能力特征。

①艺术体操运动员体能特征。

身体形态对运动员的竞技能力起着重要作用。艺术体操作为技能主导类难美项群之中的运动项目，对运动员形态如身高、体重、肢体长度、宽度、围度，身体各部分的比例，以及脸形、五官、气质等有着严格且特殊的要求。艺术体操是以优美为特征的运动项目，在比赛中，运动员不仅应达到技术娴熟，动作优美，同时，优美的形态也是取胜的必备条件之一。

多年来的实践和经验表明，艺术体操运动员应身材适中、苗条、肢体修长、比例协调、匀称。身高在165~175厘米。躯干短、四肢长、髋窄、关节小、身体曲线柔和秀美。五官端正，头稍小、颈部修长而挺拔。在同龄人中属于端正秀丽、非常漂亮的女性。

艺术体操运动员神经过程的均衡性和灵活性高，视、听、触觉及本体感觉准确、灵敏。在素质方面，柔韧、力量、灵敏、动作速度和专项耐力都有着重要的作用。柔韧素质是艺术体操运动员必须具备的最重要的素质之一，当今艺术体操规则中，各类难度动作的造型更多的是采用躯干大幅度弯曲的同时，结合下肢超大开度的姿态控制和运动，这使得运动员柔韧素质显现得尤为突出。力量和速度素质对高质量掌握难度动作、达到编排容量的理想化及运动员风格的形成有着重要的影响。灵敏和专项耐力素质是保证运动员完成编排意图的基础。

②艺术体操运动员技能特征。

优秀的艺术体操运动员具有精确、优美地完成复杂的身体动作和器械动作的能力。艺术体操运动员技能主要表现在对身体姿态的控制能力、准确判断时空的能力、熟练掌握和运用各项器械的能力及与同伴协调配合的能力。在战术运用上，主要体现在动作编排的结构合理，扬长避短，充分发挥运动员的优势，确保在比赛中顺利、优美地完成成套动作，以达到最佳比赛效果。

③艺术体操运动员心理能力特征。

艺术体操运动员完成动作时器械感、音乐感、时间和空间感觉、平衡感觉以及肌肉用力的强度感觉等特别精确，即感知觉灵敏度高；具有善于自我调节的能力和果敢的精神。

④艺术体操运动员智能特征。

艺术体操运动员思维敏捷，具有丰富的想象力、创造精神和快速应变能力，善于分析和判断动作。艺术体操运动员竞技能力结构具有鲜明的项目特征，然而，每一名运动员都有着个体差异，如何使运动员将自身的优势充分地展现在运动场上，关键在于成套动作编排中动作与音乐的选择，动作结构、布局及风格的定位等是否能符合运动员个体竞技能力特征。因此，在成套动作编排中应依据运动员不同的形态、机能状况、素质、技术水平、心智能力等诸因素选择适合运动员特点的动作风格、难度水平、表达方式等。

2. 文化知识和艺术修养

随着现代艺术体操训练科学化水平的不断提高，在艺术体操成套动作的编排中运动员最大限度地挖掘和发挥自身潜力尤为重要，运动员不仅是教练员编排意图的执行者，更是一名积极参与编排行为的实施者，是与教练员、编排相关人员共同设计、创造、选择适合自己和喜欢的动作编排活动的最为重要的编排主体之一。在参与动作的编排和实践编排意图过程中，运动员不仅应具备运动竞技能力，文化知识和艺术修养水平的发展和提高也不容忽视。运动员知识结构主要由基础文化知识、专业基础知识、专项理论知识、相关知识构成（图 11-3-1）。

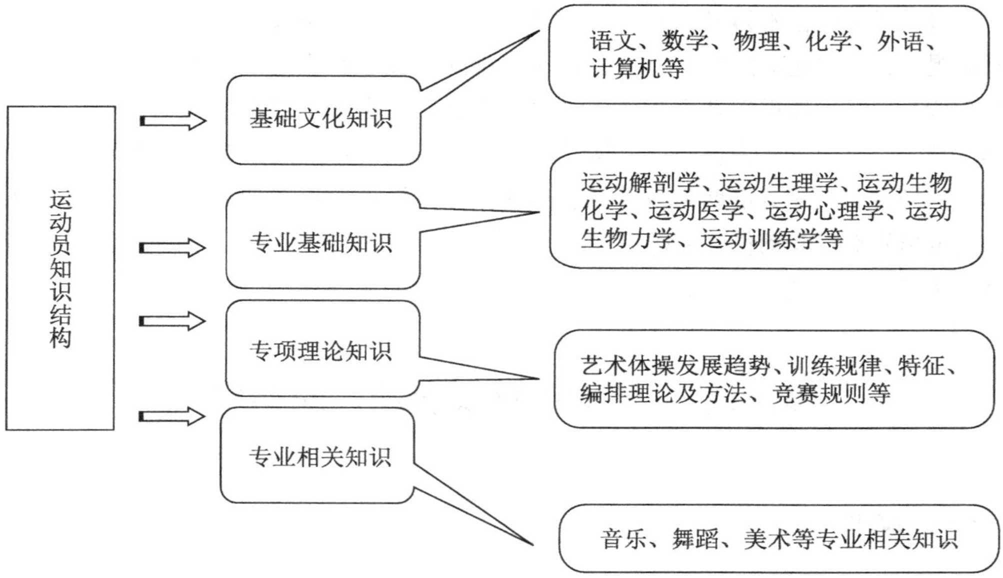

图 11-3-1 艺术体操运动员知识结构模式

运动员是成套动作编排的对象，更是动作编排的主体。首先，运动员的运动竞技能力和知识结构是构成套动作编排的重要基础，动作编排的一切活动都建立在这个基础之上；其次，运动员在完成编排的过程中并非被动地接受，而是主动地参与。在参与的过程中，知识水平的广度和深度是影响成套动作编排质量的重要因素。

（三）音乐、舞蹈教练员的能力结构

音乐、舞蹈教练员是艺术体操训练队教练组构成的重要成员，是艺术体操成套动作编排集体中非常重要的角色之一。在动作编排的整个过程中，音乐教练员依据主教练的总体设计和运动员及器械特点，选择或创编符合需要的乐曲供教练员、运动员选用，并为他们剪辑和制作成所需的作品。同时，帮助运动员深入理解音乐的内涵、意境及建议完成动作的表达方式。音乐教练员不但应精通音乐知识，还应具备全面掌握艺术体操专业知识的能力。舞蹈教练员依据成套动作设计的主要思路、主教练对成套动作提出的要求和运动员技术动作的类型与风格，为成套动作编排提供基本舞蹈动作素材和舞蹈动作编排思路，并对运动员的基本形态和基本舞蹈动作进行日常训练与培养。因此，舞蹈教练员一方面应具备全面、扎实的舞蹈理论与舞蹈技术动作教学水平，了解与掌握中外舞蹈的基本特点和现代舞蹈发展的现状、热点，把握现代舞蹈发展的趋势；另一方面还应掌握艺术体操技术发展的趋势，善于将各类舞蹈动作合理、有效地引进艺术体操成套动作编排之中。舞蹈教练员还应充分了解每位运动员的动作技术情况，并在日常训练中不断培养和精心塑造运动员的基本形态和基本舞蹈技术，为运动员出色地完成成套动作奠定基础。

随着现代国际艺术体操比赛竞争的日益加剧，艺术体操成套动作编排质量与效果的不断提高，许多运动队在进行成套动作编排的过程中都成立了编排专家组。编排专家组一般是由艺术体操专业管理人员、科研人员、本国或本省市的裁判员等组成。在编排活动中，以教练员为核心，以运动员竞技能力、竞赛规则和艺术体操发展趋势为依据，编排专家组成员定期为教练员、运动员提供编排所需的信息和资料，从评分规则的角度出发对成套动作的编排进行把关并提出修改意见和建议，以保证编排出科学、合理、优美、具有创新价值的成套动作。

第四节　艺术体操成套动作的构成

一、动作

动作是形成艺术体操成套最基本的元素，是构成艺术体操成套动作最小的单位。身体和器械单个动作通过合理连接组成联合动作构成成套动作。艺术体操的动作包括身体动作和器械动作两大部分，身体动作是艺术体操项目的基础动作，器械动作必须与身体动作完美配合，构成和谐统一的整体，才能称之为艺术体操。

（一）身体动作

1. 艺术体操身体动作的分类及特征

艺术体操的身体动作是指运动员在规则允许的范围内，全身或身体的某一部分进行符合艺术体操技术规律的活动或运动。艺术体操的身体动作是由各种舞姿、舞步移动动作、摆动、绕环、波浪、柔韧、滚翻、软翻、侧手翻，以及跳、平衡、旋转等动作构成。身体动作类型丰富，在完成过程中通过不同运动方向、不同动力变化、不同表现形式及身体不同部位的运动，形成绚丽多姿、纷繁优美的身体动作。身体动作分为基本技术动作组、其他技术动作组和近似技巧动作三类。

（1）基本技术组动作。

身体基本技术组动作是成套动作编排中最为重要的组成部分，是构成难度动作的基础，也是成套动作中动作内容的活跃点，深受广大教练员、运动员的关注。目前，在评分规则中被认可的难度动作是基本技术组的跳（∧）、平衡（⊤）、旋转（⊥），三类动作的选择在规则中有数量、类型的规定。在2013—2016年国际评分规则中，舞步系列也成为难度动作的一部分，并在每套动作中必须体现，如缺少将被扣分。难度动作价值水平的高低直接影响着运动员能否取得优异的运动成绩。

（2）其他技术组动作。

身体其他技术组动作是构成成套动作不可缺少的主要成分，是身体动作训练的基础。一套动作中身体其他技术动作组的使用率占成套动作的2/3或更多。该动作组在成套动作的编排中起着举足轻重的作用。身体其他组动作主要是由舞姿、移动、小跳、摆动、绕环、柔韧、波浪等动作构成。

身体其他技术组动作在成套动作编排中具有为难度动作进行有效的连接，以丰富成套动作的表现形式及方法，形成优美的造型，增强成套动作的流动性、动力性和多样性等作用和功能。

（3）近似技巧动作。

近似技巧动作在规则中有着严格的限制，是指无腾空的向前或后的滚翻、软翻和侧手翻动作，并且在垂直部位无停顿。由于近似技巧动作不具备艺术体操的典型特征，属于不提倡过多使用的动作类型，因此，每套动作编排中有严格的限制。在成套动作构成中，并不具有不可替代的作用，但合理巧妙地使用近似技巧动作可使成套动作达到新奇和动作形式丰富多样的效果。

2. 身体动作的选择

在竞技性艺术体操成套动作的编排中，应依据评分规则中各项难度动作的数量、价值、类型、表现方式，以及个人或集体队伍的特点和优势选择不同级别、不同呈现形式、类型丰富的身体动作。

（二）器械动作

竞技性艺术体操的器械包括绳、圈、球、棒、带5种，国际体操联合会对艺术体操器械的性质、质地、大小有着具体的规定。艺术体操器械动作是指运动员在规则允许的前提下，身体的某部分运用器械进行的活动，并使器械运动形成一定的形、面或轨迹的变化。运动员合理运用器械是艺术体操项目的最主要特征之一。在艺术体操评分规则中明确规定：运动过程中，器械必须始终处于运动状态，其技术动作的形式、幅度、方向、平面和速度均应有不同的变化，器械的运用应多样化。同时，评分规则中还明确指出，身体动作必须与器械动作结合，握器械或者将器械放在地上不能超过规则规定的数量，否则将被视为器械静止，予以扣分。目前，器械运用主要表现在器械动作的频率加快，身体动作与器械的结合方式、结合的关系、结合的程度等更加复杂化。

1. 各项器械动作技术分类及特征

规则规定艺术体操正式比赛的项目是绳、圈、球、棒、带5种器械。虽然这5种器械具有某些共同的特点，但由于器械的构造、质地各有所不同，因此，各器械技术的特征及符合器械特征的动作及类型就存在一定的差异。

（1）“绳”动作技术特征快速、活泼、流动。

绳的质地和形状特性决定了其动作技术组的性质。绳操的技术组动作有大跳过绳和小跳过绳、脱手小抛一端和接、抛和接、螺形、转动展开的直绳、转动、摆动、绕环、“8”字等动作类型。其中两手握绳的两端向前、向后、向侧摆动，同时大跳过绳和小跳过绳，抛绳的一端是绳操的典型性动作，在成套动作编排中应充分运用，其他技术组动作使用应保持均衡。除此之外，运动员还可以运用器械做缠绕、螺形、反弹等动作，它们虽然不是该项目特有的技术组动作，但在动作的连接以及特殊表现时使用可以丰富动作的表现形式，使成套动作变化多样。缠绕、反弹等非典型性动作在成套动作编排中使用不得过多。

（2）“圈”动作技术特征力度强、流动性大。

圈的质地与构造决定了其动作的技术类型特征。圈操的技术组动作有身上和地面上的滚动、绕手或身体各部位的转动、绕圈自身轴的旋转、抛和接、从圈中穿过、圈上越过、摆动、绕环、“8”字等动作类型。其中滚动、从圈中穿过、旋转圈、转动是圈的典型性动作。抛和接、圈上动作、摆动、绕环、“8”字等动作应均衡地运用在成套动作编排中。

（3）“球”动作技术特征柔和、流畅、柔美。

球呈圆形且弹性极佳，滚动和拍球构成球操的典型性动作。运动员可单手、双手或身体其他部位运用球完成身上或地上自由滚动、拍球、反弹、抛和接、摆动、绕环、“8”字、手臂绕环或不绕环的翻转动作类型。球的技术动作最能体现柔和、流畅的特征。利用球的特性做伴随滚动、被动性拍球、旋转等动作能够丰富成套动作的表达形式，但由于这些动作不属于基本技术组动作，因此不宜使用过多。

（4）“棒”动作技术特征双器械、小巧、动作丰富。

持棒小头完成动作是棒的基本技术，只允许暂短地使用棒体和棒颈部分。可手持器械，亦可身体其他部位运用器械完成动作。棒的技术组动作是由小绕环、小五花、抛接、敲击、摆动、绕环、“8”字动作、棒的旋转和滚动、不对称动作类型构成。其中，小绕环和小五花、不对称动作、抛双棒是棒的典型性动作。滚动、在身上或地上旋转、反弹、滑动、敲击等动作的运用能够增加成套动作的变化和趣味性，但由于是非典型性动作，使用不得过多。

（5）“带”动作技术特征流畅、飘逸、图形优美。

带操的技术组动作是由蛇形、螺形动作类型组成，摆动、绕环、“8”字、抛接、拉带抛、带棍绕手的旋转动作、身体从带形成的图形中或图形上通过、反弹、缠绕等允许使用，但这类动作不是该项器械的典型技术，因此，这些动作在编排中不能过多出现。

运用绳、圈、球、棒、带5种器械，做摆动、绕环、“8”字动作及器械抛接等的几类动作，是体现艺术体操器械共同特性的动作，是每一项器械均需要编排并完成的动作类型，但各项器械都有表现其不同性能的特定动作类型。每项器械又都有各自技术组特有的动作技术组，在编排中应充分体现各类器械典型性的基本技术组动作，并使各类基本组动作之间的使用保持均衡。

2. 器械动作的选择

使用器械是艺术体操项目的主要特点之一，在成套动作编排中器械动作的选择：首先，应遵循艺术体操项目特点，即全面丰富且均衡使用器械基本技术组中各类型动作；其次，选择各项器械具有典型性的动作类型，突出各项器械的特性，使同一名运动员在完成不同项目中体现出不同的风格和特色，避免各项之间雷同现象的产生，形成成套动作多样化态势，既能显示运动员综合运动能力，又能提升成套动作的观赏性；最后，在满足以上两点的基础上，运动员应选择具有技术优势的动作编排在成套动作中，形成巧妙、独特和突出个人特点与风格的成套动作。

3. 器械动作与身体动作结合的形式

艺术体操评分规则规定，成套动作过程中器械必须始终处于运动状态，握器械的状态（即没有完成明显的器械技术动作）不能超过一个动作，否则将按器械静止予以扣分（-0.30），同时要求，器械动作和身体动作必须协调一致。因此，在成套动作编排中身体动作与器械动作的结合应追求流动性、多样性、优美性，构成器械与人体和谐统一的整体。

艺术体操各项器械的基本技术动作是有限的，然而，将这种有限的器械动作与不同类型的身体动作有机的结合，便构成了艺术体操婀娜多姿的造型及多变的运动形式和空间，为艺术体操向运动美方向发展提供了广阔的前景。运动员在器械动作与身体动作结合关系方面应做到紧密化、复杂化、多样化和个性化。

4. 集体项目的交换及协作配合动作

艺术体操评分规则规定，集体项目每套动作必须由5名运动员来完成，其典型特点是每名运动员要和谐一致地完成整套动作，并充分体现集体合作精神。因此，在集体项目成套动作的编排中必须表现出运动员的合作思想，并清晰地体现在成套动作中的各个部分。集体项目的交换难度和运动员或器械之间的协作与配合是编排中不可或缺的内容。为了充分反映集体项目的特征，在评分规则中明确指出，在一套动作中至少应有4个交换难度，同时，在编排中要以不同的方式来体现“运动员之间的关系”和团体动作。除器械交换外，还要有不同类型的协作性动作。

集体项目的编排，在重视交换与协作中的加分和扣分因素的同时，还应对团体的一致动作、团体快速连续性动作、依次完成动作、团体以类似“轮唱”的形式完成动作、团体有对比地完成动作，以及团体如同合唱队十分协调地完成动作等形式给予足够的重视。这些团体类型动作虽然在评分规则中没有赋予它们具体的加分和扣分值，但是，对于缺少该类动作而引起的艺术性、观赏性和团队精神欠缺等因素，将会在完成的艺术评价中扣分。

二、音乐选择与运用

（一）艺术体操成套动作中的音乐结构

艺术体操音乐的特征与结构是由艺术体操自身的特点和艺术体操评分规则对音乐的有关规定所决定。在评分规则中规定：一套动作长时间或整套动作有意不使用音乐伴奏，不予评分；艺术体操音乐的编排必须具有所需的特性；与动作的发展相连贯，并具有很好的、清晰的韵律，能胜任艺术体操的伴奏；凡能演奏表现艺术体操动作特点的音乐（构思清晰明确）的乐器均可使用；音乐的主题、特征和节奏必须与动作保持严格的一致性，而不是几个无关联的音乐片断的组合，不允许使用混杂的声音。

（二）艺术体操成套动作音乐的选择

艺术体操成套动作音乐的选择非常重要，同时，音乐的选择与运用也存在一定的难度。通常，一段好的音乐不一定能编排出好的成套动作。在艺术体操项目开展初期，规则规定成套动作音乐只允许使用一种乐器，随着项目发展的需要逐渐过渡至允许使用两种乐器。近年来，为使艺术体操的表演能够与时代接轨，并能够充分满足观众的审美需求，评分规则对音乐伴奏的要求有了突破性的变化，即可以使用一种或者几种乐器，其中嗓音也可以作为一种乐器，每名运动员或每一支集体队允许一套动作音乐带有歌词。这样就使艺术体操的音乐更加丰富多彩，更能体现出优美、活力、时代感，更富表现力，为艺术体操伴奏乐曲的选择提供了广阔的空间。

为使成套动作的音乐能够充分反映艺术体操的项目特点，能够演绎出优美、动人的成套动作特点与风格，在成套动作的编排中对于音乐的选择应符合运动员特点、符合器械特点、符合时代及大众审美的需要。

三、空间运用

艺术体操成套动作是在 13 米×13 米的地毯上，馆高至少 8 米的三维空间中进行。在规则中对空间的使用是从方向、轨迹、水平、方式等方面进行评价的，具体体现为动作的方向和路线变化、空间层次的运用及集体项目的队形变化等。

在艺术体操成套动作中，空间的运用是水平空间与垂直空间的复合体，往往处于共享空间之中。共享空间又是流动的空间，因为它的空间是互相贯通、渗透、穿插和连续地有机结合。

（一）艺术体操成套动作的空间类别及运动方向

艺术体操成套动作的空间可分为地面空间（二维空间）——路线及队形和垂直空间（三维空间）两大类空间层次。但是，无论是地面还是垂直空间，他们都有方向的变化。

艺术体操的场地呈正方形，四面都有观众，在编排动作时应充分考虑这一情况，使各种身体动作和器械动作有序地在场地的各个部分与方向全面展开，形成一幅优美的流动画面。但是，在比赛中裁判员和主席台总是在一个固定的方向，所以，为了充分地展示最佳技术动作，应掌握部分类型动作展现方式的规律，在编排中恰当地运用，使运动员的优势得到最大限度地展现。如踹燕和跨跳类动作，由于该类型动作腿部或躯干是前后运动，便会造成在不同方向观察效果截然不同的现象。如果是右腿在前完成动作，我们在前、后或右侧观看会感觉动作的开度与高度不甚理想，然而，同一个动作在左侧观看效果就大不一样，能够较好地欣赏运动员动作的开度、力度及优美的姿态。因此，在编排中类似这样的动作应尽可能地安排其左侧方对着裁判员。

（二）艺术体操成套动作编排中的空间运用

1. 地面空间的运用

在艺术体操比赛中，地面空间的运用主要体现在个人运动员成套动作路线和集体项目队形的变化上。

(1) 个人运动员成套动作路线的运用。

艺术体操成套动作的路线是由运动员在比赛空间的一系列位移而形成的。它是运动员实现难度动作的展示。运动员的成套动作路线丰富多彩、变化万千。

一套丰富、优美的成套动作的路线必须具备两个条件：第一，对动作由哪个位置开始、做哪一类动作并采取什么线条（如直线、曲线、弧线等）、向哪个方向移动、结束的位置及方向等进行仔细的构思与策划；第二，运动员应具备快速完成动作的能力，以满足在规定的时间内能够移动至设计的距离和位置。成套动作路线的安排应使运动员的动作移动布满全场，包括场地的四个角和中间，移动的路线应满足多样化的要求，从而构成多姿多彩的图案（图 11-4-1）。

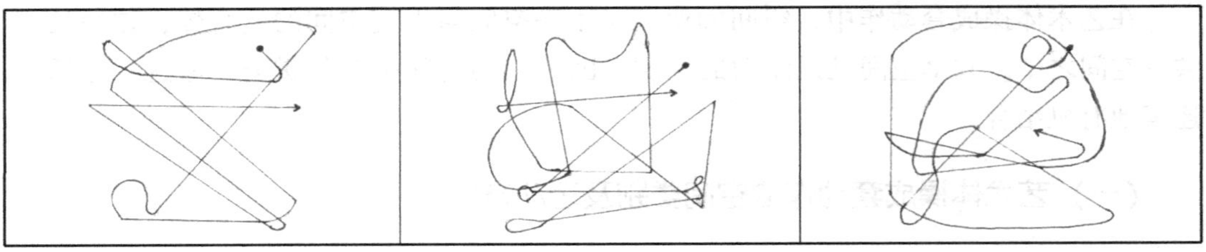

图 11-4-1　艺术体操个人项目成套动作路线

（2）集体项目中队形的运用。

队形变化是集体项目编排中不可缺少的主要因素之一。在成套动作编排中合理并具有创意的队形选择、队形与音乐的和谐配合、队形与动作的合理搭配等都将对成套动作编排的整体效果产生重要的影响。

评分规则关于队形有着明确的规定，即“每套集体动作包括至少 6 个不同的队形；根据情况，队形可以由 5 名运动员或不同的小组组成；运动员不能在同一个队形中停留时间过长；集体动作必须通过队形变化、不同的幅度（密集和分散队形）、场上位置及方向的变化来使用整个场地”。

艺术体操的队形丰富多彩、变化多样。在成套动作编排中由于受器械、运动员、技术风格、音乐风格等因素的影响，不同的项目和集体队中运用的队形各不相同，但对于能够反映集体项目特点并有利于完成交换和配合动作，能形成对比、构成优美图案等的队形会经常地被采用。艺术体操集体项目常用队形如表 11-4-1 所示。

表 11-4-1　艺术体操集体项目常用队形（例）

序号	队形		各队形适宜动作类型举例
1	直线形		一致性舞蹈动作、协作动作、对比动作、从中间分组（两人向后转）绕中间的轴旋转、非交换难度动作、交换难度动作等
2	圆形		圆的顺时针或逆时针流动动作，向外放射或向圆心聚拢的动作，造型动作，交换难度、非交换难度动作等
3	梯形		交换难度动作、非交换难度动作，一致性舞蹈动作，协作动作，两组交错、对比性动作
4	弧形		表现性动作、非交换难度动作、协作动作

续表

序号		队形	各队形适宜动作类型举例
5	T字形		一致性舞蹈动作，交换难度、非交换难度动作等
6	剪头形		集体由后半场向前半场完成连续大跳、旋转或动力性动作，协作动作，交换难度动作等
7	V字形	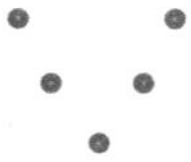	一致性舞蹈动作、非交换难度动作、对比性动作等
8	十字形		非交换难度动作、交换难度动作等
9	L形		非交换难度动作、交换难度动作等
10	不规则形	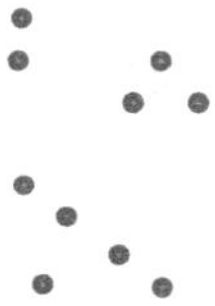	是构成成套动作表现形式多样性的重要途径之一，这类图形可以使观赏性大增，提高成套动作的流动性，是形成动感和美感不可缺少的因素

不同的空间形式具有其不同的特性和气氛。直线、圆、三角形等严谨规则的几何形式空间（图形），给人以端庄、平稳、肃穆、庄重的气氛；不规则的空间形式（图形）给人以活泼自然、流畅、无拘无束的气氛。封闭式空间给人内向、肯定、隔世、宁静的气氛；开敞式空间给人以自由、流动、爽朗的气氛。在成套动作的编排中应根据动作的类型、音乐的气氛、器械的特点、运动员的特征等，适时地将不同的队形巧妙地安排在成套之中，既不能只重视规整的几何图形，也不能轻视它，而是应依据成套动作的需要合理将几何图形和不规则图形灵活地运用于成套之中，并使各种图形的转换流畅、清晰。

2. 垂直空间的运用

艺术体操垂直空间（即空间层次）的运用，与其他项目相比较具有其特殊性。在艺术体操成套动作中，人体运动在形成高、中、低三个不同层次的同时，器械的运动同样能够构成多个层次的变化，使空间层次中形成人体与器械、人体与人体、器械与器械交织，构成高低起伏、参差错落、千变万化的生动的立体画面，这正是艺术体操项目的魅力所在。

在艺术体操编排中，空间层次的清晰、流畅与丰富是高质量编排的基础。在艺术体操的编排中，空间的运用形式应多样化，抛器械的高度不能仅使用超高空，而应各个层次合理分布、和谐使用，既满足艺术价值中熟练性、惊险性加分的需要，同时又满足艺术价值中器械使用多样性的加分需要和形式美中“均衡”的特点。

四、时间的合理运用

（一）艺术体操成套动作的时间特征

在艺术体操项目中完成成套动作的时间是指动作过程的顺序性、间隔性和持续性。具体表现在成套动作的各部分自始至终依次出现的顺序，动作强弱和快慢周期的交替，单个动作、成套动作或整个比赛动作过程持续的时间。

艺术体操成套动作的时间可以从两个层面来分析：其一，评分规则限定的每一个成套动作整体时间范围的运用；其二，每一套动作之中节奏的强弱、缓急、长短、快慢等时间的变化，以及各动作类型或完整成套动作各部分占有时间的比例。

（二）成套动作节奏及各部分时间安排

艺术体操成套动作编排从某种意义上就是合理分割时间，从而让时间产生效益的艺术。艺术体操成套动作是由开始部分、中间部分和结束部分三个部分构成，每一部分的目的、任务不同，所需表现的时间亦有差异，因此，在时间的分配与安排上应有所区别，以达到和谐、均衡的艺术效果。

第五节　成套动作编排的步骤和方法

一、成套动作编排的程序及阶段划分

艺术体操成套动作编排活动一般都具有准备、实施、检验三个主要环节。因此，可将艺术体操成套动作编排过程划分为三个基本阶段，即编排的准备阶段、编排的实施阶段和编排的检验阶段。上述艺术体操成套动作编排的三个基本阶段也就是艺术体操成套动作编排的基本程序（图 11-5-1）。

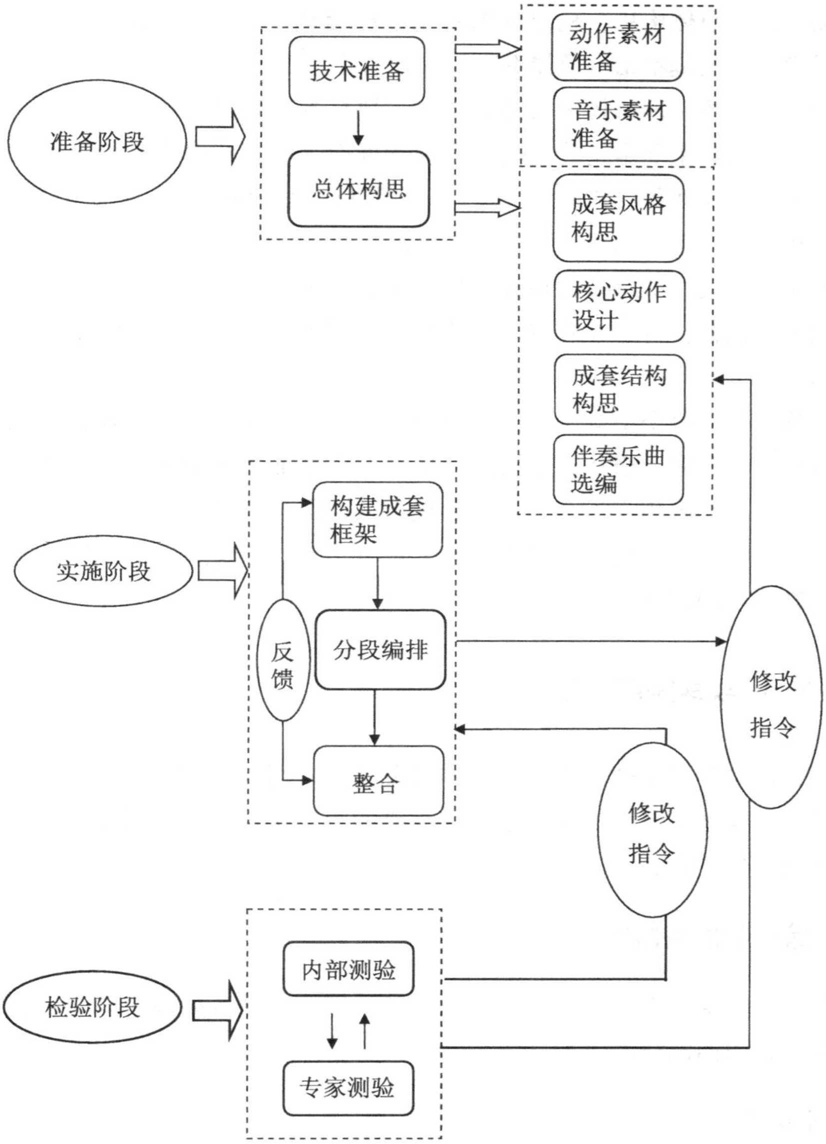

图 11-5-1 艺术体操成套动作编排程序示意图

二、成套动作编排各阶段的内容

艺术体操成套动作编排三个阶段的任务不同，每个阶段的具体内容与操作方法也各不相同。

在编排的第一阶段，即编排的准备阶段，主要任务是进行成套动作编排的前期准备。工作内容主要是进行各种技术准备，包括各种动作素材准备和音乐素材准备，以及对成套动作进行总体构思，构思的内容包括成套动作的风格、设计成套动作中的核心动作、成套动作的基本结构及伴奏音乐的选编等。

编排的第二阶段，即编排的实施阶段，主要任务是在总体构思的基础上进行成套动作编排。工作内容主要是构建成套动作基本框架（包括成套动作中段落的划分、成套动作路线的队形及变化方式的设计等），分段进行动作编排和依据艺术体操评分规则的要求与整体艺术效果对动作、音乐、空间和时间四个基本要素进行整合。

编排的第三阶段，即编排的检验阶段，主要任务是对已编排成型或已在训练和比赛中运用的成套动作进行修改和完善。检验的方式方法包括运动队内部检验和组织专家进行检验两种。

需要明确的是，每个编排阶段的结束也意味着下一个阶段的开始，他们之间相互联系，没有明显的界限。当在编排的过程中遇到问题而需要对前一个或两个环节进行必要调整时，则可发出相应指令并予以实施，从而保证成套动作编排高质量和顺利完成。所以，艺术体操成套动作的编排过程是一个设计、实施、调整、修改、发现问题、再调整的不断完善的过程。

三、各阶段编排方法

艺术体操成套动作编排方法源于编排实践活动，而编排实践活动又推动着编排方法的不断创新和发展。同时，在成套动作编排的不同阶段，应根据编排的实际需要合理选择与运用具体的方法。

（一）编排的准备阶段

准备阶段是成套动作编排实施的预备阶段，编排的准备阶段主要包括技术准备和成套动作总体构思两部分内容。

1. 技术准备

（1）动作素材的准备。

动作是编排的基础，在成套动作编排前，教练员应客观地分析运动员的特点，依据艺术体操评分规则的基本要求及艺术体操技术的发展趋势，为运动员设计需要学习和开发的技术动作内容，并组织其进行实践活动以丰富动作贮备，为满足成套动作编排所需的各类动作奠定基础。

（2）音乐素材的准备。

在成套动作编排过程中，选择音乐追求的目标是能符合运动员特点、评分规则和审美需求的音乐。在技术准备期，教练员、运动员和音乐伴奏教练应开始为成套动作的音乐选择做准备，即试听各类型音乐，大范围收集音乐素材，进行音乐资料储备。

2. 动作编排的总体构思

艺术体操成套动作编排的总体构思是编排者在“头脑中的创造”，是对成套动作的效果进行预期描述，也是对成套动作进行初步而又完整的构想。它是一个充满联想的“作品雏形”，而这个雏形决定着成套动作的基调和整体轮廓。

在成套动作编排的总体构思时还必须遵循艺术体操项目发展的趋势和社会主流审美趋势，以此来确定成套动作的表演风格、核心动作和成套动作的结构构思等。

(1) 成套动作表演风格的构思与设计。

艺术体操成套动作的表演风格是通过运动员的身体技术动作、器械技术动作的时空变化，以及情绪、意境等与音乐和谐配合所呈现出主体与客体统一的整体特征。艺术体操成套动作表演风格的形成受运动员的主观因素和客观因素的制约。

艺术体操成套动作风格的呈现具有多样性特点。成套动作风格取决于运动员个体独特的身体形态、运动素质、个性心理、技术特点、文化艺术素养水平等多种因素，从而呈现出每名（或每队）运动员独具特色的成套动作风格。

(2) 核心动作的设计与选择。

艺术体操成套动作是由个人项目的数十个和集体项目的近百个身体和器械动作构成。在总体构思时，对成套动作中的难度动作、器械基本组动作，以及营造成套动作艺术效果不可缺少的主要核心动作进行设计与选择，将会为编排的实施和成套动作的定位奠定良好的基础。

(3) 成套动作基本结构的构思。

成套动作的结构形式主要由开始、中间和结束三个部分构成。

艺术体操成套动作的结构与布局是表现动作主题、形成动作风格的重要内容之一。在一套动作的编排过程中，当教练员、运动员确定了整套动作风格之后，便要考虑如何安排难度动作、如何运用器械各技术组的动作；如何突出重点动作，即运动员的优势动作、创新动作、特色动作等如何放在醒目和最佳表现的位置；根据运动员的运动素质、音乐的特点、整套动作气氛等因素构思哪些动作在前，哪些动作在后；如何开头，怎样结束，高潮放在何处；整套动作如何串联为一个整体等，这些都属于成套动作的结构与布局。在编排过程中必须对这些问题做细致而恰当的构思与处理。总之，成套动作结构与布局应当符合运动员能力结构特征、显示动作内容的需要、动作过渡合理、满足人们审美的心理需求。

艺术体操成套动作结构从开始到结束的整个发展过程，应当布局合理，起伏自然，整个结构既应浑然一体，又要层次分明，富于变化，构成完整而统一的整体。

(4) 伴奏乐曲的选编。

音乐的选择与编辑是成套动作编排过程中非常重要的环节之一，在艺术体操评分规则中对音乐的表现形式、时间、音乐与动作的配合等都有着明确的规定，并赋予了一定的分值，因此，音乐的选择与编辑就显得尤为重要。伴奏乐曲是在成套动作整体构思的基础上，教练员、运动员、音乐伴奏教练共同协作、选择和创编的。

艺术体操成套动作伴奏乐曲的选编方式通常有以下两种。

第一，根据动作编写乐曲。作曲者依据运动员的动作风格、器械特点，成套动作开始部分、中间部分、结束部分的核心动作设计和构思，为运动员创作出成套动作的专用伴奏乐曲。这种为特定动作专门创编音乐的方法，能够使音乐与动作形成较为和谐的、统一的效果，音乐能充分地展现动作的特点及优势，为动作服务。但是，由于当今艺术体操成套动作编排更新的节奏不断加快，规则中关于演奏方式的变革、伴奏乐曲演奏形式的高科技成份含量不断增加，以及作曲者的专业水平、演奏条件、经济状况等多种因素的影响，目前，采用为特定的成套动作编写乐曲的方式非常少见。

第二，对已有的音乐作品进行改编。根据成套动作的需要，将一个或几个乐曲主题不同，但基调一致的作品中的一部分乐曲或乐曲的一个段落，按照动作的结构，合理、巧妙地剪辑在一起，形成较为完整，并符合成套动作要求的伴奏乐曲。这种选编方式目前已在国内外被广泛运用。

（二）编排的实施阶段

成套动作编排的实施阶段是将准备阶段所制订的方案付诸行动的过程，它是整个艺术体操成套动作编排过程的核心。实施阶段的主要任务是将评分规则对成套动作的具体要求和构思中的艺术性、表现意境及运动员高超技艺的充分展现并进行具体落实。编排实施是构思的具体体现和深化。编排实施阶段主要包括构建成套动作框架、分段编排动作、成套动作的整合三部分内容。

1. 构建成套动作框架

根据已确定的成套动作音乐结构，构建成套动作框架，这是成套动作编排实施阶段的第一个环节。构建成套动作框架的主要任务是：划分段落和设计成套动作路线的队形及变化方式。

（1）划分段落。

教练员、运动员、音乐伴奏教练员经过反复聆听已确定的成套动作音乐，分析音乐的结构、情绪、意境，将一套完整的音乐划分为3~5个段落，进而设计各段落的乐曲配合什么类型及表现形式的动作。划分动作段落的步骤如下。

①将准备阶段构思与试练的核心动作（即难度动作、创新动作、特色动作等）分配到各个段落中。

②根据音乐的情绪和性质，安排与音乐吻合的动作表现形式，如在哪一段音乐做慢动作，在哪一段音乐做快速、动力性强的动作等。

③确立全套动作中主要环节部分和高潮部分的位置。

④对难度动作、同类型动作在各段落分布的均衡性进行检查和调整。

（2）设计路线及队形。

在构建成套动作框架的过程中，非常重要的一个环节便是个人运动员的路线和集体项目队形的设计，教练员、运动员应根据动作结构和段落规划出符合动作和音乐风格、动作类型的路线和队形。

2. 分段编排动作

动作的编排是通过分段实施来实现的，分段编排的方式可以是结构顺序型编排，也可以是灵感启发型编排。

（1）分段编排的方式。

结构顺序型编排，是按照成套动作与音乐结构及划分段落的顺序，从乐曲的开始至结束根据乐曲旋律、节奏、节拍逐段进行编排的方式。结构顺序型编排方式是编排实际操作中的基础方法。

灵感启发型编排，即不按照成套动作与音乐结构的自然顺序编排，而是根据教练员、运动员对成套动作中的主要部分或某一段落动作的创作灵感，有选择性地由此开始编排，以延续的思路自由发展，并逐段完成整套动作编排的方式。

（2）分段编排的步骤。

第一，充分理解和领悟音乐的内涵。反复聆听将要进行编排段落的音乐，较为准确地理解和把握音乐的旋律、节奏、节拍，以及音乐表现的意境和风格，以启发动作的创作灵感，为动作与音乐构成和谐统一的整体奠定基础。

第二，核心动作在段落中定位。根据音乐旋律、节奏和表现的意境、风格确定难度动作、创新动作、特色动作，并选择这些动作的路线、队形和方向等表现形式。

第三，段落的细化编排。从段落的开始至段落的结束，根据音乐的旋律、节奏、节拍，音乐的表现风格和意境，细致地编排身体动作、器械动作及动作之间的连接，努力使每一个音符都有恰当的动作与之配合，使动作与音乐的性质、节奏和情绪相吻合。

3. 整合

艺术体操成套动作编排的整合是一个精雕细刻的过程，是指将成套动作应具备的各要素及分段动作通过合理的方式有机地结合在一起，从而形成主题一致，具有完整性、竞技性、艺术性、观赏性的成套动作。为了使成套动作达到编排价值最大化、审美价值最优化、动作完成合理化，以及编排的动作、音乐、空间和时间符合评分规则指标的要求，从编排整体艺术效果审视与修饰两个方面进行整合。

4. 成套动作编排整体艺术效果的审视与修饰

艺术体操成套动作具有审美属性，即具有人体美、动作美、音乐美、服饰美、构成空间性、时间性、综合性的动态艺术特征。在艺术体操成套动作的编排和表现时，创编者从现有的审美意识和审美理念出发，以人体为工具，在一定的时空内，按照一定的目的和规律创造出可感知的、富于乐感的动态的艺术美。在艺术体操竞赛中，美学因素是决定完成情况的重要依据。艺术体操成套动作所呈现的不仅是由技术难度构成的惊险场面和超越运动极限带给人们的震撼，同时，更应表现出具有极高艺术欣赏价值的美。因此，编排整体效果的审视与修饰应符合形式美的特征并遵循形式美的基本规律。

（三）编排的检验阶段

艺术体操成套动作编排具有显著的目标性功能，个人项目运动员或集体项目队的成套动作编排都会针对每一年度或周期性重大比赛而进行重新调整或改编。一套动作的生命周期为半年至一年，其过程主要包括：编排—训练—比赛—淘汰。在这个过程中，教练员、运动员应对编排成型的成套动作进行不断的修改和完善。特别是在编排的后期，也就是编排的第三阶段，应对所编排的成套动作进行不同形式的检验。一般通过内部测验—组织专家检验—公开测验三种方式对编排提出修改意见和建议。教练员、运动员根据专家提出的意见和建议，结合自身特点，进行必要的修改和调整，以达到符合运动员竞技能力水平、规则和审美要求的标准。

参考文献

[1] 黄俊亚．竞技性艺术体操成套动作编排理论及应用模式研究［D］．北京：北京体育大学，2005.

保障篇

第十二章

艺术体操运动员心理训练

北京体育大学（张力为）

心理训练是运动训练的重要组成部分。本章从心理发展特征、心理测试方法及心理训练方法三个方面介绍了艺术体操运动员心理训练涉及的三个主题。第一节心理发展特征将艺术体操运动员的心理发展阶段分为学前期的运动启蒙阶段、学龄期的业余训练阶段、青春期的专业训练阶段，以及成人早期的成才/退役阶段，讨论了不同年龄阶段和训练阶段艺术体操运动员的心理发展特点及教练员进行心理教育和心理支持应该注意的问题。第二节心理测试方法介绍了常用的 5 种心理测试方法，包括自我控制的测量、意志品质的测量、自信的测量、情绪的测量，以及心理疲劳的测量。第三节心理训练方法介绍了放松训练、表象训练、自信训练、自控训练和团队凝聚力训练的目的、作用及操作方法。本章内容有助于教练员对艺术体操运动员的心理发展特征和心理训练方法有一个概括的了解，并掌握常用的心理测试方法。

第一节　艺术体操运动员心理发展特征

根据美国心理学家埃里克森的观点，从婴儿期到成人晚期，人的心理发展可分为 8 个阶段（表 12-1-1）。在每一个心理社会发展阶段中，个人都面临新的发展任务，每个阶段都建立在成功完成上阶段发展任务的基础之上。如果成功完成每个阶段的核心任务，保持向积极品质方向发展，就会逐渐实现健全的人格，否则就会发展出消极品质，出现情绪障碍，产生心理社会危机，形成不健全的人格。

表 12-1-1　埃里克森心理发展理论的 8 个发展阶段

年龄阶段	主要发展任务
婴儿期：0~1.5 岁	获得基本信任感、克服基本不信任感
童年期：1.5~3 岁	获得自主感、避免怀疑感与羞耻感
学前期：3~6 岁	获得主动感、克服内疚感

续表

年龄阶段	主要发展任务
学龄期：6~12 岁	获得勤奋感、避免自卑感
青春期：12~18 岁	获得同一感、克服同一性混乱
成人早期：18~24 岁	建立家庭生活并获得亲密感、避免孤独感
壮年期：25~65 岁	经由成家立业而获得创造感、避免自我专注
老年期：65~死亡	获得完美感、避免失望感

教练员应根据上述青少年不同发展阶段的主要心理发展特点，帮助和引导艺术体操运动员完成相关的心理发展任务。

一、学前期：运动启蒙阶段

根据埃里克森所划分的年龄阶段，许多运动员从学前期（3~6 岁）就开始参与运动训练。本阶段儿童表现出的主动探索行为如果受到鼓励，就会获得主动感，这为他们将来成为一个有责任感、有创造力的人奠定了基础；如果儿童的独创行为和想象力受到漠视甚至讥笑，就会逐渐失去自信心、习惯被安排、缺乏主动性。

对启蒙阶段的青少年，教练员应当避免过早地进行专项化训练，鼓励孩子们积极探索，参加多种多样的体育运动并享受运动的乐趣；应当允许运动员有创新思维，及时肯定运动员的主动探索行为；通过丰富多样的方式方法，注重培养运动员对所从事项目和体育运动的兴趣，注重专项感觉的培养。

此外，本阶段的教练员应该格外注意与运动员父母的沟通，共同致力帮助孩子形成积极的人生态度与良好的生活习惯，获得面对挑战的主动感，形成健康的人格。

二、学龄期：业余训练阶段

多数运动员在学龄期（6~12 岁）进入省市各级业余体育学校开始半专业训练，部分成才年龄较早的项目，运动员在学龄期后期已经进入较高水平的职业训练（如跳水、体操等）。与同年龄在学校正常上学的孩子相比，运动员在运动队的集体生活中发展适应社会能力，并掌握以后生活所必需的知识和技能。本阶段，如果能顺利完成各项任务并获得积极反馈，运动员就会获得勤奋感，使他们在今后的独立生活和承担工作任务时充满信心，获得有“能力”的品质；反之，就会产生自卑。因此，在本阶段教练员应注意以下五点。

第一，帮助运动员进行合理的目标设置，在建立长期目标的同时，多使用短期目标来对运动员进行评价和强化，帮助运动员获得“完成任务感”，提升他们的自信和能力感。

第二，在训练和生活管理中，多使用积极反馈来鼓励孩子，多使用个人的纵向比较，尽量避免使用个体间的横向比较。

第三，利用本年龄段儿童的模仿能力，通过自身的示范帮助运动员形成良好的生活习惯、训练习惯和思维习惯。

第四，开始向运动员传授一些基本的心理训练技巧，如简单的表象训练和放松技巧等，并鼓励运动员养成阅读和思考比赛的习惯。

第五，通过组织团体活动、建立团体规则、扮演领导角色等方式培养运动员的独立性和责任心。

三、青春期：专业训练阶段

青春期（12~18岁）是人成长过程中一个重要的“角色混乱期”，也是艺术体操项目运动员成才的关键期。这一时期青少年的主要任务是建立自我形象。一方面青少年本能冲动的高涨、成人感的陡增会带来逆反心理，另一方面是青少年面临新的社会要求和社会冲突，因而感到同一性的困扰和混乱。埃里克森把“同一性危机理论”用于解释青少年对社会不满和犯罪等社会问题。面对青春期的运动员，教练员应该注意以下四点。

第一，采用多种方式引导运动员形成积极的自我形象，如通过名人传记、电影、小说、口头宣传等方式为其提供模仿对象和学习榜样。

第二，教练员应和家长一起，在本阶段致力与运动员进行沟通，积极解决运动员对人生的困惑，并可以通过请老师授课等方式为运动员解惑，帮助运动员更好地应对角色混乱期的困惑，减少冲突行为的发生。

第三，教练员应邀请运动员更多地参与运动训练的决策，如计划的制订、总结、生活管理等，帮助运动员在承担责任过程中获得同一感，形成积极的自我形象。

第四，教练员应始终坚持使用积极的语言和行为反馈，在运动员出现对抗等行为时要理解其处于特殊的发展阶段，“晓之以理，动之以情”，尽量避免使用简单粗暴的方式解决问题，以免使运动员的冲突期延长，心理健康成长受阻。

本阶段的冲突理论也能部分解释青少年运动员在训练过程中产生的对抗教练员、对抗规则等逆反行为的原因。对于运动员的逆反心理及其行为，教练员可以选择以下方法应对。

第一，尊重运动员，理解运动员的心理需要，肯定他们的长处和进步。

第二，帮助运动员用多值、多向、多元和兼听则明的思维方式取代单值、单向、单元、固执偏激的思维定式。

第三，让运动员指挥30分钟或一节课的训练，如一对二，负责强化正确动作，纠正错误动作，以便帮助他们站在教练员的角度换位思考，产生移情。

第四，先鼓励，再批评，使运动员首先在态度上有愉悦和亲和的定势，这样他们就更容易接受后面的批评。

第五，场上指导时，以说技术配合方面的问题为主，说态度方面的问题为辅。场下个别谈心时，可以视情况而定，必要时以讨论态度方面的问题为主。

第六，场上指导时，可以举主要对手在某些环节上比我们做得好的地方，以暗示我们的要求是向最高标准看齐。

第七，在每天训练的过程中，不论中间有多少批评，但都应当以积极、鼓励、向上的语言开始和结束。

第八，暂时减少对有逆反心理的运动员的关注，给他冷静和恢复的时间。

第九，训练中安排几次固定时间的短时间歇（一次长间歇不如几次短间歇效果好），督促运动员适当补水和电解质，这既有恢复体力、防止伤病的作用，也有恢复情绪控制能力的作用，因为情绪控制需要消耗能量。

第十，鼓励运动员写训练日记和私人日记。私人日记的宣泄具有重要的情绪控制作用。尊重运动员的隐私。

第十一，强调全队的共同目标（如亚运会、奥运会），这是忍受痛苦、弥合分歧的黏合剂。

第十二，用同伴榜样或其他榜样引导运动员的行为，减少运动员对教练员指导的直接对抗。

四、成人早期：成才/退役阶段

约半数运动员在进入成人早期后已经进入了稳定的成才阶段，部分项目优秀选手继续冲击高水平，一些成才早的项目运动员已经面临退役和人生未来道路的选择，因此，本阶段教练员应注意以下四点。

第一，本阶段的关键任务是“克服孤独感，建立亲密感”。恋爱关系的出现是本阶段发展的重要内容，也是青年运动员的必经阶段。教练员应对运动员的恋爱行为进行积极引导：一方面可以通过队规等方式进行合理约束，将恋爱行为引导在“发乎情，止乎礼”的阶段；另一方面帮助运动员理解亲密感的产生原因，通过人生目标教育等方式引导运动员正确地对待恋爱，互相帮助进步。如确须对恋爱行为进行较严格的约束，也应注意方式方法，避免刺激运动员产生逆反心理，影响训练和管理的初衷和效果。

第二，对于仍有较长训练寿命的优秀选手，本阶段应鼓励其树立更远大的人生目标，面对同龄人可能的退役选择，通过分析情况、强调价值等方式引导运动员以积极的态度挑战自我、完善自我，向更高目标发起冲击。

第三，对于进入退役阶段的运动员，要肯定运动员在多年训练过程中的努力，鼓励运动员参加职业指导等培训，帮助他们适应今后的人生发展任务。

第四，本阶段运动员已经成人，具有独立的人格和思想，教练员在与其沟通的过程中，应注意站在平等的角度进行沟通，避免使用命令方式或包揽安排，应在管理允许的范围内给予运动员以自主性。

第二节　艺术体操运动员心理测试方法

一、自我控制的测量

（一）测量目的

本量表为 5 维度量表，测试运动员抵制冲动和欲望、延迟满足、耐心等待的自我控制能力。

（二）测量方法

1. 测试指导语

请指出下列每条描述在多大程度上反映了您的情况，并尽量按第一反应选出相应选项，并在对应的位置里打个“√”，结果完全保密，请放心作答！请勿漏答或不答。

2. 测试题目（表 12-2-1）

表 12-2-1　测试题目

序号	题目	完全不符合	不符合	不确定	符合	完全符合
1	我能很好地抵制诱惑	1	2	3	4	5
2	对我来说改掉坏习惯是困难的	1	2	3	4	5
3	我是懒惰的	1	2	3	4	5
4	我会做些能给自己带来快乐但对自己有害的事情	1	2	3	4	5
5	人们相信我能坚持行动计划	1	2	3	4	5
6	对我来说，早上起床是件困难的事	1	2	3	4	5
7	大家说我是冲动的	1	2	3	4	5
8	我太能花钱了	1	2	3	4	5
9	我会因为情感而激动得不能自持	1	2	3	4	5

续表

序号	题目	完全不符合	不符合	不确定	符合	完全符合
10	我做的很多事情是因为一时冲动	1	2	3	4	5
11	大家说我有钢铁般的自制力	1	2	3	4	5
12	有时我会被有趣的事情干扰而不能按时完成任务	1	2	3	4	5
13	我难以集中注意力	1	2	3	4	5
14	我能为了一个长远目标高效地工作	1	2	3	4	5
15	有时我会忍不住去做一些事情，即使我知道那样做是错误的	1	2	3	4	5
16	我常常考虑不周就付诸行动	1	2	3	4	5
17	我太容易发脾气	1	2	3	4	5
18	我经常打扰别人	1	2	3	4	5
19	我有时会上网过度	1	2	3	4	5

注：①谭树华，郭永玉．大学生自我控制量表的修订［J］．中国临床心理学杂志，2008，16（5），468-470.

②第 19 题原题为“我有时会饮酒或上网过度”，考虑到艺术体操女运动员的实际情况，删去了“饮酒或”三个字。

3. 评分方法

本量表共 19 条目，5 个维度。5 维度分别为冲动控制、健康习惯、抵制诱惑、专注工作和节制娱乐。

李克特式 5 级记分，1＝完全不符合，2＝不符合，3＝不确定，4＝符合，5＝完全符合。每题所选数字为该题所得分。正向计分题 4 个（1、5、11、14）；其他题目为反向计分，共 15 个。反向计分题目，转换后得分 ＝ 6-该题原分。各分量表所得分数相加，分值越高，说明自我控制能力越强。

冲动控制包括 6 个题目：第 7、9、10、16、17、18 题。

健康习惯包括 3 个题目：第 2、3、6 题。

抵制诱惑包括 4 个题目：第 1、5、11、15 题。

专注工作包括 3 个题目：第 12、13、14 题。

节制娱乐包括 3 个题目：第 4、8、19 题。

4. 注意事项

此为特质自控量表。需要考虑及控制答题时的社会期待效应。必须由心理学专业人员实施测试并对测试结果进行解释。进行运动员间的横向比较时应特别谨慎。适于

18 岁以上年龄的运动员。

二、意志品质的测量

（一）测量目的

本量表为 4 维度量表，可用于测量运动员的意志品质。

（二）测量方法

1. 测试指导语

以下是运动员生活、训练和比赛情况的一些描述。每一题目右边提供 7 个选项（表 12-2-2），请你仔细阅读每一题，然后根据自己的实际情况，尽可能准确地选择一个，并在相应的选项上划“○”（请参看例题）。题目没有对错之分，请在 10 分钟之内做完。谢谢合作！

1=完全不符，2=很不符合，3=不太符合，4=说不清楚，5=比较符合，6=非常符合，7=完全符合。

例题：

我今天的心情非常好“1234567”。

如果你认为非常符合就在 6 上打“○”。

如果你认为不太符合就在 3 上打“○”。

2. 测试题目（表 12-2-2）

表 12-2-2　测试题目

序号	题目	完全不符	很不符合	不太符合	说不清楚	比较符合	非常符合	完全符合
1	训练和比赛我都要尽量做到最好	1	2	3	4	5	6	7
2	训练中，我经常不知道做下一步有何意义	1	2	3	4	5	6	7
3	即使教练和队友不在场，我的训练也不会打折扣	1	2	3	4	5	6	7
4	因为害怕失败，我往往不敢尝试新的技术动作	1	2	3	4	5	6	7
5	失败常让我一蹶不振	1	2	3	4	5	6	7
6	比赛的关键时刻，除了争胜，其他想得很少	1	2	3	4	5	6	7
7	比赛到了关键时刻，我敢用绝招，即使输了也不怕	1	2	3	4	5	6	7

续表

序号	题目	完全不符	很不符合	不太符合	说不清楚	比较符合	非常符合	完全符合
8	在成功机会渺茫的时候，我常常会放弃比赛	1	2	3	4	5	6	7
9	运动队规章制度太多，都要遵守太为难	1	2	3	4	5	6	7
10	我不太在乎别人对我的评价	1	2	3	4	5	6	7
11	每个训练阶段，我都有具体目标	1	2	3	4	5	6	7
12	我经常为自己的冲动而后悔	1	2	3	4	5	6	7
13	完不成训练任务时，我常常怀疑我的能力	1	2	3	4	5	6	7
14	训练条件艰苦，我的积极性就会受影响	1	2	3	4	5	6	7
15	比赛白热化时，我经常头绪很乱	1	2	3	4	5	6	7
16	我经常把决定了的事往后拖	1	2	3	4	5	6	7
17	凡已制定的目标，我都能达到	1	2	3	4	5	6	7
18	运动中发生伤病时，我常想到退役	1	2	3	4	5	6	7
19	我时刻都想证明自己的实力	1	2	3	4	5	6	7
20	我很少思考达到训练目标的具体途径	1	2	3	4	5	6	7
21	在日常生活中，我很随性，一切顺其自然	1	2	3	4	5	6	7
22	遇到任何紧急情况，我相信都能应付	1	2	3	4	5	6	7
23	比赛就要争先，认拼不认命	1	2	3	4	5	6	7
24	一遇大事，我很难专注面前的事情	1	2	3	4	5	6	7
25	每当比赛不顺，我想改变战术，可又不能痛下决心	1	2	3	4	5	6	7
26	为了完成任务，我能忍受极度疲劳	1	2	3	4	5	6	7
27	没有困难的日子将是不精彩的生活	1	2	3	4	5	6	7
28	我很少和别人攀比结果	1	2	3	4	5	6	7
29	比赛前，我有很好的战术安排	1	2	3	4	5	6	7
30	遇到裁判不公，我都能保持头脑清醒	1	2	3	4	5	6	7
31	我能发现强手的弱点，坚持并发挥自己的优势	1	2	3	4	5	6	7
32	比赛越是白热化，我越能奋起咬住不放松	1	2	3	4	5	6	7
33	在紧急情况下，我的大脑变得异常清晰	1	2	3	4	5	6	7
34	今日事今日毕	1	2	3	4	5	6	7
35	我很难长时间从事一件缺乏乐趣的事情	1	2	3	4	5	6	7
36	在最苦最累的时候，我经常咬牙挺着	1	2	3	4	5	6	7

注：李佑发．意志品质的质性分析、模型建构与测评［D］．北京：北京体育大学，2007.

3. 评分方法

本量表共36条目，包括4个维度，9个分量表。4维度分别为自觉性，独立性，果断性和坚韧性。其中，自觉性维度包括自我实现欲、目标清晰度、自制力3个分量表；独立性维度包括信念确认度、顽强性2个分量表；果断性维度包括智源集中度、决策及时性2个分量表；坚韧性维度包括倦怠耐久度、困难承受度2个分量表。

李克特式7级记分，1=完全不符合，2=很不符合，3=不太符合，4=说不清楚，5=比较符合，6=非常符合，7=完全符合，每题所选数字为该题所得分。反向计分题目为2、4、5、8、9、10、12、13、14、15、16、18、20、21、24、25、28、35。反向计分题目，转换后得分 = 8-该题原分。各分量表所得分数相加，分值越高，说明意志力越强。

自我实现欲：第1、10、19、28题。
目标清晰度：第2、11、20、29题。
自制力：第3、12、21、30题。
信念确认度：第4、13、22、31题。
顽强性：第5、14、23、32题。
智源集中度：第6、15、24、33题。
决策及时性：第7、16、25、34题。
倦怠耐久度：第8、17、26、35题。
困难承受度：第9、18、27、36题。

4. 注意事项

需要考虑及控制答题时的社会期待效应，必须由心理学专业人员实施测试并对测试结果进行解释。进行运动员间的横向比较时应特别谨慎。适于16岁以上年龄的运动员。

三、自信的测量

（一）测量目的

本量表为单维度量表，可用于测量运动员当前关于比赛的自信程度，即状态自信。

（二）测量方法

1. 测试指导语

试想你现在对于在比赛中能有成功表现的自信程度。

请根据你现在对于即将来临的比赛有多少自信回答以下问题。把你的自信程度与你认识的最具自信的运动员比较。

请根据你真实的感觉回答以下问题，而不是你对自己的期望。你的答案是会绝对保密的。

2. 测试题目（表 12–2–3）

表 12–2–3 测试题目

你目前对于即将来临的比赛有多少自信？	（请圈数字）
1. 与你认识的最具自信的运动员比较，你对自己成功完成动作的信心是……	低 中 高 1 2 3 4 5 6 7 8 9
2. 与你认识的最具自信的运动员比较，你对自己在比赛中敢于做出重要决定的信心是……	低 中 高 1 2 3 4 5 6 7 8 9
3. 与你认识的最具自信的运动员比较，你对自己在压力下表现的信心是……	低 中 高 1 2 3 4 5 6 7 8 9
4. 与你认识的最具自信的运动员比较，你对自己能成功运用战术的信心是……	低 中 高 1 2 3 4 5 6 7 8 9
5. 与你认识的最具自信的运动员比较，你对自己能集中注意并取得成功的信心是……	低 中 高 1 2 3 4 5 6 7 8 9
6. 与你认识的最具自信的运动员比较，你对自己成功地适应不同比赛环境的信心是…	低 中 高 1 2 3 4 5 6 7 8 9
7. 与你认识的最具自信的运动员比较，你对自己达到比赛目标的信心是……	低 中 高 1 2 3 4 5 6 7 8 9
8. 与你认识的最具自信的运动员比较，你对自己会成功的信心是……	低 中 高 1 2 3 4 5 6 7 8 9
9. 与你认识的最具自信的运动员比较，你对自己稳定地获取成功的信心是……	低 中 高 1 2 3 4 5 6 7 8 9
10. 与你认识的最具自信的运动员比较，你对自己在比赛中成功地思考及做出反应的信心是……	低 中 高 1 2 3 4 5 6 7 8 9
11. 与你认识的最具自信的运动员比较，你对自己能接受比赛挑战的信心是……	低 中 高 1 2 3 4 5 6 7 8 9
12. 与你认识的最具自信的运动员比较，你对自己能在劣势中取得成功的信心是……	低 中 高 1 2 3 4 5 6 7 8 9
13. 与你认识的最具自信的运动员比较，你对自己在比赛中转弱为强并取得成功的信心是……	低 中 高 1 2 3 4 5 6 7 8 9

注：Vealey R S. Conceptualization of sport-confidence and competitive orientation: Preliminary investigation and instrument development. Journal of Sport Psychology [J]. 1986, 8: 221-246.

3. 评分方法

运动状态自信量表的评分方法：将13个条目的分数相加，分数越高，运动状态自信越强。

4. 注意事项

需要考虑及控制答题时的社会期待效应。必须由心理学专业人员实施测试并对测试结果进行解释。可在训练的不同阶段对一个运动员多次施测，以进行不同时间测试结果的纵向比较。进行运动员间的横向比较时应特别谨慎。适于16岁以上年龄的运动员。

四、情绪的测量

（一）测量目的

本量表为7维度量表，可用于测量运动员近期的情绪状态。

（二）测量方法

1. 测试指导语

请根据下列单词表达你在上一周（包括今天）的感受。对每一个形容词只能在5种选择中选出一项最符合你的实际情况感受，并在相应的小方块内打“√”。

2. 测试题目（表12-2-4）

表12-2-4　测试题目

序号	感受	几乎没有	有一点	适中	相当多	非常
1	紧张的	□	□	□	□	□
2	生气的	□	□	□	□	□
3	无精打采的	□	□	□	□	□
4	不快活的	□	□	□	□	□
5	轻松愉快的	□	□	□	□	□
6	慌乱的	□	□	□	□	□
7	为难的	□	□	□	□	□
8	心烦意乱的	□	□	□	□	□
9	气坏的	□	□	□	□	□

续表

序号	感受	几乎没有	有一点	适中	相当多	非常
10	劳累的	□	□	□	□	□
11	悲伤的	□	□	□	□	□
12	精神饱满的	□	□	□	□	□
13	集中不了注意力的	□	□	□	□	□
14	自信的	□	□	□	□	□
15	内心不安的	□	□	□	□	□
16	气恼的	□	□	□	□	□
17	精疲力尽的	□	□	□	□	□
18	沮丧的	□	□	□	□	□
19	主动积极的	□	□	□	□	□
20	慌张的	□	□	□	□	□
21	坐卧不宁的	□	□	□	□	□
22	烦恼的	□	□	□	□	□
23	倦怠的	□	□	□	□	□
24	忧郁的	□	□	□	□	□
25	兴致勃勃的	□	□	□	□	□
26	健忘的	□	□	□	□	□
27	有能力感的	□	□	□	□	□
28	易激动的	□	□	□	□	□
29	愤怒的	□	□	□	□	□
30	疲惫不堪的	□	□	□	□	□
31	毫无价值的	□	□	□	□	□
32	富有活力的	□	□	□	□	□
33	有不确定感的	□	□	□	□	□
34	满意的	□	□	□	□	□
35	担忧的	□	□	□	□	□
36	狂怒的	□	□	□	□	□
37	抱怨的	□	□	□	□	□
38	孤弱无助的	□	□	□	□	□
39	劲头十足的	□	□	□	□	□
40	自豪的	□	□	□	□	□

注：祝蓓里 . POMS 量表及简式中国常模简介 [J]. 天津体育学院学报，1995，10 (1)：35-37.

3. 评分方法

计分：几乎没有=0，有一点=1，适中=2，相当多=3，非常地=4。

每一分量表的最高得分分别为24、28、20、24、24、20、20分，最低得分为0分。7个分量表的记分法具体如下。

紧张：第1、8、15、21、28、35题。

愤怒：第2、9、16、22、29、36、37题。

疲劳：第3、10、17、23、30题。

抑郁：第4、11、18、24、31、38题。

精力：第5、12、19、25、32、39题。

慌乱：第6、13、20、26、33题。

与自我有关的情绪：第7、14、27、34、40题。

分别累计各分量表的原始分数，通过查阅常模，计算每个分量表的T分数。最后将各分量表的T分用点线图绘制出来，即得到被试的心境状态剖面图。

TMD（心境纷乱总分）= 5个消极的情绪量表得分之和-两个积极的情绪（精力、自尊感）得分+100。

4. 注意事项

需要考虑及控制答题时的社会期待效应。必须由心理学专业人员实施测试并对测试结果进行解释。可在训练的不同阶段对一个运动员多次施测，以进行不同时间测试结果的纵向比较。进行运动员间的横向比较时应特别谨慎。适于16岁以上年龄的运动员。

五、心理疲劳的测量

（一）测量目的

本量表为3维度量表，可用于测量当前运动员心理疲劳的主观感受，以便及时、合理地控制心理疲劳。

（二）测量方法

1. 测试指导语

请认真阅读下面每个条目，依据自己的感受程度，在适当的分值上画圈。这里的感受是指您在近三个月中对所经历的训练和比赛的体验。感受程度有1~5种：1表示从没有这样感觉过，5表示总是这样感觉。答案没有正确与错误之分，因此请真实回答这些问题。如果还有疑问请提出来。

2. 测试题目（表 12-2-5）

表 12-2-5　心理疲劳测试

序号	您在何种程度上这样认为	从没有	很少	有时	经常	总是
1	在这个运动项目中我做了许多值得欣慰的事情	1	2	3	4	5
2	训练使我很疲倦以至没有精力去做其他的事	1	2	3	4	5
3	我花在训练比赛上的努力用来做其他事可能会更好	1	2	3	4	5
4	在训练、比赛中我感到极度疲劳	1	2	3	4	5
5	我现在在这个运动项目上没有取得很大收获	1	2	3	4	5
6	我不像以前那样关心自己的运动成绩了	1	2	3	4	5
7	我现在发挥不出自己的运动水平	1	2	3	4	5
8	我感觉好像要垮掉了	1	2	3	4	5
9	我不像以前那样喜欢这个运动项目了	1	2	3	4	5
10	我感觉筋疲力尽	1	2	3	4	5
11	我不再像以前那样关心在比赛中能否取得胜利	1	2	3	4	5
12	训练比赛在身心方面的高要求让我疲惫不堪	1	2	3	4	5
13	好像无论我怎样努力，都达不到我应有的水平	1	2	3	4	5
14	我感觉自己在这个运动项目上是成功的	1	2	3	4	5
15	我对这个运动项目反感	1	2	3	4	5

注：Raedeke T D, Smith A L. Development and preliminary validation of an athlete burnout measure. Journal of Sport & Exercise Psychology［J］. 2001，23：281-306.

3. 评分方法

问卷是 5 级评分：1=从没有，2=很少，3=有时，4=经常，5=总是。每题得分为该题所选答案数值。反向计分题目，转换后得分=6-该题原分。各分量表的评分方法如下。

①成就感的降低：

第 1、5、7、13、14 题相加（其中 1、14 是反向记分），分值在 5~25 之间，分数越高，说明疲劳程度越高。

②情绪/体力耗竭：

第 2、4、8、10、12 题相加，分值在 5~25 之间，分数越高，说明疲劳程度越高。

③对运动的负评价：

第 3、6、9、11、15 题相加，分值在 5~25 之间，分数越高，说明疲劳程度越高。

4. 注意事项

3 个维度的分数一般情况下不能通过简单相加合成心理疲劳总分，只能分 3 个维度分别计算和评价。需要考虑及控制答题时的社会期待效应。必须由心理学专业人员实施测试并对测试结果进行解释。可在训练的不同阶段对一个运动员多次施测，以进行不同时间测试结果的纵向比较。进行运动员间的横向比较时应特别谨慎。适于 16 岁以上年龄的运动员。

第三节　艺术体操运动员心理训练方法

广义来讲，心理训练是有目的、有计划地对受训者的心理过程和个性心理施加影响的过程。狭义来讲，它是采用特殊手段使受训者学会调节和控制自己的心理状态并进而调节和控制自己行为的过程。

一、放松训练

（一）什么是放松训练

放松训练是以一定的暗示语集中注意，调节呼吸，使肌肉得到充分放松，从而调节中枢神经系统兴奋性的一种训练方法。目前使用较多的放松方法包括：美国生理学家雅各布森首创的渐进性放松方法、德国精神病学家舒尔茨提出的自生放松方法，以及东方传统的一些放松方法，如中国的气功、印度的瑜伽和坐禅等。虽然上述放松方法在训练形式、内容及程序上各有不同，但还是存在一些共同特点，即要求注意高度集中于暗示语，进行深沉的腹式呼吸，清晰知觉肌肉不同程度的紧张状态，并使全身肌肉彻底放松。

（二）放松训练的作用

在运动训练和竞赛中，运动员、教练员等经常会受到各种情绪问题的困扰，如过度紧张、焦虑、恐惧、愤怒等，并会伴随出现中枢神经系统的过度兴奋、过度抑制或中枢疲劳等生理变化。对此，放松训练可以帮助运动员、教练员通过掌握一些身心调节的方法，使其身心状态向有利于训练与比赛需要的方向转化。作为一种最常见、最基础的心理技能训练方法，放松练习主要有以下三方面的作用。

第一，降低中枢神经系统的兴奋性。

第二，降低由情绪紧张引起的过多能量消耗，使身心得到适当休息并加速疲劳的消除。

第三，为进行其他心理技能训练做好准备。

放松训练之所以具有上述作用，源于大脑与骨骼肌之间具有的双向联系，即信号不仅从大脑传至肌肉，而且从肌肉传往大脑。肌肉活动积极，从肌肉向大脑传递的神经冲动就增多，大脑就更兴奋，热身准备活动就能起到这种作用。反之，肌肉越放松，向大脑传递的冲动就越减少，大脑的兴奋性会降低，心理上的紧张感也会相应减少。

（三）放松技能的应用

通过练习熟练掌握放松技术后，运动员可将其灵活地运用于训练与竞赛实践中去。放松技术通常可在以下三种情况下使用。

第一，表象训练之前。帮助运动员集中注意力，使生成的运动表象更为清晰、逼真、稳定。

第二，训练后或临睡前。有助于运动员消除疲劳，使身心得到充分放松。

第三，赛前过于紧张时。帮助运动员减少能量消耗，使唤醒水平处于适宜状态。

二、表象训练

（一）什么是表象训练

表象是过去感知过的事物的映像在头脑中的重现。运动表象是指在运动感知觉的基础上产生的、在头脑中重现出来的动作形象与体验，它反映动作在一定时间、空间和力量方面的特点。表象训练是指学习和掌握有效进行运动表象的方法、步骤，提高运动表象的准确性、清晰性、完整性和可控性水平的过程。

（二）表象训练的作用

1. 加快运动技能的掌握

运动员头脑中建立了正确的运动表象后，只要在头脑中重现某个运动技能，或默念某个动作完成的方法、要领，就会在相应的神经-肌肉联系上产生微弱的活动。这种活动与完成动作的实际模式相同，这有利于动作技能的巩固，加深动作的记忆，加快动作的熟练，从而能促进运动技能的掌握。

2. 巩固动作要领，熟悉动作程序

表象训练可以帮助练习者反复演练关键技术，巩固动作要领，确立相应的成套动作顺序，熟悉比赛程序，提高动作的自动化程度，进而提高大赛中自然而然发挥平时技术水平的可能性。

3. 集中注意

在比赛关键时刻进行关键技术动作的演练，可以集中注意力于应该做的和即将做的事，对抗观众喧闹、裁判错判等外部因素的干扰和担心失败后果等内部因素的干扰。

4. 改善心理状态

表象成功完成动作的情境和体验，可以增强练习者的信心；进行长跑等耐力训练时表象惬意情境（如春节聚会），有助于转移注意力，消除单调感和疲劳感；紧张时表象宁静、舒适的景象有助于降低紧张和焦虑的程度，转变消极的心态。

（三）表象训练的条件

1. 适宜的环境

一般以温度适中、无噪音、光线偏暗的地方作为初学者的练习场地较为理想。随着表象能力的发展，可以在表象训练过程中逐步引入一些无关刺激，以提高抵抗各种干扰的能力。待适应后可尝试在训练、比赛或其他复杂的环境下进行表象演练。

2. 放松的状态

放松是表象训练的一个重要组成部分，放松与表象相结合，能取得比单独进行表象训练更好的效果。运用放松技能调整练习者的身心状态，其实质是调控练习者的内部环境，为表象训练做好心理准备。

3. 集中的注意力

表象训练时必须排除一切内外干扰，将注意力集中在对动作的体验上。表象训练要有一定时间限制，一般以 5 分钟左右为宜，可根据个人训练水平和神经类型特征等具体情况灵活掌握。

4. 强烈的动机

只要向练习者系统地传授有关表象训练的理论知识，充分调动他们发展自己心理技能的积极性，采取科学的表象训练方法，强烈的练习动机是一定可以形成的。

5. 切实的期望

对表象训练应有一个正确的认识，在深信表象训练的积极作用，坚信通过长期系统的训练，表象能力可以得到不断提高的同时，对其效果的期望也应切合实际，不能过分夸大表象训练的作用。

三、自信训练

（一）注意可控因素

影响训练质量、比赛结果的因素可分为可控因素和不可控因素两大类。教练员需要引导运动员时刻将注意指向可控因素，指向具体可做的事情上。

（二）想象成功情景

让运动员以观看成功动作的录像为主，不成功的录像为辅，以便获得和保持积极、正确、成功的表象；在训练间歇中，做正确、成功的运动表象，逐渐提高表象的清晰性、稳定性和可控性；在睡觉前做关键动作的表象10次，以将正确的动作形象固化在大脑中。用自己过去成功比赛的表象引导自己，通过这样的练习，运动员可以增强对表象的驾驭能力，更好地发挥表象训练效果。

（三）积极语言暗示

避免采用“别想输赢”“别受伤”“别紧张”“别失误”这类消极语言提示自己从而产生逆效应。关键时刻一定提示自己应该做什么，不要提示自己不该做什么。

（四）挑战消极思维

让运动员将自己的缺点、困难、不利因素，特别是垃圾观念——列在一个表的左栏，在“但是”之后的右栏写下转折性理由；养成习惯，一旦出现消极念头，就补上一个“但是”，并提出若干“但是”的理由。

（五）回顾世界纪录

为运动员买几本吉尼斯世界纪录传阅，然后，组织讨论会，讨论如下问题：要想打破世界纪录，必须具备哪些条件（会有许多）？要想打破世界纪录，首先应该具备什么条件（心理的破冰船）？通过对世界纪录的回顾，可以启动榜样作用，帮助运动员理解“我们能做到的，往往比我们以为我们能做到的还要多得多”。

（六）比较尺短寸长

根据唯物辩证法，世界上所有事物均可一分为二，且具有对立统一的特性。如尺寸的长短虽然一目了然，但尺一定有弱点，寸也一定有优点。尺有何短？寸有何长？可以就这两个问题组织运动员讨论，使他们了解弱中有强、强中有弱的道理，在强手面前提高自信。

四、自控训练

自我控制是指改变、调节或克制冲动、欲望和习惯性反应的能力，也可以理解为实现目标而对抗自己的本能。自我控制是心理训练的核心内容和主要目标，也是高水平运动员与低水平运动员差别的主要方面。

（一）确立并指向目标

明确的、具体的、可核查的目标是自觉性的重要体现。应认真制定短期目标（如一周、一月之内的目标）、中期目标（如3个月、半年的目标）和长期目标（如年度规划、四年规划、十年规划），并时时提醒，不断总结。

（二）树立并模仿榜样

青少年自我发展的重要任务是解决自我认同的问题。青少年常常有自己的偶像与榜样，榜样的力量是无穷的。教练员应帮助运动员寻找和确定自己应该学习的榜样，这些榜样可能是自己身边的队友、社会精英、历史名人、世界纪录保持者等，使运动员学有所依，用榜样激励自己。教练员也可以用警句格言鼓励运动员，让运动员相信自己可以做到，并努力去尝试。

（三）进行积极语言暗示

运动员应当用积极语言暗示取代消极语言暗示以进行更好的自控。期待成功比害怕失败更管用，具体做法可以是：请运动员在训练日记中罗列临赛前和比赛中经常运用的自我提示语；找出这些自我提示语中的消极成分；用积极提示语替换消极提示语，（如别紧张，放松；千万别失误，抛接要准；别想输赢，果断）。

每天训练前默念积极提示语3次，以形成做积极语言暗示的习惯。进行积极语言暗示的原则是：提示自己应该做什么，不要提示自己不该做什么。

（四）控制自我意识水平

运动员参赛时控制自我意识水平可以从三个方面入手。

第一，缩小比赛和训练的差异。用教练员经常对运动员说的话就是：把比赛当训练，把训练当比赛。具体的做法可以是：平时训练应通过各种方式给运动员加压，如要求运动员在下午的3套成套中，第2套只许成功，不许失败；或进行模拟训练，从场地的布置到训练的程序，甚至到运动员做的每一件事情、想的每一件事情，都模拟真实比赛，使他们对比赛氛围产生适应；在赛前和赛中应帮助运动员减压，特别在关键时刻，必须减少使运动员产生“我”字当头的刺激（如我的责任，我的目标，我的任务)。

第二，比赛关键时刻强调动作的完整性和流畅性，减少对动作细节问题的提示；比赛关键时刻的表象演练强调肌肉运动的整体感受，减少对动作细节问题的关注。

第三，比赛关键时刻的语言提示应简练、明确、有力；同时，减少语言提示的频率。语言的提示或者肢体语言不要与平常训练有不同，这样会打破运动员已有的程序。

(五) 坚持性练习

运动员可以坚持每天背一定数量的英语单词，每天或每周坚持写训练日记，每天坚持写大字等，以提高自我控制能力。同时，还可借助一些小器械或道具帮助自己完成训练内容。如可以使用握力器每天进行握力练习，还可以利用含有酒精的漱口水坚持每天漱口 30 秒等。在这一过程中，应注意每天都要保证训练质量，也就是说，训练时要全身心地投入，不能敷衍了事。只有投入地完成自我控制练习才能真正实现自我控制能力的发展。

反复进行可调动自我控制资源的行为是自我控制训练的核心方法之一，而抑制优势反应可在较大程度上调动自我控制资源。因此，运动员在日常生活中可以使用下列抑制优势反应的练习来提高自我控制能力：用非利手学习使用筷子、鼠标；尽量保持良好的身体姿态即时刻注意保持身体正直；避免使用口头禅；减少食用甜食或饮料等。在这一过程中，运动员应尽可能多地进行以上行为，实现自我控制能力的发展。

五、团队凝聚力训练

(一) 互相表扬

在队会上，要求每个队员在一张小卡片上写出一名队友最令自己欣赏的优点。不必签自己的姓名，但请注明日期。然后，在第二天或下一周的队会上，逐一念出卡片上所写的队员的优点。如果有队员未被提及优点，则由教练或领队补上，保证每名队员都获得表扬。

(二) 互相鼓励

在队会上，要求每名队员在一张小卡片上为自己的队友写一张大赛（如奥运会、亚运会、全运会、全国锦标赛等）祝福的卡片。不必写给谁，但请签自己的姓名并注明日期。然后，在第二天或下一周的队会上，逐一念出每名队员写出的大赛祝福。

(三) 组织辩论会

组织双方各四人的辩论会，辩论主题一为：正方“团队努力更重要”，反方“个人努力更重要”。辩论主题二为：正方“社会发展更多依靠竞争”，反方“社会发展更多依靠合作”。通过辩论会的争论，理解团队合作在社会发展和运动竞赛中的价值与作用。

(四) 拓展训练

通过各种形式的拓展练习，体验团队合作的价值与作用。

参考文献

[1] 张力为，毛志雄．体育科学常用心理学量表手册［M］．第二版．北京：北京体育大学出版社，2010.
[2] 张力为．现代心理训练方法［M］．北京：北京体育大学出版社，2007.
[3] 林崇德．发展心理学［M］．杭州：浙江教育出版社，2002.
[4] 张力为．运动员的自我控制：重要理论及研究进展［J］．心理科学，2013，36（3）：515-523.
[5] 张力为，毕晓婷．中国艺术体操队北京奥运会备战、参赛的心理训练［J］．天津体育学院学报，2009，24（1）：6-9.

第十三章

艺术体操运动员体能训练

北京体育大学（李春雷）

艺术体操是一项集体能、技能和心理能力为一体的综合性运动项目，其中良好的体能是展示高超技能、稳定心理的保障。艺术体操项目运动员体能主要包括身体形态、生理机能、动作模式、运动素质、健康水平等方面。其体能训练的直接任务是根据竞赛的需要，提高运动员的运动素质，改善技术水平，使艺术体操运动员的身体形态朝着适合项目需要的方向发展，使运动员的机能状态为技术的充分发挥提供良好的储备，使动作模式功能符合运动规律，使运动素质在赛场上充分自如协调地展现，使运动员的健康在运动训练中得以保障，为在比赛中优异表现提供全面身体能力支撑。

本章将从做好全面诊断、评估和体能训练设计与监控三个方面阐述如何进行系统科学的体能训练。

第一节　艺术体操运动员体能训练特征

体能是最近几年在运动训练领域研究的热点，受到了广大教练员、运动员和从事体育科研的学者们的高度关注，目前对体能的定义很广泛，并未形成一个统一的定义。香港地区、台湾地区学者更多关注大众健身领域，将之翻译为“体适能”，并得到体育学术界的认可。

中国大陆关注体能起始于竞技体育，最初将运动素质称为体能，认为体能是运动员机体在运动时所表现出的能力。后来随着认识的加深，有教材对“体能”进行了专门阐述，认为运动员体能指运动员机体的基本运动能力，是运动员竞技能力的重要构成部分。并且认为运动员的体能发展水平是由其身体形态、身体机能及运动素质构成的。

后来随着竞技体育的不断发展，很多项目越来越接近人类能力的极限，职业体育对体能需求也是越来越大，针对体能的研究越来越多，很多观点认为体能是指运动员机体的运动能力，是竞技能力的重要组成部分，是运动员为提高技战术水平和创造优异成绩所必需的各种身体运动能力的综合，其发展水平是由其身体形态、身体机能、运动素质和健康四部分的发展状况所决定的。

体能又可分为一般体能和专项体能。一般体能是指完成非专项技术战术及抗疲劳的身体运动能力。一般体能训练的目的是提高运动员的基本运动能力，即指运动员在完成非专项运动时表现出来的运动能力。另一方面，也为专项体能水平提高奠定基础。专项体能则是指完成比赛专项技战术及机体抗疲劳的能力。它建立在一般体能的基础上，专项体能训练的目的是根据专项运动的生理学和方法学特点，进一步发展运动员的体能，较高的专项体能水平能够保障高质量完成专项运动技术，还有助于承受训练和比赛更多的负荷，同时也能加快恢复的速度。

一、艺术体操运动员身体形态特征要求

艺术体操是一项评分类、欣赏价值很高的运动项目，“优美性”是艺术体操的灵魂，不仅包括动作美，还包括形态美，所以，身体形态是从事该项目的必备条件，良好的身体形态是运动员做出优美动作的前提条件。

艺术体操运动员具有身材较高、四肢长而直、身体围度较小、肩稍宽、髋较窄、手足较大等外部形态特征。指间距、身高、坐高指数及跟腱长指数能够较好地反映艺术体操运动员的身体形态特征。根据国内外优秀艺术体操运动员材料分析，成年艺术体操运动员身高大多在163~165厘米，体重较轻，但是在2000年之后，认为运动员身高在170厘米以上较理想。

我国艺术体操集体队队员的身高基本上都在170厘米以上，与世界优秀艺术体操运动员可以相媲美（目前我们测试的数据显示国家艺术体操队的平均身高为169厘米），但个人项目运动员在这方面略微欠缺。

二、艺术体操运动员运动素质特征要求

我国优秀艺术体操运动员在形态、机能上已经具备了世界级优秀选手的潜力，但队员完成成套动作的体能有待提高。在成套动作中，除了难度动作之外，还有各种各样的移动、跑动、造型、技巧及舞蹈连接动作；有强度较大的跳步动作，同时也有低强度的舒展、轻柔的身体动作；有快速转体动作，也有相对静止的平衡动作。艺术体操运动员依靠有氧与无氧混合代谢的方式提供运动所需的能量。

艺术体操难度在种类多、数量大并不断追求难与美结合的动作表现过程中，要求动作要保持良好的身体重心及动态稳定性，在转体和平衡难度中尤为重要。艺术体操的运动素质包括七种：耐力、弹跳、力量、速度、平衡、柔韧、灵活。艺术体操是多结构的运动项目，练习者必须具备与之相应的身体条件和体能素质，才能够完成艺术体操运动所规定的各种难度动作，对艺术体操运动员而言，最重要的是发展运动员的

协调能力和柔韧性。

三、艺术体操运动员机能水平特征要求

艺术体操动作结构复杂，近几年以“难”为主的竞技性特征突显。新规则要求运动员完成动作速度大大加快；身体难度动作包括跳跃、平衡、转体；运动员在运动中要始终持轻器械，只有掌握器械的超难使用和具有惊险因素带有多元价值加分的器械熟练性技术才能在比赛中获得相应的满分加分值。因此，机体只有承受大运动负荷和强度才能适应大赛所需的机能水平等，所以，艺术体操运动员需要有一个良好的机能状态。

机能储备是艺术体操运动员竞技能力全面均衡发展的基础。艺术体操运动员贫血的发生率较高，提出在评定艺术体操运动员的身体机能状况时要将血红蛋白、尿胆原和尿蛋白指标有机地结合起来。艺术体操运动员因为项目特点，在控制体重方面非常严格，近年来规则虽然对体重的要求没有那么苛刻，但教练员还是会严格控制运动员的体重，在此过程中也会盲目地追求过低体重和过低体脂，因此，科学地控制运动员的体重显得非常重要。实际上国家艺术体操队存在的问题并非是控制体重的问题，而是纠正不合理的饮食习惯和饮食结构，改善营养状况，提高生理机能。

因此，艺术体操运动员在大运动量集训期，应适量加大运动负荷量、科学地调整营养膳食结构、合理地补充营养补剂并加强运动后的恢复等措施。

第二节　艺术体操体能训练测试评估内容

一、灵活性

（1）肩：转肩测量两手间距离。
（2）腰：并腿下腰测量腰椎角度。
（3）膝：俯卧测量膝关节角度。
（4）髋：劈叉测量两腿间关节角度或劈叉测量前腿高度。
（5）踝：测量勾、绷脚关节角度。

二、平衡

（1）双眼闭目的巴塞（本体感觉测平衡）：左脚提踵支撑的平衡，右脚前屈膝足尖触及左腿膝部，两臂侧举，闭上双眼，测时间。

（2）巴塞（静力平衡）：左脚提踵支撑的平衡，右脚前屈膝足尖触及左腿膝部，两臂侧举，测时间。

（3）3次滚动接俯平衡（动力平衡）：由基本的站立开始，完成向前滚动3次，每次滚动用2秒，3次滚动之后快速完成右脚提踵站立的俯平衡，测从姿势保持到第一个错误动作出现的时间，同样的方法换脚。

三、力量

（一）上肢力量

（1）俯卧撑（肩部）：双手同肩宽俯卧撑地，直体控制做俯卧撑（胸基本触地），测10秒完成动作的次数。

（2）前抛实心球：3千克实心球远度。

（3）后抛实心球：3千克实心球远度。

（4）侧抛实心球：3千克实心球远度。

（二）下肢力量

（1）一次跨跳：远度。

（2）三次跨跳：远度。

（3）立定跳远：远度。

（4）半蹲纵跳：高度。

（5）直膝纵跳：高度。

（6）原地单腿高度：左右脚跳起高度。

（7）单腿前举控制（腿部）：两臂侧平举，右腿前举90°，左脚提踵站立，同样测另一侧，测控制的时间。

（三）核心稳定与核心力量

（1）俯桥测试：时间。

（2）仰桥测试：时间。

（3）侧桥测试：时间。

（4）10秒悬垂举腿（腹部）：背向体操肋木悬垂，双腿并拢，举腿至135°，测10秒举腿次数。

（5）直立背肌（腰部）：俯卧，两腿固定同肩宽，两臂上举，两手指相握，躯干抬起至与地面垂直，测10秒完成的次数。

举例：

①反映核心稳定性的测试——反映核心区域腹部、髋部与四肢在矢状轴的稳定性。

测试手段：八级腹桥。

测试工具：瑜伽垫、秒表。

测试方法：受试者屈肘90°俯卧于垫面，头、躯干和双腿在同一额状面上，具体操作方法如表13-2-1所示。

测试要求：支撑手臂与身体成90°且前臂平行于身体。受试者始终保持身体固定，水平前伸的手臂和后伸的腿需与躯干成为一线且平行于地面。每一级之间无间歇，如出现不规范动作（身体产生晃动、塌腰），提醒一次不能正常完成标准动作，则视为该受试者无法完成该级别动作。

测试参数：一旦动作发生偏差便终止测试，分数记录上一级。

表13-2-1 八级腹桥测试指标评价表

稳定测试等级	时间（秒）	得分（分）	操作
一级	30	1	屈肘静力俯撑
二级	15	3	抬起右腿
三级	15	5	抬起左腿
四级	15	6	右手前伸
五级	15	10	左手前伸
六级	15	15	抬起左腿，右手前伸
七级	15	25	抬起右腿，左手前伸
八级	30	35	回到一级动作

②反映核心稳定性的测试——反映核心区域腹部、背部与髋部在矢状轴的稳定性。

测试手段：六级仰桥。

测试工具：瑜伽垫、秒表。

测试方法：受试者仰卧，屈膝，双脚脚跟着地，双手交叉放于胸前，髋部抬起，使躯干、髋和大腿在同一额状面。具体操作方法如表13-2-2所示。

测试要求：受试者髋部始终抬起，躯干无向两侧的倾倒与扭曲。抬起的腿必须直膝且与异侧大腿平行，向外摆动的腿要到最大幅度。每一级之间无间歇，如出现不规范动作（身体产生晃动、塌腰），提醒一次不能正常完成标准动作，则视为该受试者无法完成该级别动作。

测试参数：一旦动作发生偏差便终止测试，分数记录上一级。

表 13-2-2 六级仰桥测试指标评价表

稳定测试等级	时间（秒）	得分（分）	操作
一级	30	1	静力仰撑
二级	15	3	抬右腿仰撑
三级	15	5	抬左腿仰撑
四级	15	6	抬右腿与左腿大腿平行后向外摆
五级	15	10	抬左腿与右腿大腿平行后向外摆
六级	30	15	回到一级动作

③反映核心稳定性的测试——反映核心区域在冠状轴的稳定性。

测试手段：五级侧桥。

测试工具：瑜伽垫、秒表。

测试方法：受试者侧卧肘撑，身体各部位在同一额状面上，支撑肘大臂和小臂成 90°，腿和躯干的角度为 180°，单脚外侧支撑。具体操作方法如表 13-2-3 所示。

测试要求：双腿伸直，身体始终保持一条直线。每一级之间无间歇，如出现不规范动作（身体产生晃动、塌腰），提醒一次不能正常完成标准动作，则视为该受试者无法完成该级别动作。

测试参数：一旦动作发生偏差便终止测试，分数记录上一级。

表 13-2-3 五级侧桥测试指标评价表

稳定测试等级	时间（秒）	得分（分）	操作
一级	30	1	静力侧撑
二级	15	3	抬起动力腿
三级	15	5	向前摆腿到最大幅度
四级	15	6	向后摆腿到最大幅度
五级	30	10	回到一级动作

四、速度

（1）30 米跑：站立起动，计时。

（2）100 米跑：站立起动，计时。

（3）15 秒悬垂举腿：计次数。

（4）15 秒前、后、侧踢腿：计次数。

（5）15 秒交换腿跳：计次数。

（6）10 秒踢腿：受试者站立于垫上，计时开始后单腿快速前踢，要求身体直立，踢腿时两腿开度必须在 160°以上，记录 10 秒内完整有效踢腿次数。

五、耐力

（1）12 分钟跑：计跑进距离。
（2）400 米跑：计时间。
（3）BEEP-TEST 20 米折返跑：计等级。

六、动作功能质量

（一）FMS 动作功能质量筛查

FMS 是 The Functional Movement Screen 的简称，翻译为汉语为功能性筛查。它采用人们长期使用的日常的身体活动姿势——蹲、跨、弓箭步、上肢伸展、踢，以及另外两种要求躯干稳定并且躯干前后弯曲和左右旋转的动作。这些动作形式按成本效率、时间效率、再生能力的方式进行安排，作为人体基本动作形式的典型动作。测试人员让运动员做这七个动作，分别是深蹲（Deep Squat）、上跨步（Hurdle Step）、直线前蹲（In-Line Lunge）、肩部灵活性（Shoulder Mobile）、直腿主动上抬（Active Straight Leg Raise）、躯干稳定俯卧撑（Trunk Stability Push - Up）、扭转/旋转稳定性（Rotary Stability）（图 13-2-1），根据每个动作的要求和标准，测试人员进行打分，评价运动员的基础身体能力，找到其优势和不足。

FMS 测试分数分布为 0~3 四个等级，根据运动员完成测试动作情况给予 1~3 分。如做动作过程中出现疼痛现象，给 0 分；如伤病筛查测试出现疼痛，无论动作质量筛查测试得几分，此项得分为 0。进行双侧测试的项目得分以两侧得分的最低分为准。

针对不足，教练员结合基础体能测试结果，对运动员已存在的损伤和潜在的损伤风险进行恢复和补偿训练，为运动员下一步的训练打下坚实的基础。

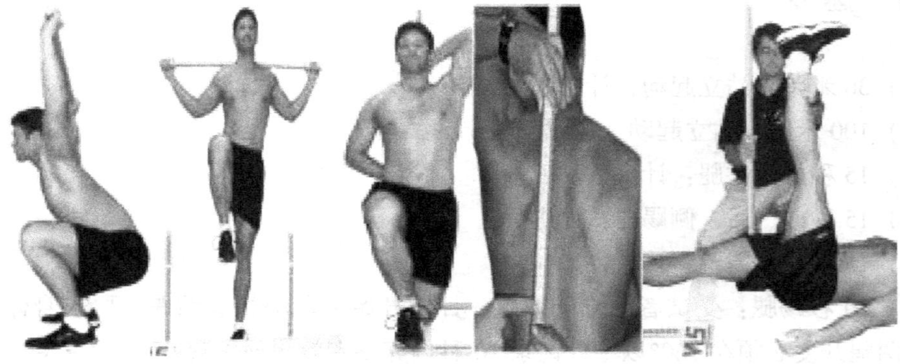

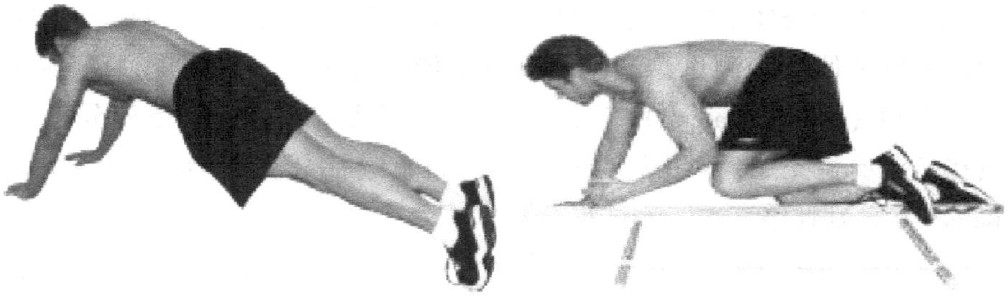

图 13-2-1　FMS 测试七个动作

（二）Y-平衡测试（Y-balance test）

Y-平衡测试最早由 Gray 等人提出，它改良于星形平衡测试（Star Excursion Balance Test），用于测试动态情况下身体平衡能力以及姿势控制能力。

Y-平衡测试被认为是一个功能测角器，对人身体执行相关动作时所同时需要的力量、灵活性、神经控制、核心部位稳定性、活动范围、平衡和本体感觉进行精确的量化。YBT 还有一个重要意义在于发现与躯干上下肢损伤相关的功能障碍。因 YBT 测试简洁、省时、省力、可靠性高（可信度：0. 88~0. 99，$P \leqslant 0.01$）而被逐渐广泛使用。

采用 Y-平衡测试对集体组运动员进行动态平衡能力测试，对测试结果数据进行分析，通过分析测试结果对运动员的运动损伤风险进行预测，将测试结果数据进行整理以作为训练监控和运动员伤后恢复情况评估的参考因素，从而为制订和调整技术和体能训练计划提供参考依据（图 13-2-2）。

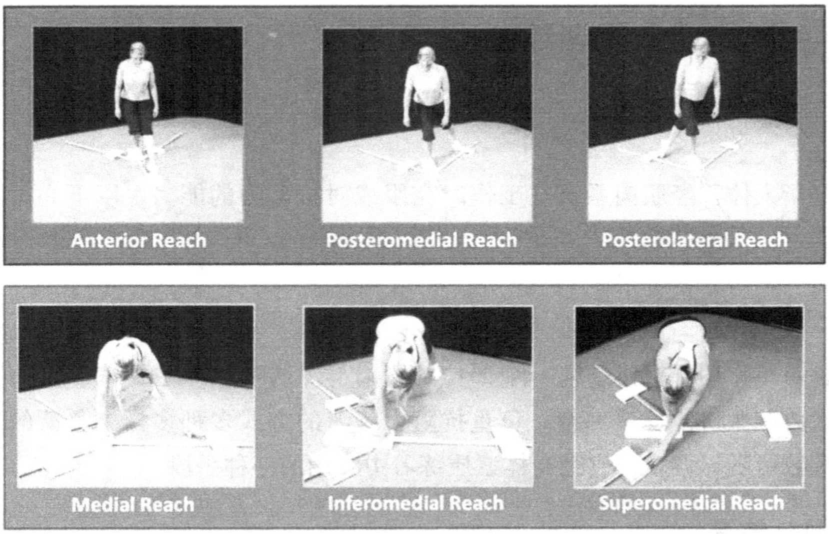

图 13-2-2　Y-balance test

Y-平衡测试分为身体上四分之一测试和身体下四分之一测试，身体上四分之一测试要求运动员单手俯撑于测试器起点，自由手依次向中间（medial）、下侧（inferior lateral）、上外侧（superior lateral）三个方向伸够，重复三次。身体下四分之一测试要求运动员在起点单腿支撑，自由腿向前（anterior）、后中侧（posteromedial）、后外侧（posterolateral）分别伸够三次。测试得分是以在每个方向上的最好伸够距离除以肢体长度，再乘以 100，综合得分是在三个方向上的最好伸够距离之和除以三倍肢体长，再乘以 100。

（三）动作功能质量纠正一般原则

首先评估并处理筛查中出现的 0 分，并要及时得到专业医学治疗。

其次确定灵活性问题，因为没有灵活性，稳定性也难以表现出来。

再次是不对称、不平衡问题，不平衡往往导致损伤发生。遵循不平衡优先原则，先解决左右出现 1、3 分的项目，再解决 2、3 分不对称的项目，然后解决 1、1 和 2、2 的问题。

最后，功能动作模式重建。

满分（21 分）不是最终目标，FMS 筛查的目标是消除所有的不对称并使每一项得分最少达到 2 分以上。

第三节　艺术体操运动员体能训练方法

一、主要运动素质训练

（一）力量训练

力量是指人体神经肌肉系统在工作时克服或对抗阻力的能力。以下为力量训练的基本手段。

1. 负重抗阻力练习

这种练习可作用于机体任何一个部位的肌肉群。这种练习主要依靠负荷重量和练习的重复次数刺激机体发展力量。负重抗阻力练习的方式多种多样，负荷的重量及练习的重复次数可随时调整，它是身体素质练习中常用的一种手段。

2. 对抗性练习

这种练习的双方力量相当，依靠对方不同肌肉群的互相对抗，以短暂的静力性等长收缩来发展力量。如双人顶、双人推和拉等。对抗性练习几乎不需要任何器械及设备，也容易引起练习者的兴趣。

3. 克服弹性物体阻力的练习

这是依靠弹性物体变形而产生阻力发展力量，如使用弹簧拉力器、拉橡皮带等。

4. 利用外部环境阻力的练习

如在沙地、深雪地、草地、水中的跑、跳等。做这种练习要求轻快用力，所用的力量往往在动作结束时较大。

5. 克服自身体重的练习

这种练习主要是由人体四肢的远端支撑完成的练习，迫使机体的局部部位来承受体重，促使该局部部位的力量得到发展。如引体向上、倒立推进、纵跳等。

6. 利用特制的力量练习器的练习

这种特制的练习器，可以使练习者的身体处在各种不同的姿势（坐、卧、站）进行练习。它不但能直接发展所需要的肌肉群力量，还可减轻心理负担，避免伤害事故发生。另外，还有很多诸如悬吊绳、振动杆、BOSU 球等发展功能性力量的练习器材。

（二）速度训练

速度是指人体快速运动的能力，它是人体重要的运动素质之一，对于运动员整体竞技能力的提高有着重要意义。速度在运动中具体表现为人体快速完成动作的能力、对外界信号快速反应的能力和快速位移的能力。

在艺术体操项目中，对速度训练的重要作用表现为运动在最大限度地（或是接近最大限度）表现出动作速度，它可以使运动员有更大的可能完成难度更高的复杂动作。

（三）耐力训练

耐力是指有机体在较长的时间内，保持特定强度负荷或动作质量的能力，是人体基本的运动素质之一。对比赛时间很短的竞技艺术体操项目来说，尽管在比赛现场通常无法直接感受到耐力对运动员竞技水平的重要影响，但不容置疑的是，艺术体操运动员也都需要发展相应的耐力，以便坚持和承受不断加大的训练负荷，并保证以充沛的体力参与竞技比赛。

根据运动中氧代谢的特征，可分为有氧耐力、无氧耐力及有氧–无氧混合耐力。根据肌肉工作的力学特征，可分为静力性耐力及动力性耐力。根据竞赛及体育活动持续的时间，可分为短时间耐力（短于 2 分钟）、中等时间耐力（2~8 分钟）和长时间耐力

（长于 8 分钟）。根据耐力对运动员竞技能力的作用，可分为一般耐力和专项耐力。根据器官系统的机能，可分为肌肉耐力和心血管耐力。根据参加主要工作的肌群数，可分为局部耐力（如上、下肢等）和全身耐力。

艺术体操项目表现为以最佳技术重复完成完整比赛动作的能力，其主要供能形式为磷酸原代谢供能和糖酵解代谢供能的混合代谢供能，主要采用重复训练法和比赛训练法提高专项耐力。在赛前训练中，须多次完成成套练习或 1/2 套以上的练习。如优秀艺术体操选手一次训练课中可完成 10~20 套完整练习。

（四）灵敏性训练

灵敏性是指在各种突然变换的条件下，不损失身体平衡、力量、速度或身体控制能力，运动员能够迅速、准确、协调地改变身体运动的空间位置和运动方向的能力。改善灵敏与个人时机、节奏、移动的发展有直接的联系。灵敏性训练可以确保艺术体操运动员在完成动作中发挥出最大速度、控制力，以及减少能量的消耗和不必要的动作。

灵敏性是一种综合素质，是速度、柔韧、力量等素质的综合反映。灵敏性包括协调性、灵活性和准确性三大基本能力。

灵敏性因素有 4 种，分别是平衡、协调、程序化灵敏和随机性灵敏。上述每一种因素中都包含速度、力量、时机和节奏。

1. 平衡

平衡是运动的基础。通过身体重心的练习，站立、停止和行走能力得到发展，运动员可以快速地掌握和保持这种能力。例如，单腿站立、在灵敏盘上站立、闭上双眼倒退走、在 BOSU 球上站立（为增加难度，上肢可以借用棒或圈完成绕环）、在软垫上跳起然后站稳。运动员不需要利用太多的时间来训练平衡，一周 2~3 次，每次几分钟就足够了。而且，平衡练习最好集中在早晨和训练课开始之前，这时运动员精力充沛、灵敏性高，神经肌肉系统对平衡练习中所使用的运动形式更易接受。

2. 协调

协调的目的是在较困难的情况下掌握简单的技巧。在运动中，协调性主要侧重于正确的生物力学动作。通过把某个技巧分解为不同的部分，然后再逐渐组合，可以达到协调性练习的目的。

非常规动作训练法是发展协调能力的重要方法。通过日常或训练中不经常出现的动作，使运动员机体各器官、系统得到一定程度的协调，保持身体姿势的稳定性。艺术体操项目对平衡能力有着特殊的要求。在训练中结合项目的具体特点提高运动员的视觉、听觉、前庭与身体本体感觉系统的能力。具体身体练习，如不习惯的各种身体练习，各种侧向或倒退方向的跳跃练习；反向（镜面）完成动作。还可以在一名运动员沿一条直线跑动的同时，另外一名运动员轻微地推或拉该运动员，使其偏离直线；持球跳上、跳下灵敏盘。

3. 程序化灵敏

灵敏性训练的第三个因素是程序化灵敏。在程序化灵敏中，一名运动员已经体验到施加于自己身上的技巧和压力，并意识到运动的形式和顺序。简而言之，运动员已经做好程序化准备。程序化灵敏练习可在高速度下进行，但在学习的过程中，必须控制好速度。如围绕“之”字形或“T”字形锥型物跑、穿梭跑。上述所有练习都是按照已知的标准形式来改变运动的方向，不存在自发性动作。一旦掌握了这些种类的练习，并能在正常情况下完成，运动成绩会得到改善，力量、爆发力、柔韧性和身体控制能力会得到提高。

4. 随机性灵敏

灵敏性的最后一个因素，也是最难掌握的因素，即随机性灵敏。在这里，运动员要完成未知的运动形式和要求。教练员可以辅以视觉和听觉反应技巧，以便使运动员根据不同的刺激对运动形式做出瞬间的判断，技巧水平更加接近实际比赛情景。随机灵敏性可通过躲闪练习加以训练（如网球下落躲闪），如跳起落地后听从教练员马上提出的未知运动形式。

灵敏训练具有挑战性、趣味性和刺激性，训练方法千变万化：让运动员在跑、跳当中迅速、准确、协调地做出各种动作，如快速改变方向的各种跑、各种躲闪和突然起动的练习，各种快速急停和迅速转体的练习等；各种调整身体方位的练习，如利用专项器械做各种较复杂的动作等；专门设计的各种复杂多变的练习，如立卧撑、十字变向跑及综合变向跑等；各种改变方向的追逐性游戏和对各种信号作出复杂应答的游戏等。

在艺术体操中，有大量的动作是以运动员身体各种环节极度的屈、伸或是扭转来完成的。这些动作能够充分表现出运动员的柔韧素质，增添柔美感。由躯干的弯曲和扭转构成多曲线的身体造型，显示了女性的自然美，大幅度的分腿动作增加了自由肢体的动态美。在跳跃、转体和平衡动作中结合大幅度的分腿和躯干弯曲，会使动作的难度价值和艺术性得到有效的提高。因此，灵活性不仅是专项素质训练的内容，也是发展动作难度必备的条件。

影响关节灵活性的主要因素是肌肉，所占比例为 40%。如果通过伸展练习来改善肌肉的灵活性，那么，关节的运动幅度就能被提高。

艺术体操由于其自身的特点，专项的灵活性练习是每一节技术训练课的训练内容。通常每次训练课之前都要进行 10~15 分钟的一般准备活动，之后会进行专项柔韧性训练。

在艺术体操体能训练中，运动员灵活性素质的训练主要放于体能课的结束部分，由技术教练员完成专项柔韧素质训练。但必须注意的是，在专项柔韧训练前必须进行肌肉的牵拉放松。

二、主要运动素质的训练方法手段示例

（一）双人多人配合练习

在训练时注意培养大家的集体意识和团队精神，毕竟艺术体操包含集体项目，大家的配合默契程度非常重要。虽然体能训练个性化很强，但我们在训练中也安排了团队协作式的训练形式，在训练中提高了能力，增进了了解，还保持了训练的乐趣和激情。训练方法手段举例如下。

1. 双人小推车行走练习（图 13-3-1）

要求核心柱稳定，尽量保持在中立位姿势，可以向前爬进，也可以向后退行，在该练习中要求双人密切配合，否则难以完成。

练习的目的：在发展上肢向心和离心力量的同时，也测练了队员的核心柱力量。

图 13-3-1　双人小推车行走练习

2. 双人背靠背单腿支撑半蹲练习（图 13-3-2）

双人背靠背单腿支撑成半蹲姿势，要求膝盖不能过脚尖，同时膝盖不能内扣，稳定支撑半分钟，然后换腿。

目前主要采用静力性练习，等水平提高以后可以尝试动力性蹲起练习。

图 13-3-2　双人背靠背单腿支撑半蹲练习

3. 集体练习（图 13-3-3）

大家围成一个圆圈，单脚站立，两人共用一个弹力带，同时沿着一个方向做内收或外展练习，该练习可以训练稳定性和髋关节的力量，同时培养运动员的团队意识。

图 13-3-3　集体练习

（二）个人平衡稳定性练习

本体感受能力，即肌梭、腱梭对肌肉张力的自主调节和控制能力。它帮助我们在运动中迅速调节关节周围肌肉紧张度，从而使得动作更加协调，更快地从易受伤体位调整过来，从而避免损伤的发生。关节内的各种感受器可以帮助我们感受关节压力与位置的异常，并提供调整信号。本体感受训练既是伤后康复锻炼的重要内容，也是预防损伤发生的有效手段。

前面已经分析了稳定性对艺术体操的成绩至关重要，FMS 筛查能够发现稳定性不足的问题。在训练中应有意识地加强这方面的训练。平衡稳定训练的主要手段为单腿站立平衡练习，即单腿站立，双手抱胸，另一条腿悬空屈髋屈膝。

①睁眼站立平衡 30 秒，保持身体平衡，如身体出现大摆大晃，则计失败一次，30

秒钟计失败总次数。30 秒后，左右腿交换站立。如发现弱势一侧，需强化训练。

②睁眼单腿蹲起，起始姿势为单腿站立平衡，然后单腿半蹲后站立，重复蹲起，可以 30 秒计次数。

③闭眼单腿平衡站立 30 秒，保持身体平衡，如身体出现大摆大晃，则计失败一次，30 秒钟计失败总次数。30 秒后，左右腿交换站立。如发现弱势一侧，需强化训练。

④单腿平衡盘上站立静力平衡。

⑤单腿站立平衡盘上做专项动作（如双手棒操）。

⑥单腿平衡盘上蹲起。

⑦单膝跪姿平衡盘上两点平衡。

⑧单腿站立软塌上振动棒平衡。

⑨俯卧瑞士球上静力平衡练习。

⑩俯卧瑞士球上动力平衡练习。

具体练习动作如图 13-3-4 所示。

图 13-3-4　平衡稳定性练习

（三）核心柱力量

艺术体操队员核心柱力量系列练习手段如下所述。

1. 徒手动作系列

①双臂前后对角线俯卧撑（图 13-3-5）。

技术：双腿并拢；以双手掌、双足脚尖撑地，呈俯卧姿势。双臂一前一后交替屈臂撑。

要求：注意核心（指身体核心区域）、双臂肘关节与腕关节的姿位。

图 13-3-5　双臂前后对角线俯卧撑

②双臂交替俯卧撑（图 13-3-6）。

技术：双腿并拢；以双手掌、双足脚尖撑地，呈俯卧姿势。双臂交替屈臂撑。

要求：注意核心、双臂肘关节与腕关节的姿位。

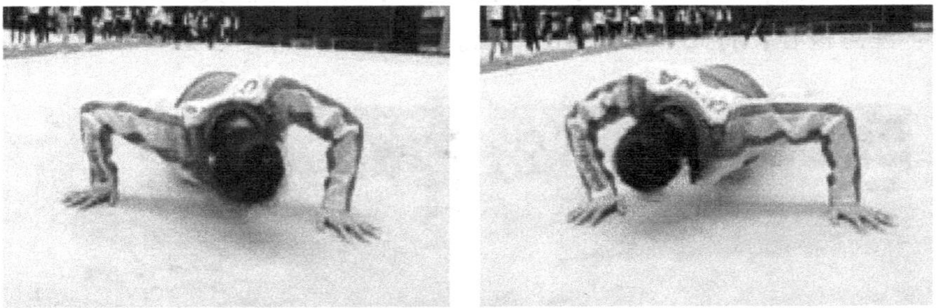

图 13-3-6　双臂交替俯卧撑

③“T”形俯卧撑（图 13-3-7）。

技术：双腿并拢；以双手掌、双足脚尖撑地，呈俯卧姿势。双臂交替打开，左右转体变单臂支撑。

要求：注意单臂支撑核心的稳定姿态。

图 13-3-7　“T”形俯卧撑

④屈臂俯卧四点支撑（图 13-3-8）。

技术：双腿并拢；以双肘、双足脚尖撑地，呈俯卧姿势。

要求：注意核心、双臂肘关节与脚尖的姿位。

图 13-3-8　屈臂俯卧四点支撑

⑤屈臂俯卧三点支撑（单肘或单脚支撑）（图 13-3-9）。

技术：双腿并拢；以单肘、双足脚尖撑地，或双肘、单脚支撑，呈俯卧姿势。

要求：注意核心、肘关节与脚尖的姿位。

图 13-3-9　屈臂俯卧三点支撑（单肘或单脚支撑）

⑥单肘单腿侧卧撑（图 13-3-10）。

技术：双腿并拢侧卧，以单侧肘关节撑地，呈侧卧姿势，上侧手臂与腿外展。

要求：注意核心、脚外侧和支撑肘关节的姿位。

图 13-3-10　单肘单腿侧卧撑

⑦仰卧单脚挺身（图 13–3–11）。

技术：屈膝双脚并拢，以脚后跟撑地，两臂体侧打开，呈仰卧姿势，挺髋交替伸直膝关节。

要求：注意核心、双脚的姿位。

图 13–3–11　仰卧单脚挺身

⑧俯卧超人（图 13–3–12）。

技术：俯卧姿势，两头起。

要求：注意大腿抬离地面。

图 13–3–12　俯卧超人

⑨仰坐呈“V”形（图 13–3–13）。

技术：双腿并拢，仰卧元宝姿势，呈 V 形。

要求：伸直双腿和后背。

图 13–3–13　仰坐呈“V”形

⑩仰卧挺髋伸腿（图 13-3-14）。
技术：运动员仰卧撑地成平板状，在身体保持正确姿势下进行单腿伸缩运动。
要求：保持髋关节的稳定性。

图 13-3-14　仰卧挺髋伸腿

2. TRX 悬吊系列

充分利用悬吊不稳定的特点训练运动员的核心稳定性和身体姿态的控制能力。
①双腿悬吊俯卧平板支撑（图 13-3-15）。
技术：双腿并拢悬吊，以双肘和手掌撑地，呈俯卧姿势。
要求：注意核心、双臂肘关节与腕关节的姿位。

图 13-3-15　双腿悬吊俯卧平板支撑

②后腿悬吊弓步蹲起（图 13-3-16）。
技术：后腿悬吊，前腿弓步蹲起。
要求：注意稳定，支撑腿臀肌发力，两臂体侧保持平衡。

图 13-3-16　后腿悬吊弓步蹲起

3. 瑞士球系列

充分利用瑞士球不稳定的特点训练运动员的稳定性和身体姿态的控制能力。

①双腿球上仰卧平板平衡静力（图 13-3-17）。

技术：仰卧，两小腿置于球上，挺髋成桥状。

要求：注意保持姿势稳定，核心发力，两臂体侧保持平衡，能力强者可双臂指向天空。

图 13-3-17　双腿球上仰卧平板平衡静力

②俯卧双腿球上左右滑雪（图 13-3-18）。

技术：俯卧，双手撑地，两腿屈髋屈膝，小腿并拢置于球上成跪姿，上体能够左右转髋，锻炼核心旋转稳定性。

要求：注意保持姿势稳定，核心发力，两臂支撑保持平衡，尽量不要让身体从球上掉下来，能力强者可单腿滑雪。

图 13-3-18　俯卧双腿球上左右滑雪

4. 弹力带系列

①弓箭步蹲（图 13-3-19）。

目的：改善异侧腿膝关节和踝关节稳定性。

器材：红线、弹力带。

要求：两脚前后弓步开立，站红线上，双脚同一水平线。弹力带附于前腿膝盖处产生张力。运动员要求保持身体直立姿态，做箭步蹲，练习过程中对抗弹力带阻力的同时保持正确的姿势。

重复次数：8~20 次。

图 13-3-19　弓箭步蹲

②肩关节稳定性（图 13-3-20）。

目的：加强肩袖肌群力量，改善肩关节的稳定性。

要求：运动员站立手持弹力带，肩肘关节成 90°，运动员拉动弹力带进行肩关节内外缩肌力训练。

重复次数：8~20 次。

图 13-3-20　肩关节稳定性

5. 哑铃系列：单腿硬拉（图 13-3-21）

目的：改善单腿支撑平衡稳定能力，加强支撑腿后群力量。

器材：哑铃。

要求：双手持哑铃，单腿站立，屈体体前屈，支撑腿微屈，然后直立。

重复次数：8~20 次。

图 13-3-21　哑铃单腿硬拉

（四）灵敏协调性

训练中安排了程序化灵敏和随机性灵敏训练内容，并有机组合发展队员的协调性。如要求运动员在做动作时加入绳梯器械，训练队员的距离感和空间感（图 13-3-22）。

图 13-3-22　绳梯灵敏协调性训练

（五）耐力

利用单车进行下肢循环抗阻练习，通过变换阻力、踏频锻炼各种心肺功能（图 13-3-23）。

图 13-3-23　动感单车心肺耐力训练

（六）放松训练

包括筋膜放松、肌肉按摩、静力性牵伸、淋巴回流等恢复再生训练手段，工具主要有泡沫滚轴、网球、按摩棒等（图 13-3-24）。

①臀部放松。

目的：放松臀肌，改善髋关节的灵活性。

器材：泡沫滚轴、网球等。

要求：正面盘腿坐，单手撑地，臀部单侧坐在泡滚轴（或网球）上。前后左右滚动按摩臀部肌肉等软组织（图 13-3-25）。

重复次数：8~12 次。

图 13-3-24　恢复再生训练工具

图 13-3-25　泡沫滚轴臀部肌肉放松训练

②足底放松练习。

目的：放松足底筋膜，改善踝关节的灵活性。

器材：网球等。

要求：站立，单脚踩网球，前后左右滚动按摩足底肌肉等软组织（图 13-3-26）。

重复次数：8~12 次。

图 13-3-26　网球足底恢复放松训练

参考文献

[1] 齐家玉，王和平，庞琼，等．国家艺术体操队备战世界锦标赛期间身体机能监测情况［J］．体育科学，2004（5）：19-21.

［2］王爱兰．艺术体操运动训练之研究［M］．第1版．北京：人民体育出版社，1991：4.
［3］齐家玉，刘瑞峰．基于艺术体操运动员形态、机能特征的体能训练研究［J］．天津体育学院学报，2007（1）：13-15.
［4］韩青．核心区稳定性训练对艺术体操运动员完成身体难度质量影响的研究［D］．北京：北京体育大学，2013.
［5］李新华．国家艺术体操集体项目运动员比赛期心率特征分析研究［D］．北京：北京体育大学，2015.
［6］胡鑫．国家艺术体操集体组体能特征的研究［D］．北京：北京体育大学，2012.

第十四章

艺术体操运动员的营养

北京体育大学（王正珍）

合理营养对运动员来说是保证身体健康、训练效果和比赛成绩的基本条件，应引起教练员、队医和运动员的高度重视。本章首先介绍了艺术体操运动员的能量平衡，其次阐述了运动员所需维生素和矿物质、适当饮水和合理膳食制度，最后讲述了通过合理膳食增强酸碱平衡的调节能力。

第一节　平衡膳食与合理营养

一、平衡膳食概念与意义

平衡膳食是指按照不同年龄、身体活动和能量的需要设置的膳食模式，这个模式推荐的食物种类、数量和比例，能最大程度地满足不同年龄阶段、不同能量水平的健康人群的营养与健康需要。

平衡膳食是指人体对营养素和食物需要的平衡，指能量摄入和运动消耗的平衡，平衡膳食强调了日常饮食中食物种类和品种丰富多样，能量和营养素达到适宜水平，注意避免油、盐、糖的过量等多项内涵。

近年来，我国居民物质和生活条件大为改善，营养不足现象得到很大缓解，但是，膳食结构仍然不够合理，由此导致的营养问题仍然突出，主要相关问题有：膳食结构不合理现象较为突出；谷类食物摄入总量下降；动物类食物尤其是畜肉摄入过多；烹调油和食盐摄入水平居高不下；饮酒率增加；年轻人饮料消费增多导致添加糖摄入量显著增加；居民身体活动呈下降趋势。调查数据显示，学生超重肥胖持续增加；高血压、糖尿病等膳食相关的慢性疾病的患病率居高不下，低龄化趋势明显。因此，在当前情况下倡导平衡膳食的理念更具现实意义。科学证据和实践已经证明，改善膳食结构、均衡饮食和增加运动量能促进个人健康、增强体质、减少慢性疾病风险。

二、平衡膳食与合理营养的核心推荐

关于平衡膳食与合理营养，《中国居民膳食指南（2016）》作出以下核心推荐。

（一）食物多样，谷类为主

食物多样是平衡膳食模式的基本原则。每天的膳食应包括谷薯类、蔬菜水果类、畜禽鱼蛋奶类、大豆坚果类等食物。建议平均每天摄入12种以上食物，每周25种以上。谷类为主是平衡膳食模式的重要特征，每天摄入谷薯类食物250~400克，其中全谷物和杂豆类50~150克，薯类50~100克；膳食中碳水化合物提供的能量应占总能量的50%以上。

（二）吃动平衡，健康体重

体重是评价人体营养和健康状况的重要指标，吃和动是保持健康体重的关键。各个年龄段人群都应该坚持天天运动、维持能量平衡、保持健康体重。体重过低和过高都容易增加疾病的发生风险。推荐每周应至少进行5天中等强度身体活动，累计150分钟以上；坚持日常身体活动，平均每天主动身体活动6000步；尽量减少静坐少动时间，每小时起来活动1~5分钟，动则有益。

（三）多吃蔬果、奶类、大豆

蔬菜、水果、奶类和大豆及大豆制品是平衡膳食的重要组成部分，坚果是膳食的有益补充。蔬菜和水果是维生素、矿物质、膳食纤维和植物化学物的重要来源，奶类和大豆类富含钙、优质蛋白质和B族维生素，对降低慢性病的发病风险具有重要作用。提倡餐餐有蔬菜，推荐每天摄入300~500克，深色蔬菜应占1/2。天天吃水果，推荐每天摄入200~350克的新鲜水果，果汁不能代替鲜果。吃各种奶制品，摄入量相当于每天液态奶300克。经常吃豆制品，每天相当于大豆25克以上，适量吃坚果。

（四）适量吃鱼、禽、蛋、瘦肉

鱼、禽、蛋和瘦肉可提供人体所需要的优质蛋白质，维生素A、B族维生素等，有些也含有较高的脂肪和胆固醇。动物性食物优选鱼和禽类，鱼和禽类脂肪含量相对较低，鱼类含有较多的不饱和脂肪酸；蛋类各种营养成分齐全；吃畜肉应选择瘦肉，瘦肉脂肪含量较低。过多食用烟熏和腌制肉类可增加肿瘤的发生风险，应当少吃。推荐每周吃鱼280~525克，畜禽肉280~525克，蛋类280~350克，平均每天摄入鱼、禽、蛋和瘦肉总量120~200克。

（五）少盐少油，控糖限酒

我国多数居民目前食盐、烹调油和脂肪摄入过多，这是高血压、肥胖和心脑血管疾病等慢性病发病率居高不下的重要因素，因此应当培养清淡饮食习惯，成人每天食盐不超过 6 克，每天烹调油 25~30 克。过多摄入添加糖可增加龋齿和超重发生的风险，推荐每天摄入糖不超过 50 克，最好控制在 25 克以下。水在生命活动中发挥重要作用，应当足量饮水。建议成年人每天饮水 7~8 杯（1500~1700 毫升），提倡饮用白开水和茶水，不喝或少喝含糖饮料。儿童少年、孕妇、乳母不应饮酒，成人如饮酒，一天饮酒的酒精量男性不超过 25 克，女性不超过 15 克。

一日膳食中食物构成要多样化，各种营养素应该品种齐全，包括供能食物，即蛋白质、脂肪及碳水化合物等。不同种类食物的营养素不同，动物性食物、豆类含优质蛋白质；蔬菜、水果含维生素、矿物盐及微量元素；谷类、薯类和糖类含碳水化合物；食用油含脂肪；肝、奶、蛋含维生素 A；肝、瘦肉和动物血含铁。荤素混食，合理搭配，从而能供给膳食者必需的能量和各种营养素。良好膳食选择可以使运动员身体健康，获得良好的机能状态和训练效果。

《中国居民膳食指南（2016）》除了对膳食结构的核心推荐外，还强调了杜绝浪费，兴新食尚。勤俭节约，珍惜食物，杜绝浪费是中华民族的美德。按需选购食物、按需备餐，提倡分餐不浪费。选择新鲜卫生的食物和适宜的烹调方式，保障饮食卫生。学会阅读食品标签，合理选择食品。创造和支持文明饮食新风的社会环境和条件，应该从每个人做起，回家吃饭，享受食物和亲情，传承优良饮食文化，树健康饮食新风。

平衡膳食与合理营养是运动员营养素摄入适当或不足的评价基础，应该根据运动员的营养状态的评价结果和不同训练比赛阶段的需求进行适当调整。与非运动员相比，运动员的常量营养素需求量稍高，需要增加一些微量营养素。

第二节　艺术体操运动员合理营养的基本要求

合理营养对运动员来说是保证身体健康、训练效果和比赛成绩的基本条件，应引起教练员、队医和运动员的高度重视。

一、运动员的能量平衡

包括运动员在内的大多数人，很长一段时间内可以维持稳定的体重，无须关注每天摄入或消耗的能量。但是对于艺术体操运动员而言，体重和身体成分对于运动能力和比赛成绩至关重要。当能量摄入小于能量消耗时，脂肪和肌肉都会被分解为能量以满足机体的需要，很多训练效果会大打折扣。同时，如果能量摄入不足，获取良好健康状态和运动能力所必需的营养素，如碳水化合物、蛋白质、脂肪、维生素和矿物质也会有不同程度的缺乏。

很多艺术体操运动员会感受到比赛带来的体重压力，为了维持体重，运动员会限制能量摄入，哪怕是训练已经消耗了大量的能量。任何年龄的运动员必须获得足够的能量，以满足日常生活、运动训练、比赛和损伤修复的能量需求。女运动员在月经期的能量需求比平时要多一些，未成年运动员还应考虑生长发育的能量需要。

（一）能量与常量营养素的平衡

1. 能量

为了维持适宜的体重，能量摄入必须等于能量消耗。如果一个运动员试图增加体重，能量摄入必须超过能量消耗；相反，如果要降低体重，能量摄入必须低于能量消耗。一些流行膳食，如高蛋白膳食、高脂肪膳食或低碳水化合物膳食，声称改变膳食成分就能改变体重。然而，仅仅改变膳食成分，不调整能量平衡是不足以影响体重的。通常营养成分不平衡的膳食是不利于健康的。除了膳食成分以外，体重和身体成分还受生理、环境、行为和遗传诸多因素的影响。

在正常生理条件下，摄入碳水化合物、蛋白质和酒精会成比例地刺激氧化速率，而增加脂肪的摄入量不会立即刺激脂肪氧化的增加，因此，膳食中脂肪含量的增加便增加了身体脂肪组织储存的可能性。

2. 碳水化合物平衡

在能量平衡的条件下，可以通过碳水化合物摄入与氧化的匹配，使碳水化合物得到精确调节。但是过多摄入碳水化合物，并且能量摄入大于能量消耗，可以使其向甘油三酯转化，加速脂肪组织的生成。

3. 蛋白质平衡

与碳水化合物一样，机体通过改变膳食蛋白质的氧化速率调节蛋白质的摄入。在身体蛋白质的需要得到满足后，任何过多的氨基酸都会用来供能。能量摄入的充足性，特别是碳水化合物的摄入对氨基酸是否用来供能有显著的影响。能量摄入不足可以导致蛋白质代谢的负平衡，即部分身体组织蛋白，如肌肉被分解用于能量供应。相反，当能量过剩或碳水化合物摄入过多会节省蛋白质，这些蛋白质可以用来支持组织蛋白的合成，如肌肉体积的增加；但是过多的蛋白质摄入可以间接地导致脂肪积累，同时因蛋白质的供能优先于脂肪供能，使过多的膳食脂肪作为脂肪组织被储存起来。

4. 脂肪平衡

脂肪平衡不像碳水化合物和蛋白质那样能够精细地被调节。当膳食脂肪摄入增加时，脂肪的短期氧化不成比例增加，经过较长时间后随着高脂膳食摄入过多能量，会导致身体总脂肪的储存逐渐增加。

（二）能量消耗

确定能量平衡要直接评估能量的摄入和能量消耗。每日的总能量消耗通常由以下三部分组成。

1. 基础代谢率

基础代谢率是维持机体各系统和调节体温所需要的能量。基础代谢率的测量条件较复杂，通常用安静代谢率来代替，在运动员机能监控的实践中采用得比较多。通常基础代谢率较安静代谢率低 10%。大多数很少运动的成年人中，基础代谢率占总能耗的 60%~80%，而运动员的基础代谢率在总能耗中占的比例显著低于普通人，通常在50%以下，甚至更低。

运动可以直接或间接地改变安静代谢率。运动可以通过增加机体的肌肉和骨骼等瘦体重来提高安静代谢率，瘦体重是安静代谢率的决定性因素，优秀运动员的瘦体重占体重的比例比普通人要高。因此，当体重一定时，体脂百分比较低、瘦体重百分比较高的运动员安静代谢率较高。大运动量训练后一段时间内（数分钟或数小时）可以提高安静代谢率，也称为运动后过量氧耗，这种现象受到训练水平、年龄、环境条件，以及运动强度和运动时间的影响。一般来说较大强度运动后过量氧耗比较显著。

2. 食物的生热效应

食物的生热效应是由于膳食摄入增加的能量消耗，包括食物在体内的消化、吸收、运输、代谢和储存的能量消耗，是在安静代谢率之上增加的能量消耗。通常混合食物的生热效应约为每日总能量消耗的 6%~10%。食物的生热个体差异很大，受每日摄入膳食的能量含量、摄入的食物种类、膳食成分和人体肥胖程度等因素的影响。可在一餐后持续数小时，并依赖所摄入食物能量的含量和食物的组成，如葡萄糖的生热效应为 5%~10%，脂肪为 3%~5%，蛋白质为 20%~30%……脂肪生热效应较低的原因是将脂肪储存为甘油三酯所需要的能量较少。

3. 体力活动

体力活动是人类能量消耗变化最大的部分，它包括在安静代谢率和食物的生热效应之上每日活动的能量消耗，如有计划的训练、比赛，以及日常行走、骑车、上下楼梯等活动，还包括日常生活中有目的的活动，如穿衣、购物、家务劳动等。一些不由自主的肌肉活动或被动的身体活动，如发抖、烦躁、按摩等，也包括在体力活动之中。

还有很多因素能够提高正常基础水平以上的能量消耗，如冷、热、恐惧、紧张，以及咖啡、烟草和酒精等，这些因素的生热效应通常被称为适应性生热作用，可以引起生热效应的暂时性增加，持续数小时或数天。对于运动员来说，与比赛相关的紧张、陌生环境的适应、极端环境中的比赛或训练、服用药物、损伤及损伤的修复都可能增加正常基础之上的安静代谢率。

在艺术体操运动员中发现能量摄入似乎不能满足每日能量消耗，但是这些运动员在相对较长时间内仍报告能保持体重稳定。尽管报告的能量摄入和能量消耗之间可能存在差异，但是运动员仍有能力维持体重的稳定，可能还存在其他原因，如运动员在一天训练之后的时间中体力活动水平低于预测值，还可能这些运动员的代谢效率提高，使得这些运动员的实际需要低于传统方法的估计，可以部分解释一些运动员尽管摄入的能量似乎不能满足消耗的需要，但是仍能维持体重。这些运动员可能比能量摄入足够的人的能量消耗要少，表现在休息、进行各种日常活动和运动时。另外，是否存在艺术体操运动员长期控体重造成的能量效率提高的情况，需要进行进一步的研究。

以上讨论了能量平衡的问题，包括能量摄入和能量消耗两个方面。对任何一个人来说，影响能量平衡的因素很多，包括性别、年龄、家族史、膳食选择、日常体力活动水平和压力水平等多个方面。若想长时间获得理想体重，需要长时间关注能量平衡中的一个或多个因素。运动量增加时，应该增加总热能的摄入量，并注意三大热能营养素的适宜比例；而运动量减少时，如训练间隙、周末及节假日应该适当减少总热能的摄入量。

（三）生热营养素比例适当

能量来源于食物中的碳水化合物、脂肪和蛋白质，因此，这三种营养素又称为生热营养素。每一克碳水化合物、脂肪和蛋白质在体内代谢后产生的热能分别是 4 千卡、9 千卡、4 千卡。膳食中所含生热营养素的比例，对机体的代谢状况和工作能力有一定的影响，合适的比例有利于体内的代谢过程和工作能力。

1. 蛋白质

蛋白质对运动员十分重要，它是构成机体的主要成分，膳食蛋白质可补充体内分解的蛋白质，此外还提供运动中的一部分能量。富含蛋白质的食物具有增肌和修复肌肉损伤的作用。但是，蛋白质摄入过多会使食物生热效应升高增加人体的能量消耗、增加肝脏和肾脏负担、降低运动效率，蛋白质的代谢产物是体内酸性物质的主要来源，因此，不宜摄入过多的蛋白质。成年运动员的蛋白质适宜摄入量为每天 1.2~2.0 克/千克，在总能量中占 12%~15%，处于生长发育期的儿童青少年运动员的蛋白质的适宜摄入量为每天2.0~3.0克/千克。7~11岁的儿童青少年运动员的膳食蛋白质供给量为每日3克/千克，约占总能量的14%~18%；12~17岁的儿童青少年运动员为每日2克/千克，约占总能量的14%~16%。儿童青少年运动员摄入的优质蛋白质应占总蛋白质的30%以上。

2. 碳水化合物

碳水化合物是运动中的主要能源，为肌肉和大脑提供能量。碳水化合物在膳食中的比例不仅对肌糖原和肝糖原的储存有影响，而且会影响体内蛋白质的代谢。当体内肌糖原储备充足时，蛋白质供能仅占总能量供应的5%左右，而肌糖原耗竭时，蛋白质供能可占总能量供应的15%。富含碳水化合物的食物中还富含蛋白质、维生素、矿物质和膳食纤维等营养素。运动员应摄取充足的碳水化合物，一般情况下占总能量的60%左右，在大运动量训练或比赛之前可增加至60%~70%。

3. 脂肪

脂肪是高热能物质，是长时间低强度运动的主要能源，在小于60%最大摄氧量强度下长时间运动时，以脂肪酸供能为主。但是脂肪代谢耗氧多，分解代谢过程需要葡萄糖参与，氧化不全的代谢产物酮体呈酸性，代谢产物蓄积可降低耐力并造成疲劳，对机体和运动能力不利。过多摄入脂类食物会降低蛋白质和铁等重要营养素的吸收率并可能引起脂代谢紊乱。控制脂肪摄入量对维持体重和身体成分至关重要，因此，艺术体操运动员不宜摄入过多的脂肪，以占总能量的25%~30%为宜。

根据训练和比赛的不同阶段，可以对生热营养素的比例进行适当调整，如大运动量训练期间可适当调高蛋白质的摄入量，赛前增加碳水化合物的摄入量。

（四）运动员体重管理

为了维持健康和比赛的需要，艺术体操运动员需要保持良好的体重和体脂百分比。艺术体操是出于审美原因要求体脂百分比较低的项目，但是体脂百分比减少至极低水平可能对运动能力并无实质性的益处，但是教练员和运动员依然相信，恰当的体脂百分比水平是由裁判“训练有素的眼睛”来确定的，并因此影响艺术表现的分数。

运动员的体重和体脂水平像普通人一样受到遗传、环境、训练计划、饮食控制等多种因素的影响。运动员减体重和体脂的饮食方法如下。

1. 减少脂肪的摄入量和食物热量密度

对于需要降低体重的运动员应减少或避免各种油炸食物的摄入，一般经过油烹调的食物，会提高60%~100%的热量，如22片红薯片的热量和两个半水煮马铃薯热量相同。加入大量奶油、糖、香料的蛋糕及西式点心、汉堡、鸡块、薯条和各式含糖饮料的热量都相当高。

2. 选择适当的食物增加饱腹感

蛋白质在胃中排空的时间较其他食物长，因此，适当增加蛋白质摄入会增加饱腹感。适当选择低血糖指数食物也能增加饱腹感。长期食用低血糖指数食物有助于超重的人减少体内脂肪。

血糖指数是指每单位碳水化合物使血糖水平升高的速度和幅度。血糖指数衡量的是碳水化合物对血糖水平的影响。高血糖指数的食物会被迅速消化吸收转变为血糖，这一过程导致血糖及胰岛素迅速而短暂地升高，饥饿感较早出现和过多的热量摄入。相反，低血糖指数食物会降低血糖和胰岛素的升高幅度，促进更多的脂肪氧化，减少脂肪生成，并增加饱腹感。

低血糖指数饮食主要有鱼类、水果、蔬菜、坚果和全谷物食品，也可包括轻微加工过的燕麦片、杏仁、糙米、豆类和以橄榄油为代表的健康油脂等食物，魔芋、种子、核果、谷类、瘦肉、鱼、酸乳、牛奶等也是很好的食物选择。

3. 增加减脂运动

减脂运动以较低强度较长时间的运动为主，如快走、慢跑、游泳，还应适当增加力量练习以提高基础代谢率。

二、运动员所需维生素和矿物质增加

（一）运动员对维生素的需求量增加

运动训练、比赛增加能量消耗会相应增加 B 族维生素的需要量。大强度训练或者密集的比赛可以使运动员的氧化应激水平提高，因此对维生素 C、维生素 E 和 β-胡萝卜素的需要量增加。富含 B 族维生素的食物有红肉、谷类胚芽、大豆、花生等；苹果、葡萄、橘子和猕猴桃等新鲜水果富含维生素 C，天然维生素 E 广泛存在于核桃、花生、杏仁、榛子、松子等坚果中，以及豆类、蛋类和多种植物油中。红色、黄色的水果、蔬菜含丰富的 β 胡萝卜素，如胡萝卜、橘子、橙子、红薯、西红柿等。

（二）运动员对矿物质的需求量增加

钠、钾、镁、钙等常量元素，铁、锌、铜、硒等微量元素对维持机体生理功能和代谢过程有重大影响。运动员大强度和大运动量训练，代谢增强，矿物质的消耗增加，出汗量显著增加，从汗液中丢失的矿物质增多；受运动训练的影响，通过粪便丢失的矿物质也可能增加。因此，运动员需要通过食物摄入充足的维生素和矿物质，如蔬菜、水果、豆类、谷类、瘦肉、鱼等确保丰富的维生素和矿物质供应。维生素和矿物质充足供应有助于保持良好的工作能力和疲劳恢复。

三、适当饮水对保持运动能力非常重要

（一）运动员的需水量大于普通人

随着训练和比赛中能量消耗的增加，运动员对水的需要量也增加了，因为运动员出汗速率快、出汗量大，呼吸道失水量也大。通常每消耗 1 千卡热量需要 1.2～1.5 毫升水，艺术体操运动员每天能量消耗为 2000～2400 千卡，因此，在适宜环境中每天的需水量为 2400～3600 毫升，若遇炎热天气还应适当增加。

（二）运动员如何补水

运动员每天从食物中大约可以摄入 1000 毫升水，其余均应用饮用水补充。可以在训练开始前摄入 300～500 毫升水；训练或比赛中可少量多次饮水，每次饮水量不超过 150 毫升，每小时饮水量不超过 1000 毫升，出汗量大时，可以选择运动饮料；运动结束后仍应采用多种形式补水，可以摄入运动饮料、盐糖水、果汁、菜汤、米粥、蛋花汤、肉汤等，也可以适当摄入含盐的小吃、点心、水果，或者西瓜、黄瓜、西红柿等蔬菜。

（三）如何判断补水是否成功

正常健康人群的体液平衡主要是靠渴感和尿液生成来调节的，而运动员在训练或比赛的压力条件下，仅靠口渴的感觉已经不足以成为维持体液平衡的刺激因素。因此，运动员在训练或比赛结束后应尽快补充水和电介质。运动后补水的成功最终取决于液体的摄入和尿液生成之间的平衡。运动员还可以通过观察尿量和尿的颜色调整补水量。运动员每天的排尿总量最好在 1000 毫升以上，尿的正常颜色是淡黄色，若为黄色就是脱水的表现，应该按照以上原则积极补水，若颜色更深，则应在队医的指导下补水直至尿的颜色正常。运动后补糖、补水是密不可分的，应该相互结合，才能取得更好的效果。

（四）补水时应注意的问题

①液体的适宜温度：液体的温度不宜与环境温度差别太大，通常摄入 5～13°C 的液体比较舒适，也有利于液体补充。

②禁止不利于体液和电解质恢复的补液方式：由于以下补液方式有程度不同的利尿作用，因此，应避免短时间大量饮入“白水”，即不含盐和糖的水，如短时间摄入 800 毫升“白水”；用茶水补液；用啤酒补液；用咖啡补液。

运动员适当饮水是排除代谢产物、调节体温、消除疲劳最有效的手段之一，甚至比吃营养补剂更重要，因此，无论是队医，还是教练员或运动员都应给予足够的重视。

四、合理的膳食制度

（一）食物的总摄入量

对于艺术体操运动员来说，食物的体积要小，易于消化吸收，一日食物的总重量不宜超过 2 千克。普通膳食入胃后 5 分钟，就开始部分排到十二指肠，正常情况下胃的排空时间为 3~4 小时，精神紧张和疲劳情况下，胃的排空时间可延长为 5~6 小时。各种食物的消化时间不同，总的来说碳水化合物较快，脂肪和蛋白质较慢。不同的烹调方法可以改变食物的消化时间，炸肉排比炖肉排难消化。由于紧张的训练和比赛，运动员经常处于交感神经兴奋的状况下，或大运动负荷后的疲劳状态下，消化功能较弱，因此，不要使消化器官负担过大，在饮食上要求食物浓缩，体积重量小，容易消化，以减轻消化器官的负担。

（二）一日三餐食物热量分配

一日三餐食物热量分配应根据训练或比赛的实际情况进行安排。原则上是运动前的一餐食物量不要过多，易于消化，少含脂肪和粗纤维。注重早餐和必要的加餐。上午训练时，早餐食物应提供较多的热能并含有丰富齐全的营养素。晚餐食物的热量不宜过高，以免影响睡眠。一般情况下，早、午、晚餐的热能分别占总热能的 30%、40%和 30%左右。进行大运动量训练时，由于热能的消耗量增加，可以考虑采取加餐措施；因训练时间长，饮食受时间限制，可采用增加点心或快餐的办法，但应注意增添的食物营养要均衡，有较高的热能密度以保持较小的体积，加餐的总量可占总能量的 5%~10%。训练中适当加餐对于训练质量的保证是至关重要的，但是，所添加食物应计入总热量。

（三）进餐时间

应合理安排进餐时间，可在剧烈运动前或大型比赛前 2.5 小时完成进餐，或在运动结束后 40 分钟进餐。运动员应做到平衡膳食和食物多样化，能量不足或过多时，用主食、油和甜食调整。

表 14-2-1 运动员平衡膳食总结

食物种类	非运动员（克）	艺术体操运动员（克/毫升）
油脂类	25	25~30
奶类 豆制品	100 50	500 50
动物食品	50~100	200~300
蔬菜	500	500~600
水果 果汁饮料	200~300	500 500
谷类 食用糖	300~500	300 20~30
总热量（千卡）	1600~1800	2100~2300

运动员的膳食的种类与非运动员基本相同，只是热能和膳食营养素摄入的数量有所不同。运动员应保证足够的热能、充足的蛋白质和适当的碳水化合物及相应的微量营养素摄入。运动员的食物应是营养平衡，品种多样，包括谷类食物（米、面和适量的粗杂粮及薯类）、水果蔬菜、奶和奶制品、肉、鱼、禽、蛋、水产、豆类及其制品等高蛋白食品以及烹调用油和白糖等热能密集性食物。

膳食可对训练产生较大的影响。良好的膳食在支撑大强度训练的同时减少伤病的风险，良好的膳食也促进人体对训练刺激的适应。良好的膳食可以增强训练效果、促进训练和比赛后的恢复、控制和管理体重及体型、减少损伤及患病风险、增强比赛获胜的信心，为获取高水平的竞技能力奠定基础，同时还可以享受美食和创造社交机会。

五、通过合理膳食增强酸碱平衡的调节能力

（一）食物的酸碱性

根据食物在体内代谢后对机体的影响，可将食物分为碱性食物与酸性食物两大类。食物中的钠、钾、钙、镁等金属元素，在体内代谢后代谢产物呈现碱性（如生成 K_2O，CaO，MgO 等碱性氧化物），含这些元素较多的食物称为碱性食物，如蔬菜、水果、牛奶、海带等食物中的磷、硫、氯等非金属元素在体内代谢后代谢产物呈现酸性（如生成 PO^{43-}、SO^{42-}、Cl^- 等酸根），含这些元素较多的食物称为酸性食物，如肉类、蛋类、谷类等。水果中虽含有有机酸，但代谢后不显酸性。

（二）碱性食物有助于增加体内的碱储备

由于血液中多种缓冲系的缓冲作用以及肺、肾的调节作用，正常人血液的 pH 值（表示血液的酸碱度）才能恒定，维持在 7.35~7.45。能够抵抗外来少量强酸、强碱或

稀释，并保持其 pH 几乎不变的作用称为缓冲作用。食物中的碱性物质与 H_2CO_3 反应生成碳酸盐，在血液中浓度最高，缓冲能力最大，维持血液正常 pH 值的作用也最重要。碱性食物的摄入有效地增加了血液缓冲酸性物质的能力，对维持剧烈运动后机体的酸碱平衡有重要意义。

由于剧烈运动会造成机体内酸性代谢产物堆积，使体内酸度偏高，会降低运动能力，因此，运动员应注意选择蔬菜水果等碱性食物，以保持体内足够的抗酸成分（碱储备），这对保持良好运动能力有积极作用。若酸性食物摄入过多，使机体缓冲碱性物质的能力下降，疲劳不易消除，对运动员的体能恢复不利。尤其是长时间较大强度训练中会产生大量乳酸等酸性代谢产物，使体内的抗酸成分（碱储备）严重消耗，可使体液 pH 值下降至酸中毒水平。因此，艺术体操运动员在赛前更应注意多摄入碱性食物，少吃酸性食物。

参考文献

[1] 博克．临床运动营养学［M］．北京：世界图书出版公司，2011.
[2] 张钧，张蕴琨．运动营养学［M］．北京：高等教育出版社，2010.
[3] 高言诚．营养学［M］．北京：北京体育大学出版社，2006.
[4] 陈吉棣．运动营养学［M］．北京：北京医科大学出版社，2002.

第十五章

艺术体操运动员的运动损伤与功能康复

北京体育大学（钱菁华）

艺术体操的项目特点，决定了对运动员的身体柔韧性、关节灵活性、稳定性、平衡功能、协调功能、动作精准控制能力的要求极高，艺术体操运动员年龄小但训练年限长，因此，艺术体操运动员发生运动损伤的比例较高、病程较长，不容易完全康复。本章将介绍艺术体操项目运动员的运动损伤特点，指出以功能为中心的“评估—康复—再评估”的运动康复诊疗思路，并介绍常用的康复方法，总结艺术体操运动员训练后的常规恢复方案。

第一节　艺术体操运动员的运动损伤特点

艺术体操是以人体自然动作为基础的节奏运动并结合韵律，通过舞蹈、跳跃、平衡、波浪及部分技巧运动组成一整套的韵律性动作的项目。不仅对艺术体操运动员的身体柔韧性、关节灵活性、稳定性的要求高，而且对平衡功能、协调功能、动作精准控制能力的要求也显著高于其他运动项目，加之运动员年龄小但训练年限长，过度训练、疲劳累积、伤病治疗不彻底等原因，艺术体操运动员的运动损伤具有如下特点：运动损伤发生比例高，部位多发，常见于腰部、髋部、踝部和颈部损伤，以慢性损伤为主，若早期治疗不及时，则病程长，不容易完全康复。因此，艺术体操运动员的损伤应以预防为第一要务，一旦损伤发生，急性期处理恰当，将为康复赢得有效的治疗机会，最终实现安全重返赛场的目标。

一、运动损伤类型

（一）按照损伤病程分类

1. 慢性损伤

慢性损伤是艺术体操运动员最常见的损伤类型，病程发展时间长，根据部位不同，症状持续 1~3 月的损伤为慢性损伤。由于劳损累积未能及时治疗或治疗不彻底，带伤训练，再次损伤风险增加等原因，最终形成了反复损伤的恶性循环。针对病因治疗并合理调整训练负荷，是控制并治愈慢性损伤的最佳康复策略。

2. 急性损伤

急性损伤的发生多为肌肉拉伤、关节扭伤，以及由器械造成的体表擦伤和砸伤，治疗及时、损伤不严重者多在 1 月内伤口愈合，病程较短，功能恢复预后较好。针对急性损伤的治疗须重视 24~48 小时的黄金治疗时期，使用 PRICE 原则，即保护、休息、冰疗、加压、抬高，进行急性损伤的处理。

（二）按照损伤部位分类

艺术体操运动员的腰部、髋部、踝部及颈部是运动损伤的高发部位。

1. 腰部损伤

腰部是艺术体操运动员的损伤高发部位，2005 年版评分规则的难度表显示，技术难度等级与躯干后伸幅度成正比关系。对第 26 届世界艺术体操锦标赛个人全能前三名运动员的比赛难度类型，通过统计学得出动作难度的 57%是靠躯干后伸获得的，因此，从技术层面要求艺术体操运动员的腰椎屈曲和后伸及旋转活动非常频繁。研究显示，踹燕、向后甩腰和抛器械下腰等动作，腰部致伤的比例很高，分别是 35.7%、21.5%和 14.3%。

由于大量的、反复性的、超过腰椎正常生理活动的动作出现，势必使其椎间关节、韧带、周围稳定肌处于长期反复性磨损的状态，从而出现腰肌拉伤、劳损，腰椎间盘突出，腰椎小关节紊乱和脊柱侧弯等问题。

腰椎间盘突出占腰伤比例最高，约占 30.7%。椎间盘由髓核、纤维环及软骨板组成，腰椎间盘突出是指腰椎间盘各部分，尤其是髓核，发生不同程度的退行性改变后，在外力因素的作用下，椎间盘的纤维环破裂，髓核组织从破裂之处突出向后方或椎管内，导致相邻脊神经根遭受刺激或压迫，从而产生腰部疼痛，一侧下肢或双下肢麻木、疼痛等一系列临床症状。

2. 髋部损伤

髋关节损伤发生率较高，艺术体操运动员在跳步、落地缓冲和柔韧性练习等不同动作中，髋关节承受的负荷大小各异，力矩方向多变，加之反复的过度训练易造成关节损伤，如股骨头与髋臼之间出现挤压、嵌顿和撞击摩擦等问题，从而出现疼痛、肿胀和功能障碍现象，主要损伤有滑囊炎、髋臼滑囊嵌顿、髋关节撞击征、骶髂关节紊乱和弹响髋等。

髋关节撞击综合征，又称为股骨髋臼撞击综合征，是艺术体操运动员中较为常见的损伤，是引起慢性髋关节疼痛及髋关节屈曲、内收、内旋受限的常见原因。1999 年 Ganz 首先报道，损伤原因是由于股骨近端和髋臼盂缘间解剖的异常，或者解剖结构正常但长期不正常外力作用于髋关节，导致股骨与髋臼长期在非正确的生物力线下接触、碰撞，产生反复的微型创伤，致使髋臼和关节软骨发生退行性改变，临床症状表现为：轻微外伤后或无创伤的情况下缓慢发生的髋部前方疼痛，髋关节屈曲和内收内旋活动明显受限，运动时疼痛加剧，撞击试验阳性。

艺术体操运动员由于跳跃动作和单侧下肢支撑的平衡性运动较多，髋关节过度活动，股骨头颈连接处与髋臼缘异常接触，反复撞击导致髋臼唇骨化变性，如果存在先天性的解剖结构异常，则发生髋撞击征的损伤风险更高。

3. 踝关节扭伤

踝关节的关节面狭小，周围肌肉较少，其关节囊前后松弛，内侧三角韧带较为坚韧，但外侧韧带薄弱，因此，外侧损伤更为常见。杨彩虹对 104 名艺术体操专选班学生进行调查发现，高达 62.5% 有过踝部损伤，其中踝关节内翻扭伤造成的疼痛占 72.3%。

在艺术体操成套动作中，除了有大量的跑跳动作外，较多动作需在完全跖屈的状态下完成，也增加了踝关节损伤风险。踝关节完成背屈跖屈动作时，前高后低的距骨在踝穴中滑动，背屈时关节接触面最大最稳定，而跖屈时踝关节稳定性极差，艺术体操运动员保持踝跖屈位支撑运动时，如场地不平或落地时身体重心过于倾斜，就会以足内翻状态着地，轻者外侧韧带损伤，重者发生外踝的撕裂性骨折。踝关节损伤若治疗不及时或不彻底，日后会反复扭伤，影响踝关节的本体感觉和神经肌肉控制，导致慢性踝关节不稳，影响关节功能和动作表现。

4. 颈部损伤

颈痛是艺术体操运动员的常见症状，与颈椎稳定性不足和颈椎生理曲度变直甚或颈椎反弓的姿势有关。颈椎稳定性不足容易在完成旋转动作时引起关节周围组织挫伤，导致椎体排列异位，引起颈痛症状。艺术体操运动员长期保持挺直姿态，脊柱的活动过度易引起关节周围韧带松弛，稳定性下降，造成了正常生理弯曲度消失，颈椎反弓，最终导致颈椎病，严重者椎动脉受压，大脑供血不足，其次是神经受压，产生神经根性病变，常见肢体麻木、恶心呕吐、头晕头痛，甚至还可能引起瘫痪。

5. 其他部位损伤

膝关节的髌股疼痛综合征、肩关节的肩袖损伤、腕关节的三角软骨盘损伤等问题，也是引起艺术体操运动员训练时出现疼痛症状，影响训练和比赛的常见损伤类型。

二、运动损伤原因

运动损伤的原因包括内部因素和外部因素，外部因素是指训练方案、训练装备、寒冷天气、场地环境等由外部条件设置不合理引起的损伤，而内部因素则是指运动员自身存在的力线不良、肌肉功能失衡、力量不足、柔韧性、关节失稳等身体功能不足现象。两者可以单独或合并存在，是导致运动损伤的高风险因素。

艺术体操运动员发生运动损伤的主要原因是训练负荷与个体能力之间的平衡状态被打破。艺术体操运动员常见的运动损伤危险因素如下。

（一）过度训练

大量的、重复性的动作会增加身体负荷，运动员在训练课后乳酸等代谢产物未能及时运输至体外，造成代谢废物的堆积，影响运动系统的正常运行，如反应能力、灵活性、肌肉爆发能力下降等问题。如果恢复不及时或不彻底，疲劳累积，则会引起肌纤维的破损、软骨的磨损和结缔组织张力过大，这些微损伤一旦长期累积，使肌肉容易出现疲劳酸痛，关节活动时伴随弹响，韧带和关节囊松弛，关节稳定性下降，过早发生关节退行性改变等一系列病理改变。

艺术体操运动员年龄小，训练年限长，身体一直处于生长发育中，长时间高强度的训练课会导致运动员的身体过早承担与身体功能不相匹配的过高负荷，引起运动损伤。

（二）力线不良

无论是在静态姿势或动态活动中，身体总是保持一定的动作模式，维持肌肉骨骼系统的稳态平衡状态。由于重复性的不对称的身体活动，过度训练疲劳累积或微损伤没有及时治疗等原因，各骨骼肌肌群之间的稳态平衡被打破，异常的动作模式出现，导致局部肌肉、骨骼、韧带、结缔组织和关节内负荷过重，影响身体力线，局部受力过大则出现急性损伤，如肌肉拉伤、韧带撕裂、软骨撕裂等危险；若是长期慢性的耗损，则是出现慢性疲劳性损伤，如肌肉劳损、肌腱炎、骨性关节炎、滑囊炎等损伤。

身体活动中的力线不良现象多与身体疼痛密切相关，如头前伸姿势与颈痛、骨盆前倾与腰痛、扁平足与踝痛、膝内扣与膝痛等。艺术体操有大量的跳跃动作，如果运动员在落地时保持膝内扣的错误动作模式，容易导致膝关节损伤，引起膝痛；而膝痛又会代偿性加重膝内扣，臀肌、股四头肌功能失衡，进一步加重下肢力线异常改变。因此，力线不良和运动损伤之间会互为因果。

（三）肌肉功能失衡

肌肉力量及动员能力的失衡会影响各肌肉群之间协调工作能力，导致动作变形，长期强化错误的动作模式，势必造成身体功能的部分弱化，加剧不平衡化发展，引起损伤。

上交叉综合征、下交叉综合征是典型的肌肉功能失衡类型。上交叉综合征是指颈肩周围肌肉紧张与肌力不足以交叉特征呈现的现象，头部过度前伸姿势，胸大肌、斜方肌上束、肩胛提肌紧张，颈深屈肌、斜方肌下束、前锯肌力量不足。下交叉综合征是指骨盆带肌肉紧张与肌力不足以交叉特征呈现的现象，骨盆前倾姿势，髂腰肌、竖脊肌紧张，臀大肌、腹肌力量不足。

艺术体操运动员的身体姿势是身体各部分、各环节构图的完整概念，只有四肢、躯干、头部几部分协调配合，才能产生精彩的艺术造型。然而，头前伸上仰，腰椎过度前凸、骨盆前倾、膝关节过伸的体姿在艺术体操运动员中也较为常见，这些身体姿势是肌肉功能失衡的外在表现，不及时调整可能导致损伤。

（四）柔韧性过度

关节功能依靠柔韧性与稳定性的共同维持，关节稳定、适度的柔韧性是避免发生运动损伤的重要因素。与其他项目运动员由于柔韧性不足导致运动损伤不同，艺术体操运动员发生运动损伤与柔韧性过度密切相关。

艺术体操项目对运动员的全身柔韧性要求极高，大量动作是以身体各环节的极度屈伸、扭转来完成，无论四肢关节或脊柱各关节的活动范围均显著高于常人，处于极限水平。然而，过度追求柔韧性会引起关节周围附属结构如关节囊、韧带松弛，影响了关节静态稳定性的维持，如果同时存在维持关节动态稳定性的肌肉功能不足，则必然发生损伤。

三、运动损伤预防

艺术体操运动员的运动损伤重在防治，预防工作应从训练过程的所有细节入手，训练前的热身活动、训练负荷的合理安排、训练后的整理活动、促进疲劳恢复的合理方法应用，都是预防损伤的重要手段，必须予以重视。

定期进行身体功能评估，全面了解运动员的身体素质，及时调整训练负荷，发现并纠正身体力线不良，促进肌肉功能平衡发展，增强关节稳定性，才能有效预防运动损伤，这些以预防损伤为目的的康复评估和训练方法也可称为“预康复”，是损伤预防的重要环节。

一旦损伤发生，及时安排科学系统的康复治疗，循序渐进开展功能康复训练，将有助于运动员实现功能康复，预防再次损伤，最终安全重返赛场。

第二节 艺术体操运动员运动损伤后的康复

当运动损伤发生后，首先通过查体和身体功能评估，明确诊断和所存在问题，为损伤的运动员制订科学合理的康复治疗方案，并按计划实施有针对性的康复治疗，在康复过程中坚持“评估—康复—评估”原则，定期再次评估功能变化情况，依据运动员损伤部位恢复的功能状态，及时调整康复目标和计划，最佳目的是从功能角度恢复运动员的竞技能力水平，直到运动员功能好转，彻底康复。

艺术体操运动员的伤后康复正是从功能角度出发，重点解决损伤后的功能失衡或功能下降问题，积极快速地恢复并提升运动表现能力，运动康复治疗需遵循循序渐进原则、针对性原则和个体化原则。

一、急性损伤的处理原则

运动损伤一旦发生，便需要立即进行临场处置，以避免损伤加重或重复受伤，为损伤的后续康复工作打好基础。急性损伤的24~48小时，坚持PRICE原则进行急性损伤的处理。

P：“Protect” 的缩写，意为受伤后应对损伤部位进行保护，避免进一步损伤。

R：“Rest” 的缩写，受伤后应立即停止运动，制动休息，防止重复损伤和加重损伤。

I：“Ice” 的缩写，即冰敷。冰敷在运动损伤的初期非常关键。冰敷的效应是使血管收缩，减慢局部血液循环；减少细胞的新陈代谢率（减少细胞组织的受伤及坏死）；降低患处疼痛感觉；减轻肌肉痉挛；降低血管壁的渗透性，减缓肿胀加剧及软组织出血。冰敷方法是用冰袋装冰块并加少许水直接置于患处，一次冰敷时间为15~20分钟，通常冰到患部有麻木感就可以停止，休息约40分钟后再冰敷一次。

C：“Compression” 的缩写，指加压包扎。在损伤即刻无论是否出现明显肿胀，先在患处及时加压包扎，控制伤部运动，避免重复受伤动作，减少出血和渗出，再进行冰敷。

E：“Elevasion” 的缩写，意思是抬高患部，也是要达到减少出血和渗出的目的。

二、康复治疗流程

（一）损伤检查与功能评估

根据运动员的主诉症状和伤病情况，有针对性地选取主观和客观定性、定量指标进行损伤康复的评定和风险评估，确定功能诊断，作为制订并实施康复方案的重要依据。功能评估包括：疼痛评定、关节活动度测量、关节动静态稳定性评定、肌肉的向心和离心肌力测试、本体感觉测试、姿势稳定性测试、损伤部位的功能测试，如单腿下蹲试验、单腿跳跃试验、肩的灵活性伸展、卧位直腿抬高、坐姿转动等。

（二）康复目标的设立

康复治疗目标的设立要结合病情，并充分尊重运动员和教练员的意愿，共同协商决定。通常疼痛和关节活动度受限的改善可以作为短期康复治疗目标，而动作模式调整，肌肉力量增强，提高主动肌和拮抗肌之间的肌群协调则需要较多时间，循序渐进完成。康复目标制定要客观、长期目标与短期目标明确、重视功能的提高，充分发掘运动员的潜能，最终实现彻底康复，回归赛场。

（三）制定并实施康复治疗

根据功能诊断结果制订个性化的功能康复方案，康复训练内容包括：关节稳定性与活动度均衡性训练、肌肉力量恢复训练、神经肌肉控制训练、本体感觉训练、姿势稳定性训练、关节松动手法治疗、肌肉放松技术及物理因子治疗等。

（四）康复疗效评估

定期进行康复效果的评价，检验功能康复治疗实施的效果。及时沟通，根据教练员和运动员的反馈调整康复方案，直到运动员功能彻底恢复，达到康复训练目的，运动员重返赛场。

（五）运动员重返赛场

安全地重返训练和重返赛场是运动损伤康复的最终目标。

三、功能康复方法

功能康复方法主要包括物理因子治疗、康复手法治疗和运动康复训练。

（一）物理因子治疗

利用声、光、电、磁、热等物理因子进行损伤治疗，目的是减轻炎症反应、缓解疼痛、放松肌肉、消除瘢痕组织、促进损伤组织愈合等，常规方法包括：超声波、超短波、微波、神经肌肉电刺激等。准确掌握物理因子治疗的适应症和禁忌症，合理设定理疗处方，才能有效促进损伤组织修复。

（二）康复手法治疗

康复治疗的手法种类较多，主要有关节松动技术、肌肉放松技术、PNF技术、整脊技术、动态关节松动、疼痛扳机点治疗技术和淋巴回流技术等，具有调整关节间隙、恢复骨与骨之间正确的排列和放松肌肉等作用。还可以使用针灸、推拿、刮痧等传统医学方式促进损伤组织愈合，缓解炎症反应，消除关节黏连等作用。

（三）运动康复训练

运动康复训练是运动康复治疗中十分重要的环节，对巩固和改善运动员身体功能具有重要作用。运动康复训练包括：肌肉的激活训练，关节活动度训练，肌肉的力量、耐力和爆发力的训练，神经肌肉控制训练，本体感觉训练，姿势纠正性训练，关节稳定性训练，协调性练习，平衡训练，正确动作模式训练等，强调通过主动训练方式获得功能康复。

根据康复评估结果明确功能诊断，制订个性化的功能康复方案，是运动员损伤预防和治疗的重要途径。

四、案例分析

（一）髋关节撞击综合征案例

艺术体操队员，主诉右髋部疼痛、活动范围卡顿，屈曲和内收髋时出现疼痛，诊断为右侧髋关节撞击征。经评估筛查发现，右髋关节活动受限，右侧臀中肌耐力差，髂腰肌、髂胫束紧张，双下肢稳定性差。

分析该队员的疼痛和活动受限的主要原因是股骨头在髋臼内运动时的反复撞击造成的，采取以下康复治疗措施：采用热磁渗透关节进行消肿止痛；实施关节松动手法治疗增加髋关节内间隙，缓解撞击症状；激活髋周围小肌肉，加强臀中肌的力量练习，贝壳动作、侧卧位髋外展内旋动作、深蹲练习等增强下肢的稳定性，调整下肢力线；训练前后弓步牵拉和手法放松髂腰肌，滚泡沫轴和手法结合放松阔筋膜张肌。通过以上运动康复措施，运动员训练时髋关节疼痛症状得到缓解。

（二）腰椎间盘突出案例

艺术体操运动员，主诉反复出现右侧腰痛，训练后加重，无下肢串麻现象，影像学资料显示腰4~5椎间盘突出。经评估筛查发现，右侧腰方肌僵硬，紧张度高，腰肌力量左右不平衡，左侧明显低于右侧，腹肌与背肌耐力比例不协调，腹肌耐力差。

根据上述评估结果，采用的主要康复措施：用关节松动手法调整腰椎活动；通过猫驼式运动，站立位骨盆前后倾活动等改善脊柱节段性运动和骨盆活动，充分牵拉放松髂腰肌和腰方肌，有利于调整脊柱力线；腹式呼吸练习激活深层肌；通过侧桥、腹桥、背桥等桥式运动加强脊柱稳定肌和核心区肌肉耐力。通过以上运动康复措施，运动员腰痛症状可以得到控制。

（三）踝关节扭伤案例

艺术体操运动员，右踝外侧韧带陈旧性损伤，训练中需要使用护踝。经评估筛查发现，右踝关节肿胀，右踝周围肌肉力量不足，本体感觉差，右下肢稳定性差。

主要康复措施：除了常规的理疗减轻肿胀、手法调整纠正踝关节位置，还进行了踝关节周围肌肉的向心离心收缩力量训练、本体感觉训练和单腿站立，闭眼站立，不稳定平面站立等本体感觉训练。康复治疗目标是提高踝关节本体感觉，增加踝关节稳定性，避免再次扭伤。通过以上运动康复措施，运动员踝关节稳定性提高。

（四）慢性颈痛案例

艺术体操运动员颈椎反弓，慢性颈痛伴颈源性头痛。经评估发现，颈部深层肌肉力量薄弱，颈部本体感觉差，斜方肌上束和胸锁乳突肌紧张，颈椎活动度减少。

主要康复措施：通过双下巴动作激活颈深屈肌，纠正颈椎异常姿势，利用弹力带抗阻训练加强颈椎稳定肌群力量，采用轨迹追踪法进行颈椎本体感觉训练，牵拉紧张的胸锁乳突肌和斜方肌上束，以及肩胛带肌群稳定性训练。通过以上运动康复措施，运动员颈痛症状明显缓解。

第三节　艺术体操运动员训练后恢复方案

艺术体操运动员在高强度的训练或比赛后需要及时消除运动性疲劳，促进身体机能恢复到稳态水平，才能持续保持良好的身体状态，有效地预防多种运动损伤。科学合理地恢复身体功能和心理状态是运动员正常参加训练和比赛的重要保障，常用的恢复手段包括主动恢复方法和被动恢复方法。

一、主动恢复方法

（一）积极性休息

积极休息是指运动结束后采用变换运动部位和运动类型，以及调整运动强度的方式来消除疲劳的方法。最适宜的运动强度为最大摄氧量强度的20%～60%。有研究指出，当主动肌处于休息时，其拮抗肌的低强度运动更有利于主动肌的恢复。积极性休息可以促进血液循环，加速代谢产物的排泄，恢复 α 运动神经元的兴奋性。常采用的方式为调整训练内容、转换练习环境和变换肢体活动部位等。

（二）整理活动

训练结束后及时进行身体整理活动，可加速机体功能恢复。一般整理活动应包括低中强度有氧活动和牵拉练习两部分。低中强度有氧活动，如慢跑5～10分钟和牵拉练习。牵拉练习指通过主动或被动的方法，对训练的肌肉进行重点牵拉，如腓肠肌、比目鱼肌、腓骨长短肌、胫骨前肌、腘绳肌、股四头肌、髋内收肌、臀大肌、阔筋膜张肌、梨状肌、胸肌、肩胛提肌、斜方肌等容易紧缩的肌肉应重点关注，艺术体操运动员尤其要注意小腿深层肌群的放松。通常为静态牵拉，每个牵拉动作持续20～30秒，可重复2～3次。设计合理的整理活动可有效缓解训练引起的延迟性肌肉酸痛，保持肌肉延展性和弹性。

（三）借助康复工具放松

使用按摩棒、泡沫轴、按摩球等工具，自我或在他人帮助下滚动按压肌肉，可以起到放松肌肉及周围软组织的目的。

1. 按摩棒放松

按摩棒的用途主要是帮助淋巴系统循环，消除淋巴系统的代谢产物。操作时可由他人持按摩棒，分别沿四肢长轴和躯干由远端向近端挤压肌肉软组织，每个位置往复挤压5次左右，用力缓慢均匀持久渗透，直到肌肉完全放松。

2. 泡沫轴放松

利用运动员自身重量及泡沫轴相互作用产生的压力施加于肌肉及筋膜等软组织上，使紧张的肌肉及筋膜放松。具体方法为：①将需要放松的肌肉置于泡沫轴上，利用自身体重反复在泡沫轴上缓缓滚动1～2分钟。②滚动过程中如果有疼痛的感觉，在痛点上停留20～30秒，直到疼痛程度下降50%～75%。③整个过程中保持正常呼吸，不要憋气。④整个过程中核心部位收紧（腹部收紧，肚脐拉向脊柱）。以小腿三头肌为例，将泡沫轴放在小腿正下方，臀部离开地面，双手推动身体活动，使小腿在泡沫轴上前后移动，依次从踝关节滚动到膝关节下方。

3. 按摩球放松

按摩球要求有弹性但必须有一定硬度，也可以用网球或者垒球替代。主要功能是找到痛点，用力挤压，相当于指法点拨，使效果达到肌肉深层，从而起到放松肌肉及筋膜的目的。具体方法为：使网球沿着肌肉滚动，施以适当的按压力，在痛点处停留保持10秒左右，每块肌肉重复做几次。如足底筋膜的有效放松可预防艺术体操运动员常见的踝关节疼痛困扰，方法是单脚踩于网球上，慢慢滚动找到痛点，用力踩10秒。也可同泡沫轴放松一样，将自身重量作用于网球上，施压力于肌肉上，直到肌肉放松。

二、被动恢复方法

（一）按摩

训练或赛后进行手法按摩，又称恢复按摩或放松按摩，这是大强度训练或赛后必不可少的内容。可采用自我按摩、运动员间相互按摩或专业人员按摩等形式，常用的按摩手法有按、摩、揉、捏、推、压、拍、打等，对全身肌肉进行松解放松，能促进骨骼肌中血液流通，加速训练产生的乳酸利用，预防机体功能失调，如筋膜放松方法和运动按摩等，对有症状的局部进行痛点按压、穴位刺激也能有效消除疲劳，达到骨骼肌肉放松和精神放松的目的。

（二）针灸

对疲劳的肌肉可针刺阿是穴，全身疲劳可针刺足三里，艺术体操运动员由于在训练中长时间处于提踵状态，小腿肌肉容易疲劳，消除小腿疲劳可针刺承山穴、委中穴等。电针也有消除局部肌肉疲劳的作用。简便易行的耳针疗法，对消除疲劳、改善睡眠、提高食欲都有一定疗效。

（三）理疗

利用声、光、电、水等物理因子的治疗设备，帮助运动员加速体内血液和淋巴系统循环，可以活血化瘀、消除疲劳、放松肌肉，是常用的训练和赛后恢复手段。

1. 水疗

利用水温和水的流动力学特性对机体刺激达到缓解疲劳的目的，以下为几个常用的方法。

（1）淋浴：最简单的手段，不仅有水的温度效应，还有水的机械作用。可以进行热水淋浴（水温 38～42°C）8～10 分钟，或者温水淋浴（水温 37～39°C）10～20 分钟。

（2）盆浴：盆浴或浸浴普遍受运动员欢迎，方法简单，全身放松效果也好。可选择热水浴（水温 40～44°C）将身体浸入水里，保持 10～15 分钟，然后淋浴，促进新陈代谢的作用比单纯的热水浴更好。

（3）冷热交替浴：热水温度与热水浴温度相同，冷水温度在 15°C 为宜。通常热水浴 10～15 分钟，冷水浴 10～15 分钟。冷热交替的温度刺激，可以使皮肤和骨骼肌内的小血管交替收缩和舒张，促进血液循环，清运疲劳物质，促进肌肉因高强度训练产生的组织炎症因子的释放。

（4）涡流浴：又称水按摩，利用水流所产生的机械力刺激，起到放松肌肉、促进血液循环的作用。

（5）其他：还有蒸气浴、桑拿浴等，除有镇静、使肌肉关节组织血循环加速的作用外，还可促使大量排汗，有利于控制体重。

2. 低频电疗法

目前常用的有神经肌肉电刺激疗法、经皮神经电刺激疗法、间动电疗法、低频高压电疗法等。具体方法为：放置电极在需要放松的肌肉处，调至运动员感觉适宜的强度即可，一般持续 10～15 分钟。主要是利用刺激肌腱中的高尔基腱器官引起的反射抑制，和刺激拮抗肌的肌腹引起交互抑制来达到使紧张肌肉放松的目的。

3. 红外线

分近红外线和远红外线两种，近红外线传入人体组织较深，穿透可达 1 厘米，能直接作用到皮肤的血管、淋巴管、神经末梢及皮下组织，而远红外线多被表层皮肤吸收。局部红外线治疗可改善神经与肌肉的血液供应和营养，起到放松肌肉的作用。

4. 其他

如热磁、直流电等理疗方法，对过度训练引起的微损伤能够起到促进愈合、加速修复的作用。酌情选择恰当的理疗方法，针对微损伤展开早期治疗，能够有效预防重大运动伤病的发生。

三、其他恢复手段

1. 充足睡眠

睡眠是消除疲劳恢复体力的关键。运动员每天应保证 8 小时的睡眠，提高睡眠质量，大运动量和比赛期间，睡眠时间适当延长到 10 小时。特别是对于年龄较小的艺术体操运动员更需要延长睡眠时间，保证脑力和体力的充分恢复。

2. 合理营养

运动中消耗的物质需要靠饮食中的营养物质来补充，合理膳食有助于加速恢复过程，合理膳食包括能量物质、维生素、矿物质的补充等。

3. 加强交流

优秀的运动员常常处于训练的最佳状态和训练过量的边缘。为了觉察过度训练综合征的早期信号，并及时采取措施，有效防治过度训练综合征，教练员和运动员之间的密切交流是必要的，不仅有助于保持良好的人际关系，而且对预防和缓解运动员的精神疲劳至关重要。

此外，舒缓的音乐、意念冥想、放松练习等活动可以从情绪上放松自我，对训练后的疲劳恢复也起到正向促进作用。

参考文献

[1] 胡效芳，郭丽，朱秀芳．艺术体操运动员运动伤病机理探讨 [J]．首都体育学院学报，2007，19 (3)：71-73.

[2] 孙萍．我国艺术体操专业运动员腰部损伤的分析研究 [J]．北京体育大学学报，2007，30 (1)：66-68.

[3] 杨彩虹．艺术体操专选生踝关节损伤原因与预防 [J]．茂名学院学报，2007，17 (6)：78-81.

[4] 邓树勋，洪泰田，曹志发．运动生理学 [M]．北京：高等教育出版社，1999.

[5] 李春雷．国家艺术体操队功能性动作质量现状及矫正改善措施 [J]．运动，2015 (1)：1-3.

[6] 孙萍，黄俊亚．里约奥运周期我国艺术体操运动员损伤康复研究 [J]．北京体育大学学报，2016，33 (2)：236-243.

[7] 张景，黄亚飞，王燕．艺术体操运动员脊柱腰段损伤现状及规律 [J]．北京体育大学学报，2006，40 (11)：78-81.

[8] Nickols-Richardson S M，O'Connor P J，Shapses S A，et al. Longitudinal Bone Mineral Density Changes in Female Child ArtisticGymnasts [J]. Journal of Bone & Mineral Research the Official Journal of the American Society for Bone & Mineral Research，2010，14 (6)：994-1002.

[9] Sureira T M，Amancio O S，Pellegrini Braga J A. Influence of artistic gymnastics on iron nutritional status and exercise-induced hemolysis in female athletes [J]. Int J Sport Nutr Exerc Metab，2012，22 (4)：243-250.